しっかり儲ける投資家たちが読んでいる

投資の名著50冊を1冊にまとめてみた

「聞いてわかる投資本要約チャンネル」
タザキ

KADOKAWA

はじめに

本書が発売される2024年から新しいNISA制度が開始されます。これは市場環境における大きな変化であり、従来のNISAとの大きな違いは、「つみたて投資枠」と「成長投資枠」の併用が可能になること、非課税保有期間の無期限化、そして非課税保有限度額の大幅な増加です。

旧NISA制度では、つみたてNISAの人気が高く、多くの方がインデックスファンドに設定して放置しているケースが多いです。私の家庭でも、私と妻のつみたてNISA（年間40万円ずつ）、子ども2人のジュニアNISA（年間80万円ずつ）を合わせて、年間240万円を「eMAXIS Slim全世界株式インデックスファンド（オール・カントリー）」に投資していました。

新NISAでは、投資の幅が広がります。成長投資枠を活用して個別株投資に挑戦するもよし、投資信託やETFを利用して債券に分散投資するもよし。ただし、NISAで取引可能な商品は限られており、課税口座での投資戦略にも影響を与えるでしょう。

そんなタイミングに今回の出版のお話をいただき、前著『お金の名著200冊を読破してわかった！　投資の正解』（クロスメディア・パブリッシング）を書いた上で、次に何を書くべきか、何を書きたいのかを、深く自問しました。その答えとして生まれたのが、読者が自身の投資スタイルを確立する手助けとなることを目指した本書です。前著との大きな違いとして次の3点があり、より実践的な内容になっています。

1点目は、オムニバス形式である点です。前著は、前から順番に読む前提での読みやすさを意識した上で、本の内容を引用しながらパズルのピースが1つの流れの中でつながっていくような、そんなイメージの一冊として書いたのですが、今回のオムニバス形式は、読者がどこから読み始めても良い自由さがあります。50冊の投資本を、それぞれ独立した項として紹介しており、各項は5~10ページ程度で、深くピンポイントに内容を掘り下げています。ただし、本ごとに独立して紹介することで、全体でみると投資本同士で主張やメソッドが正反対になっているケースも出てきました。

そんな矛盾や対立をそのまま残したことが2点目の特徴です。投資の世界は矛盾に満ちています。しかし私たちが異なる視点で見る時、一見矛盾しているように見えることが、実は矛盾していないと感じられることがあります。

例えば、バリュー株投資と成長株投資は、全くスタイルが異なる手法として一般的には捉えられています。しかし、34冊目に紹介している『バフェットからの手紙』では、投資スタイルのカテゴリ分けには意味がないとの立場をとり、バリュー株投資と成長株投資の本質的な共通点を指摘しています。

また、20冊目に紹介した『ゾーン「勝つ」相場心理学入門』では、トレードの最大の本質が「逆説」であるとしています。これは、マクロの視点とミクロの視点で異なる信念を持つ必要があることを示しており、かなり重要な考え方を与えてくれています。

最後の49冊目『図解でわかる ランダムウォーク&行動ファイナンス理論のすべて』、50冊目『東大卒医師が実践する株式より有利な科学的トレード法』では、デリバティブ取引など様々な取引を行うことの有効性を示しましたが、それ単体ではハイリスクに見える手法でも、ポートフォリオの一部に取り入れることで全体の最適化に寄与する可能性があることも感じていただければと思います。

哲学用語に「アウフヘーベン」という言葉があります。矛盾や対立する意見などがある場合、目線を上げて、より高次の段階に進むことで、矛盾が矛盾でなくなることを言います。本書で多くの名著に触れることで、矛盾を乗り越える視点を提供できればと考えています。

3点目は、読者の方が独自のアプローチを構築するための実用性を示しているという点です。矛盾や対立を乗り越えた先に、自分の有意性を生かすことができると思います。

巻末には、本書で登場した様々な投資メソッドを一覧表にまとめています。投資の様々な場面で、自分に合うアプローチを発見し、独自の組み合わせ方などを開発する手助けができればと思います（表面的な手法に傾倒するのは危険でもあるため、中級者以上の読者を基本的には想定しています）。

さらに、私の希望としては、読者自身を定点観測する一冊を見つける機会を提供できればとも思っています。

私自身、何度も読んでいる本などをYouTubeでもたまに紹介するのですが、良い本は読むたびに新たな気づきを与えてくれます。当然、本の内容は変わっていないため、新しいと感じた時は自分の知識レベルや精神状態の方が変化しているのです。

厳選した50冊は、どれも自分自身を定点観測できるような本ばかりですので、ぜひお気に入りの一冊を探してみてください。

この本が読者の皆様の投資人生にとって有意義な一冊となれば幸いです。

目次

はじめに……2

1日目 インデックス投資編

1冊目 投資の大原則［第2版］人生を豊かにするためのヒント……14

2冊目 父が娘に伝える自由に生きるための30の投資の教え……22

3冊目 敗者のゲーム［原著第8版］……28

4冊目 ウォール街のランダム・ウォーカー［原著第13版］株式投資の不滅の心理……33

5冊目 株式投資の未来～永続する会社が本当の利益をもたらす……40

2日目 タイミング編

6冊目 改訂版 金利を見れば投資はうまくいく……52

7冊目 相場サイクルの見分け方［新装版］銘柄選択と売買のタイミング 59
8冊目 市場サイクルを極める 勝率を高める王道の投資哲学 66
9冊目 新訳 バブルの歴史 最後に来た者は悪魔の餌食 74
10冊目 アノマリー投資 市場のサイクルは永遠なり 82
11冊目 イベントドリブントレード入門 価格変動の要因分析から導く出口戦略 88

3日目 メンタル編

12冊目 サイコロジー・オブ・マネー 一生お金に困らない「富」のマインドセット 94
13冊目 行動ファイナンス入門 なぜ、「最適な戦略」が間違うのか？ 99
14冊目 マーケットの魔術師 エッセンシャル版 投資で勝つ23の教え 107
15冊目 一人の力で日経平均を動かせる男の投資哲学 112

16冊目 デイトレード マーケットで勝ち続けるための発想術 …… 117
17冊目 投資を生き抜くための戦い 時の試練に耐えた規律とルール …… 122
18冊目 投資で一番大切な20の教え 賢い投資家になるための隠れた常識 …… 127
19冊目 ブラック・スワン—— 不確実性とリスクの本質［上］［下］ …… 134
20冊目 ゾーン「勝つ」相場心理学入門 …… 142

4日目 テクニカル分析編

21冊目 マーケットのテクニカル分析 トレード手法と売買指標の完全総合ガイド …… 148
22冊目 新装版 私は株で200万ドル儲けた ブレイクアウト売買法の元祖「ボックス理論」の生い立ち …… 159
23冊目 ウォール街のモメンタムウォーカー …… 164

24冊目 「恐怖で買って、強欲で売る」短期売買法
人間の心理に基づいた
永遠に機能する戦略 …… 170

25冊目 世紀の相場師 ジェシー・リバモア …… 176

26冊目 ザ・トレーディング――心理分析・
トレード戦略・リスク管理・記録管理 …… 185

5日目 バリュー株投資編

27冊目 賢明なる投資家
割安株の見つけ方とバリュー投資を
成功させる方法 …… 192

28冊目 千年投資の公理
売られ過ぎの優良企業を買う …… 202

29冊目 ピーター・リンチの株で勝つ
アマの知恵でプロを出し抜け …… 210

30冊目 株を買うなら最低限知っておきたい
ファンダメンタル投資の教科書 改訂版 …… 217

31冊目 株デビューする前に知っておくべき「魔法の公式」ハラハラドキドキが嫌いな小心者のための投資入門 …… 225
32冊目 テンプルトン卿の流儀 伝説的バーゲンハンターの市場攻略戦略 …… 233
33冊目 株式投資 第4版 長期投資で成功するための完全ガイド …… 238
34冊目 バフェットからの手紙［第8版］世界一の投資家が見たこれから伸びる会社、滅びる会社 …… 246
35冊目 史上最強の投資家バフェットの財務諸表を読む力 大不況でも投資で勝ち抜く58のルール …… 251
36冊目 億万長者をめざすバフェットの銘柄選択術 …… 259

6日目 グロース株投資編

37冊目 オニールの成長株発掘法［第4版］良い時も悪い時も儲かる銘柄選択をするために …… 270

38冊目 ミネルヴィニの成長株投資法 高い先導株を買い、より高値で売り抜けろ …… 277
39冊目 株式投資で普通でない利益を得る …… 286
40冊目 ケン・フィッシャーのPSR株分析 市場平均に左右されない超割安成長株の探し方 …… 293
41冊目 スーパーストック発掘法 3万時間のトレード術を3時間で知る …… 300
42冊目 伝説のファンドマネージャーが教える株の公式 …… 309
43冊目 改訂版 勝つ投資 負けない投資 …… 316

7日目 理論編

44冊目 この1冊ですべてわかる［新版］金融の基本 …… 322
45冊目 「知識ゼロ」の人のための超ざっくり分かるファイナンス …… 328
46冊目 マネーの公理 スイスの銀行家に学ぶ儲けのルール …… 334

47冊目 「世界のエリート投資家は何を考えているのか」「世界のエリート投資家は何を見て動くのか」……339
48冊目 ライフサイクル投資術 お金に困らない人生をおくる……345
49冊目 図解でわかる ランダムウォーク&行動ファイナンス理論のすべて……353
50冊目 東大卒医師が実践する 株式より有利な科学的トレード法……363

付録 名著の投資メソッド比較表……372
おわりに……380

※投資などにより生じた損害等につきましては、著者および出版社は一切責任を負わないものとします。投資に関する決定等は、ご自身の判断において行ってください。

ブックデザイン　山之口正和＋齋藤友貴（OKIKATA）
校　　閲　鷗来堂
D　T　P　新野 亨
編　　集　折笠 隆、澤田佳代

1日目

インデックス投資編

インデックスファンドは誕生から半世紀以上が経過し、多くの名著においてその有効性が認められています。この章では、「コア・サテライト戦略」におけるインデックスファンドの位置付け、効果的な組み合わせ、購入方法、売買戦略、資金の引き出し方などに焦点を当て、自分に合ったインデックスファンドの活用術を見つけるための本を厳選して紹介します。

1冊目

投資の大原則［第2版］人生を豊かにするためのヒント

著：バートン・マルキール、チャールズ・エリス
訳：鹿毛雄二＋鹿毛房子／日本経済新聞出版

資産運用の勉強一冊目として最強！
時間がお金を育てる〝複利〟の効果を学べ

「時は金なり」という言葉があります。アメリカの政治家、ベンジャミン・フランクリンの「Time is money」を日本語訳した言葉とされています。「時間はお金を大事にするのと同じように、大切にしなさい」という意味で一般的に使われていますが、同書では「時間をかけて複利で投資をすればお金は誰にでも確実に増やせる」という意味で使われています。

その一方で、現金のまま時間が経つと、インフレにより価値は減価してしまいます。投資による複

● 今日の100万円＞明日の100万円。現金の価値は減る

出典：「投資の大原則［第２版］人生を豊かにするためのヒント」を参考に著者が作成

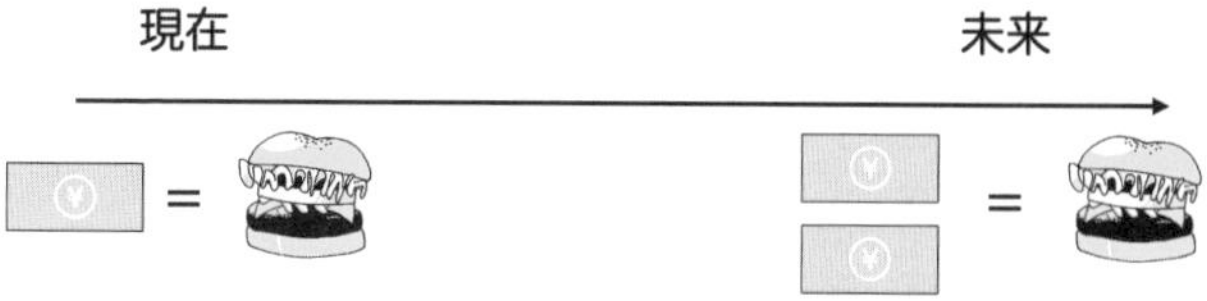

利運用は、インフレ対策にもなるので、まずはこの複利と単利の違いを見ていきましょう。

アインシュタインが「人類最大の発明」と言った複利の仕組み

１００ドルの運用をするとします。単利の場合、元本１００ドルに対して10％とすると、毎年10ドルずつ増えていき、10年で10×10で１００ドル、合計２００ドルになります。

複利でも、１年目は10％増えて１１０ドルというのは変わりません。２年目はこの１１０ドルの10％つまり11ドル増えるということになるので１２１ドル。いわゆる「利子の利子」がついていき、10年後には２６０ドルになります。時間が長くなれば長くなるほど差がさらに大きくなります。

それほど時間が資産運用にもたらす影響は大き

く、それを象徴する言葉として「若者が無駄に使った1ドルは退職時の10ドルに値する」ということが書いてあります。仮に若い人が、1万円で何か無駄な浪費をするとしましょう。その1万円を投資に回し6％のリターンで運用できていたとしたら、12年では2倍、40年では10倍に！　たった1万円でも、無意味な浪費をしてしまえば、それが退職する頃には10倍の損になるのです。

ほとんどの人にとっての賢明な選択は「インデックスファンド」

この本では、基本的には低コストのインデックスファンド（市場全体の動きを表す代表的な指数に連動する商品）で運用することが推奨されています。長期・分散・低コストで積立投資ができるため、誰にでも簡単な方法と言えますよね。

インデックスファンドは市場全体の平均リターンを得られるファンドで、ほとんどの人にとって賢明な選択になります。そして自動的に再投資設定をすれば、放置しているだけでどんどん「複利の効果」を享受できます。

コスト削減によるリターンは「唯一確実な利益」

また、アクティブファンド（運用担当者が独自に投資先や配分を決める商品）がインデックスファンドに負ける大きな理由の一つとして、手数料の高さがあります。

投資において、リターンの大きさはその年によって変わってしまう不安定なものですが、コストの削減によるメリットは、確実に得られます。投資顧問会社ウィンダム・キャピタル・マネジメントのCEOマーク・クリッツマンの見積もりによると、長期的に見て、コスト差なども考慮した上で、アクティブファンドは平均年利4・3％プラスのリターンを出さないとインデックスファンドに勝てないと言っています。**これは投資における「不都合な真実」でしょう。**インデックスファンドに5年、10年連続で、4・3％上回り続ける商品は、かなり少ないはずです。多くの中からそのような商品を見つけ出すのは至難の業なので、大抵の人にとってはインデックスファンドの方が、長期投資する上でのベストな選択であると言われているゆえんですね。

積立投資は保険

また、定額購入（ドルコスト平均法）による積立投資をすれば、高値掴みの心配が減ります。

もちろんドルコスト平均法がいつでもベストな選択ではありません。上昇相場では、当然最初に一括投資し、株式市場へ露出させる時間を多くする方がリターンは高まります。

しかし、一括投資してしまうのはなかなか精神的に怖さもあるのではないでしょうか？　上昇相場であれば、「今買えば高値掴みになるのではないか？」と様子見したくなり、そうしているうちに、さらに高くなってしまったなんてことは投資ではよくあります。逆に下落相場では、「落ちてくるナイフはつかむな」という格言も示すように、底打ちするまで待ちたくなります。どちらの相場にしても完璧なタイミングで購入するのは不可能に近いです。

ドルコスト平均法は、完璧なタイミングで買える方法ではありませんが「精神的な後悔を減らす効果」はあるでしょう。結局、ドルコスト平均法は、保険のようなものなのです。

分散投資とアセットアロケーション

続いて、分散投資とアセットアロケーション（どの資産に投資するか、配分を決めること）について説明します。

結論としては、株式と債券を組み合わせて、ポートフォリオを作ることが推奨されています。その中で、2人の著者バートンとチャールズが、それぞれ年代に応じておすすめする株式債券比率を示してくれています。

チャールズ・エリスは20～30代は株式１００％を推奨。

著者２人の年齢別資産配分計画

出典：「投資の大原則［第２版］人生を豊かにするためのヒント」

バートン・マルキールの年齢別資産配分計画

年齢層	株式の比率	債券の比率
２０～３０代	７５～９０％	２５～１０％
４０～５０代	６５～７５％	３５～２５％
６０代	４５～６５％	５５～３５％
７０代	３５～５０％	６５～５０％
８０歳以上	２０～４０％	８０～６０％

チャールズ・エリスの年齢別資産配分計画

年齢層	株式の比率	債券の比率
２０～３０代	100%	0%
４０代	８５～１００％	１０～０％
５０代	７５～８５％	２５～１５％
６０代	７０～８０％	３０～２０％
７０代	４０～６０％	６０～４０％
８０歳以上	３０～５０％	７０～５０％

バートン・マルキールは、20～30代は株式を75％から90％くらいにして、債券にも多少配分し、分散するスタイルですね。

リスク許容度も資産額も人によるので、ベストな配分は変わるはずですが、目安にはなるでしょう。

どちらにしても共通しているのは、年齢が上がれば上がるほど株式の比率を下げていき、債券の比率を上げていくということです。

基本的に運用期間がたくさん残っている若い世代は、株式比率を高めにすることが推奨されています。その一方で高齢になるにつれ、先の運用期間が短く、時間をかけて増やす代わりに安定性を重視するために、債券の比率を上げるということですね。

長期間運用していれば、株式・債券比率がだんだん崩れていきます。それを正すリバランスをすることで、長期リターンが高まることが分かっています。

リバランスでリターンが向上する

理想的なアセットアロケーションを作ったにもかかわらず、下落相場になれば株式評価額が下がり、ポートフォリオ全体の株式比率が下がります。上昇相場であればその逆に動くように、理想的な配分はズレてしまうわけです。

このようなズレを解消させるのがリバランスです。相対的に価値の上がった資産を売り、価格の下がっている資産を買い増せば、バランスが取れます。

リバランスした方が長期リターンは高くなるのですが、やりすぎてもいけません。売買にコストがかかっているので、だいたい年に1回とか、半年に1回程度で十分です。

資産運用の勉強一冊目に

インデックスファンドを長期にわたりドルコスト平均法で積み立て、年に1回リバランスを行うことは、多くの人にとって投資の大原則になります。しかし、著者二人も実は個別株を一部購入しており、インデックスファンドの「退屈さ」を個別株投資で補っています。重要なのは、退職資金として守るべき資産はインデックスファンドで運用し、個別株投資はあくまで余剰資金で行うことです。

同書は約200ページと読みやすいボリュームであり、初学者に自信を持って推薦できる内容です。一部の読者には物足りなさを感じさせるかもしれませんが、巻末にはさらなる学びに役立つ推薦図書が掲載されています。これには『ウォール街のランダム・ウォーカー』（P33）や『敗者のゲーム』（P28）も含まれ、投資知識を深めるきっかけとなるでしょう。

2
冊目

父が娘に伝える自由に生きるための30の投資の教え

お金の原則を学ぶと
お金の悩みから解放される

著：ジェイエル・コリンズ　訳：小野一郎／
ダイヤモンド社

父が娘に伝える
自由に生きるための
30の投資の教え
The Simple Path to Wealth
山崎元氏推薦!

お金持ちの家は何世代にもわたりお金持ちであり続けることが多いですが、それは資産が相続されているだけでなく、「マネーリテラシーも引き継がれているから」ではないでしょうか。しかも、そこには相続税は一切発生しないのです。

『父が娘に伝える自由に生きるための30の投資の教え』は、今でいうＦＩＲＥを実現させた著者ジェイエル・コリンズが、10代の娘に向けて書いた手紙が基になっています。年頃の娘さんにとっては

「お金のことばかり考えたくはないわ」と思ったようですが、お金に無知でいると、皮肉なことに嫌でもお金の心配をしなければならない人生になってしまいます。

逆に、お金に関する原則を学べば、お金の悩みから解放され、お金以外の大切なことに集中することができるのです。投資、貯蓄、簡素なライフスタイルを身につければ、タイトル通り「自由」を手に入れるということですね。

資産を積み上げるステージで、ドルコスト平均法はいつもベストなのか

今現在収入があり、これから資産を作る方であれば、ドルコスト平均法による「積立投資」のみで十分だといわれます。ただし、すでに一定の貯金がある方にはもう一つの選択肢があります。それは「一括投資」です。

同書によれば1970年から2013年までの43年間では、上昇期間が77%で、下落している期間が23%しかありませんでした。ドルコスト平均法が一括投資よりも有利になるのは、「買った後に下がった時」だけです。

相場が基本的に上昇し続けているのならば、最速で全額を入金するのが、最もリターンが高まります。逆に、下落相場や、ボックス（横ばい）相場では、一括投資よりも積立投資（ドルコスト平均法）の方

● ４ヶ月間で４万円投資する場合の、一括投資と積立投資（ドルコスト平均法）の差

出典：「父が娘に伝える自由に生きるための30の投資の教え」を参考に著者が作成

価格が４ヶ月間で10,000円、14,000円、6,000円、10,000円とボックス圏内で動いた場合

	購入口数	購入単価
初月に４万円を一括投資	4	10,000
毎月１万円ずつドルコスト平均法で投資	4.38	9,132

価格が４ヶ月間で10,000円、12,000円、11,000円、13,000円と上昇相場だった場合

	購入口数	購入単価
初月に４万円を一括投資	4	10,000
毎月１万円ずつドルコスト平均法で投資	3.51	11,396

相場が上昇している時は、一括投資で早く入金した方がリターンが増える

が効果的です。

つまり、すでにまとまった貯金があって今後の相場を強気に見ている方は、のんびり積立投資をするよりも、一括投資を選ぶ方が良い可能性があるのです。

その一方、『投資の大原則』（P14）のページにも書いたように、ドルコスト平均法による積立投資は「精神衛生的に良い」というメリットがあることも忘れてはいけません。著者のジェイエル・コリンズは「ドルコスト平均法を好まない」と語っていますが、それはある程度市場の法則を学んだからこそ出てくる言葉だと思います。金額や年齢にもよると思いますが、自分が安心して眠れる範囲で、一括投資を検討していけば、十分かと思います。私自身は、毎年ボーナスがでたら即座に一定額を株式インデックスファンドに入金しています。常に余剰資金を最

速で株式市場にさらし続けても、安心して夜眠りにつくことができるようになったためです。

資産を維持し、引き出すための4%ルール

引退が近づいてきたら、資産を維持し、引き出すステージに入ります。守りを重視する段階では、株式一辺倒ではなく、債券の比率を少しずつ上げていきます。

同書では債券においても、個別の生債券を買う必要はなく、幅広く分散された低コストの投資信託が推奨されています。日本で手軽に買えるものとして、AGGやBNDといったETFが候補になります。AGGとBNDはほとんど似たような内容であるため、SBI証券や楽天証券といった主要なネット証券で買付手数料が無料のAGGがおすすめです。新NISA口座では、東証ETFの「2256」で代替可能です。

株式と債券の比率は、自分のリスク許容度や資産額、年齢を考慮して調整するのが良いかと思いますが、同書の「4%ルール」は目安になると思います。近年、日本でもFIREムーブメントが話題になったことで聞いたことがある方も多いかと思います。

1998年にトリニティ大学の教授3人が、株式と債券のさまざまな組み合わせのポートフォリオからどれだけ引き出すと、資産がどのくらい残るかを調べました。2009年には新しい数字で再計

トリニティ大学の研究結果

出典：「父が娘に伝える自由に生きるための30の投資の教え」

	年間の引き出し率									
引き出し期間	3%	4%	5%	6%	7%	8%	9%	10.0%	11%	12%
100%株式	資産を減らさず残す可能性									
15年	100	100	100	94	86	76	71	64	51	46
20年	100	100	92	80	72	65	52	45	38	25
25年	100	100	88	75	63	50	42	33	27	17
30年	100	98	80	62	55	44	33	27	15	5
75%株式／25%債券										
15年	100	100	100	97	87	77	70	56	47	30
20年	100	100	95	80	72	60	49	31	25	11
25年	100	100	87	70	58	42	32	20	10	3
30年	100	100	82	60	45	35	13	5	0	0
50%株式／50%債券										
15年	100	100	100	99	84	71	61	44	34	21
20年	100	100	94	80	63	43	31	23	8	6
25年	100	100	83	60	42	23	13	8	7	2
30年	100	96	67	51	22	9	0	0	0	0
25%株式／75%債券										
15年	100	100	100	99	77	59	43	34	26	13
20年	100	100	82	52	26	14	9	3	0	0
25年	100	95	58	32	25	15	8	7	2	2
30年	100	80	31	22	7	0	0	0	0	0
100%債券										
15年	100	100	100	81	54	37	34	27	19	10
20年	100	97	65	37	29	28	17	8	2	2
25年	100	62	33	23	18	8	8	2	2	0
30年	84	35	22	11	2	0	0	0	0	0

算もされています。

調査によれば、株式と債券を半分ずつ保有するポートフォリオで毎年4％ずつ引き出すと、96％の確率で、30年後に資産が減らなかったと言われています。

さらに驚くべきことは、この96％のうちの大抵のシナリオでは、残高が残っていただけでなく、むしろ増えていたことです。

当初100万ドルで、

- 100％株式なら約1007万ドル
- 株式75％、債券25％なら約596万ドル
- 株式50％、債券50％なら約297万ドル

この4％ルールが安全な引き出し率なだけではなく、むしろ増える可能性も高いということがお分かりいただけるかと思います。

3 冊目

敗者のゲーム〔原著第8版〕

著：チャールズ・エリス　訳：鹿毛雄二＋鹿毛房子／日本経済新聞出版

インデックス投資のメリットを説く！ 40年近く版を重ねる名著

同書の特徴的なタイトル（＝敗者のゲーム）の意味を解説しないわけにはいきません。

例えば、テニスの試合です。プロの試合になると、明らかなミスはほとんどしません。勝敗はどういうところで決まるかというと、「目の覚めるような素晴らしいショット」をするかどうかです。これがいわゆる「勝者のゲーム」ですね。

一方、ラリーをずっと続けることすら危ういようなアマチュアのテニスの試合はどうでしょうか。

勝敗を決めるのは「ミスの多さ」です。ファインプレーの有無というより、ミスが少ないほうが勝つ。これが「敗者のゲーム」です。

株式市場においては、昔に比べ市場に勝つことが難しくなり、「敗者のゲーム」になったと言われます。

そんな世界の最前線で戦うポートフォリオマネージャー（資金運用者）たちやアクティブ投資家による売買が「効率的な価格形成」を行います。それにより形成された「平均リターン」を、インデックス投資家は得られるのです。そして皮肉にも、その価格形成に助力したアクティブ投資家の多くは、「平均値」に勝てないのです。

われわれ個人投資家は、そんな「プロ」たちと同じ土俵で戦わなければいけません。アマチュアのテニスのように「ミスを少なくして勝つ」ためには、インデックス投資をメインに、タイミングを計らず、長期投資をすることが賢明な選択といえます。

80代の著者が株式集中投資をする理由

著者のチャールズ・エリスは、２０２４年現在80代です。投資は、株式でしか行っていないと言います。

一般的に、株式比率を「100マイナス年齢」にし、残りを債券に分散するというのは目安の一つです。

その法則で言えば80代は、8割を債券に回し、リスクの高い株式への投資は2割に抑えるということになります。ではなぜ、著者は80代の現在も株式に集中投資をするのでしょうか？　そこには3つの理由があります。

1つは、債券が「インフレに弱いこと」が挙げられます。同書の「個人投資家のための十戒」では、「元本や利息が安全だとか、リスクが少ないという理由だけで、債券に投資してはならない」と指摘しています。

とはいえ、どんな状況においても全く必要ないという完全否定ではなく、短期的な「まさかのときの備え」としての意味はあると思われます。

同書には書かれていませんが、インフレが気になる場合は「米国物価連動国債ＥＴＦ（ＴＩＰ）」などは手軽な解決策になるのではないでしょうか。米国物価連動国債ＥＴＦなら、インフレ率が上がれば元本もそれに応じて増加します。

2つ目は、子供、孫がいるためです。資産運用は自分の世代で終わらせる必要はないのですね。自分の世代で使いきらず相続・譲渡していく場合、まだまだ運用期間が何十年も続いていくことになります。余剰資金であれば、暴落しても戻るまで待てるので、株式に投資することが最も長期リターンが高まります。

3つ目は、彼の総資産の中には「安定した資産」が他にあるからです。年金、持ち家、家具などの「安定した資産」が総資産の30～40％相当あるため、債券にまで投資する必要がないというのが著者の主張です。住宅や家具の資産価値に関しては個別性が高いので一概には言えませんが、年金は確かに考慮すべきですね。

特にわれわれ日本人の年金は他国と比べても、債券比率は高めに設定されています。債券など買った覚えはないという方でも、年金というファンドを通して間接的に債券を保有しているようなものです。それを考慮すれば、自分で運用する部分は株式を多めにしておいても、妥当だと思われます。

その「手間」がリターンを下げる

私たちは、目の前の結果を重視する傾向があります。

機関投資家向け運用を行っている特定運用機関数社の50年間の調査によれば、直近の成績が良好な運用機関が新規契約を獲得する傾向があるそうです（多くの場合、この機関の好調期が過ぎた後で…）。

反対に、直近の成績が悪い運用機関が一般に解約されやすいと言われます（こちらは、最悪期が終わった後で…）。また、上昇相場が終わった後に株式への配分を増やし、大底で株式を減らすといった、間

運用機関変更前後の運用実績

出典：「敗者のゲーム［原著第8版］」

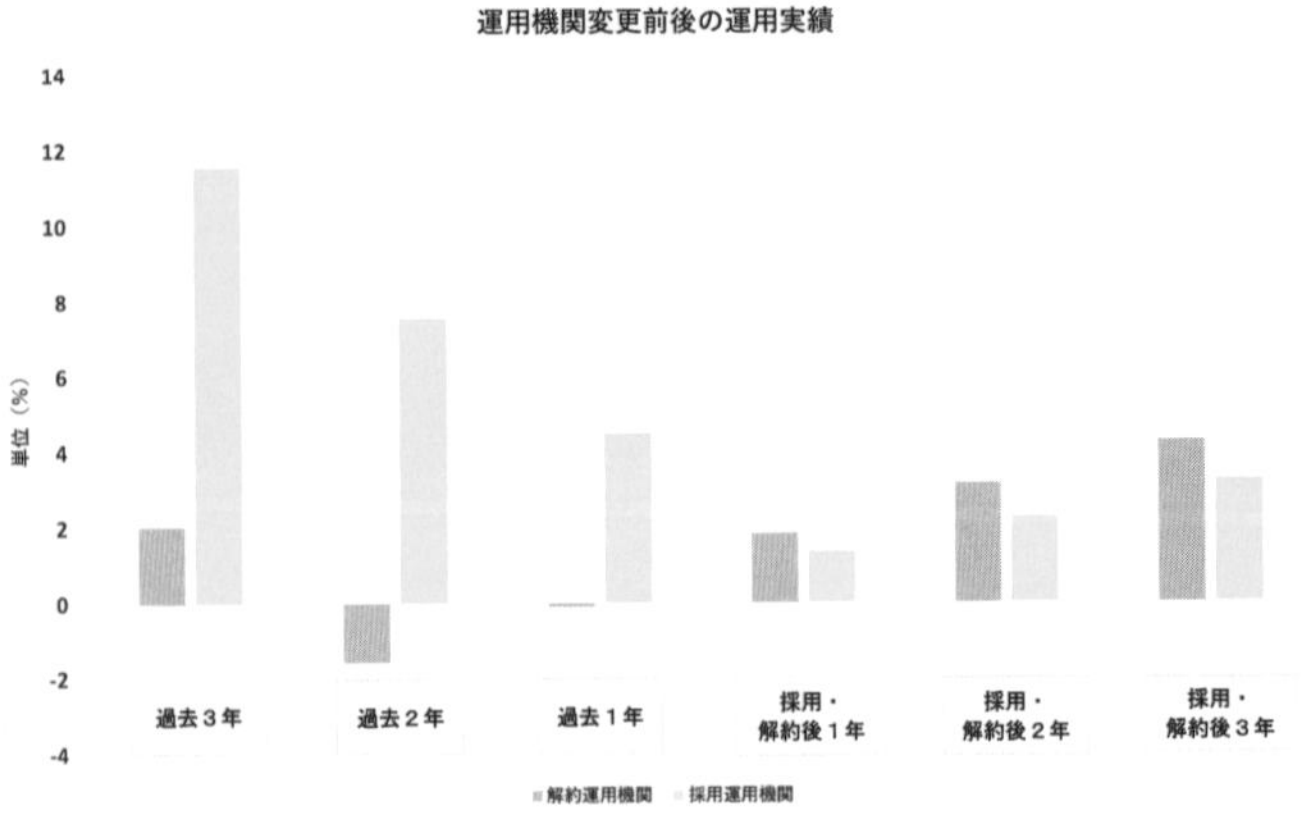

違ったタイミングで反対方向に資金を動かすこともよくあるそうです。

投資を生業とする運用機関ですら、資産配分の変更や、商品の変更において「高値買い、安値売り」をしてしまいます（そこに留まっていれば、悪い相場の次には良い相場が来ていたにもかかわらず）。結局、長期間そこに留まっている資金が一番ということですね。

インデックス投資本の最高峰

私は原著5版、6版、8版の邦訳本を読んでいますが、8版で意外だったのは、行動経済学にまで踏み込んだ内容も追加されていたことで、さらに充実した本になったと感じました。

4
冊目

ウォール街のランダム・ウォーカー〔原著第13版〕株式投資の不滅の心理

投資を勉強するなら
本棚にまず置いておくべき一冊

著：バートン・マルキール　訳：井手正介／日本経済新聞出版

『ウォール街のランダム・ウォーカー』は、初版が1973年に出ていて150万部以上売れているベストセラー本です。面白い皮肉も随所に効きまくった一冊なので、ページ数は多いですが、投資本を読み慣れていない頃でも意外と楽しみながら読めました。

投資の流派を広く網羅しながら、最新版では、暗号資産やESG投資に関する話が追加されているなど、新しい知識と、時の試練に耐えた普遍的な知識の両方を学べるようになっています。

特定の手法を賛美するものではなく、二大流派としての「ファンダメンタル価値」学派と「砂上の楼閣」学派を比較するような内容です。

株式投資は美人投票

「砂上の楼閣」理論は美人投票に例えられます。これは有名な経済学者のケインズが、昔のイギリスの新聞で実施されていた美人コンテストに例えたという話です。

このコンテストは、誰が美人投票で1位を取るか予想して応募するものだったので、自分の好みよりも「皆が投票しそうな人に投票する」というものになっていました。これが砂上の楼閣理論の特徴で、読み合いで株価が決まるということになります。

しかし時として、企業の本質的な価値が変わっていないにもかかわらず、砂上の楼閣は一気に崩れ去ることもあります。それと対照的なのが、企業の本質的な価値を分析する「ファンダメンタル価値」学派で、ウォーレン・バフェットもこちらに属すると考えられます。

ウォーレン・バフェットも使うファンダメンタル価値

「ファンダメンタル価値」学派によれば、ファンダメンタル（本質）価値は、現状分析と将来分析を注意深く行うことで推定できると考えられています。

つまり、株価は心理によって上がったり下がったりするものの、いずれファンダメンタル価値に修正されていくため、割安な時に買い、割高な時に売ることでリターンを得られることになります。PER（株価収益率）やPBR（株価純資産倍率）、ROE（自己資本利益率）、EPS（一株当たり当期純利益）などに代表される数々の株価指標の分析、DCF法といった将来の価値に基づく分析などを駆使します。

砂上の楼閣学派からは「やることが多い割に結果が出ない」などと批判されることもあり、本質的な価値を正しく分析できたとしても、そこに収れんするまでに長すぎる時間がかかることもあります。

バブルという砂上の楼閣の崩壊

バブルの歴史についても非常に詳細にまとめられています。

バブルとは非常に恐ろしいもので、かのニュートンもバブルの崩壊で大損を被るほど、バブルの列からうまく抜け出すのは簡単なことではありません。誰もが〝自分たちよりもっと愚か者が存在する〟と信じてしまうからです。自分よりももっと情報を得るのが遅い人間が、次々と買い続ける限り、バブルは崩壊しません。「最後まで残っていなければセーフ」と言わんばかりのババ抜きのような状態になります。しかし、その「より愚かな者」の供給はいつか必ず途切れます。

よく言われる、「靴磨きの少年が株の話をしだしたら株価の暴落は近い」という言い伝えはその供給が途切れるのが近いことを意味しています。

ウォール街の3つの歩き方

最後の第4部は「ウォール街の歩き方の手引」として3つの歩き方が解説されています。

1 思考停止型

1つ目は思考停止型です。その名の通り、余計なことを考えずにインデックスファンドを買う方法です。つまらない方法かもしれませんが、投資先進国である米国の大企業の年金も、かなりの部分がインデックスファンドで運用されています。

また株式以外の、債券や不動産にも、インデックスファンドがあります。自分に合った資産配分

ライフサイクルに応じたアセットミックス

出典：「ウォール街のランダム・ウォーカー[原著第13版] 株式投資の不滅の真理」（著者が一部改変）

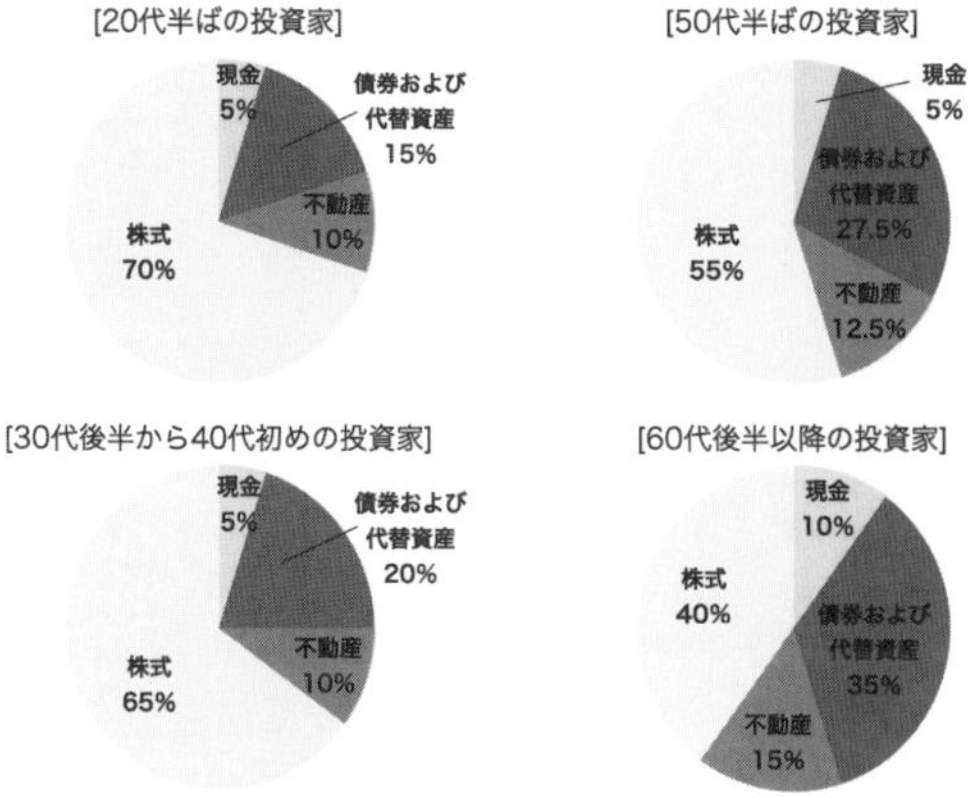

で、低コストでポートフォリオを組めます。第14章には「ライフサイクルに応じたアセット・ミックス」も掲載されていますが、インデックスファンドのみでも、再現することは可能だと思います。

2 手作り型

著者が最もおすすめするアプローチがインデックスファンド投資でしたが、それでは退屈だと感じる方には、自ら有望銘柄を探す手作り型アプローチが参考になります。手間もかかる上、長期にわたり勝ち続けられるのはごく一部ですが、銘柄選択で成功するための4つのルールを以下にまとめます。

・ルール1　少なくとも5年間は、一株当たり利益が平均を上回る成長を期待できる銘柄のみを購入すること言うほど簡単ではありませんが、一株当たり利益（ＥＰＳ）の成長は株の利益の源泉であるため、株価収益率（ＰＥＲ）の成長も同時に高まる可能性があります。

・ルール２　企業のファンダメンタル価値が正当化できる以上の値段を払って株式を買ってはならない

仮にＥＰＳの成長が見込める企業であっても、すでに株価が割高な水準にあれば、リターンは見込めません。そこで重要な基準値がＰＥＲです。市場平均のＰＥＲと比較し、あまり上回っていない銘柄を買うべきだとされています。これは「低ＰＥＲ戦略」とは異なり、市場平均よりやや高いＰＥＲであっても、将来の期待成長率が市場を上回っていれば問題ありません。「相対的低ＰＥＲ戦略」と表現されています。ＧＡＲＰ（Growth at Reasonable Price）戦略とも言われます。

・ルール３　近い将来、「砂上の楼閣」作りが始まる土台となるような、確固たる成長見通しのある銘柄を購入するとよい

市場の心理的要因のみで株価は動いているわけではありませんが、成長ストーリーが他の投資家にアピールするようなものかどうかを、検討すべきだと言われます。その他の投資家たちが押し寄せる数カ月前に仕込むことが成功の鍵です。

・ルール4　なるべく売買の頻度を減らすべし

売買頻度を増やして最も得をするのは、手数料を儲ける証券会社です。ただし負け犬銘柄は容赦なく損切りしなければなりません。特に年末には、含み損があれば、キャピタルロスをキャピタルゲインと相殺して節税することを検討すべきです。

3　専門家型

最後は、シンプルに良い専門家を雇えということですね。多くの少額の個人投資家の場合は、手数料が割高になることを避けるため、基本的には1か2を選ぶべきかと思います。

まず履修しておくべき投資本の超定番

多数のデータを基にして、相場の歴史や、各流派のメリット・デメリットを網羅的に学ぶことができる一冊。投資の勉強をするなら、まず履修しておくべき本でしょう。

何度でも読める充実した内容、ボリュームは素晴らしいので、とりあえず本棚に置いておくことをおすすめします。

5
冊目

株式投資の未来 ～永続する会社が本当の利益をもたらす

著：ジェレミー・シーゲル　訳：瑞穂のりこ／日経BP

通称〝赤本〟
インデックス、成長株、割安株…
すべての投資家必読

大学受験の「赤本」と言えば、志望大学の過去問を大量に掲載した必読書として知られていますが、この『株式投資の未来』は「投資の赤本」と言ってもいいくらいの必読書だと思っています。どんな投資スタイルであろうとも、株式投資をする方なら必読の内容が詰め込まれており、ボリュームも満点。この項では、成長株投資の罠、配当の本質、ポートフォリオ戦略などをご紹介していきます。

成長株投資に潜む「成長の罠」とは

投資で利益を得るには、成長国や成長産業だけに投資すれば儲かるのでしょうか？　そう単純な話ではありません。そこには「成長の罠」があります。

1990年代から2000年代初頭にかけての、中国とブラジルのGDP成長率とそれぞれの株式リターンの比較は驚くべきものです。この時代の中国は高い成長を期待されており、その期待は正しいものでした。中国経済は11年間の累積ベースで166％の成長をしました。

一方、その間のブラジルは同じ11年間でわずか22％しか成長していません。1994年にいたってはインフレ率が5000％を超え、実質GDP成長率はマイナスでした。誰が見ても中国経済の方が好調なのは明白で、あらゆる経済指標で中国がブラジルを上回りました。

しかし、株式投資のリターンは全く逆の結果になりました。1992年末に中国市場に投資した1000ドルは、2003年末には320ドルに減っていた計算になります。

一方、1992年末にブラジル市場に投資された1000ドルは、2003年には4781ドルに育っていました。中国市場はもちろん、米国市場をもはるかに上回る成績です。

なぜ、このような結果になったのか。ブラジル株は、元々低かった株価と高い配当利回りが、高いリターンをもたらしたと言われます。

一方の中国株は、過剰なまでの期待値が株価を押し上げており、すでにバブルを発生させていたのです。その後のリターンは、前述の通りです。

株式投資のリターンは、単純に業績の成長率だけでは決まらないという、良い例ですね。それは、一国の株価だけではなく、個別株にも当然当てはまります。ハイテクバブルの5つの教訓は、非常に重要です。

1 バリュエーションはいつも重要
2 買った銘柄に惚れ込んではいけない
3 時価総額が大きく、知名度の低い銘柄は要注意
4 三桁のPER（株価収益率）は避ける
5 バブルで空売りは禁物

マスコミが盛んに取り上げ、誰もが株に興味を持っている時は、関わってはいけません。バリュエーションはどんな時でも重要なのです。

配当を出すのは非効率なのか

効率性だけを追い求めるなら、配当なんかなくていいのです。ウォールストリート・ジャーナル誌のコラムの一文では、こう述べられています。

〝配当は投資家の目をくらませ、借金漬けで伸び悩む会社、あるいは伸び切った会社の株を買わせる。こうした銘柄はやがて減配となり、下手をすると、投資銀行マンを兼任した調査アナリスト以上に、投資家に火傷をおわせかねない。〟

ウォーレン・バフェットの投資会社、バークシャー・ハサウェイは無配で有名です。バークシャーが配当を支払わない最大の理由は、税金です。あるニュース番組でバフェットはこう語りました。

〝税金を取られないなら、配当を支払うのも（会社の株主にとって）いいだろう。〟

彼の言う通り、配当は受け取ると同時に課税されます。一方、キャピタルゲインは、株式を売却しない限り課税対象となりません。再投資による複利運用を考えても、配当で税金を支払った後で再投資するのか、企業が事業に再投資してキャピタルゲインを伸ばすのかでは、後者の方が「課税を先延ばし」できるので有利です。実際に計算すると分かりますが、課税の繰り延べ効果により、最終的に残るあなたの資産額は増えるのです。

よって、バークシャー・ハサウェイが無配を貫き、キャピタルゲインで報いようとすることは、非常に合理的なのです。

配当という信頼の証

配当として外にお金を出さず、事業に再投資した方が効率的とはいえ、完全に合理的なことばかりではないのが経営です。

「エージェンシーコスト（代理人費用）」とは、キャッシュが有り余る企業が特別手当として散財したり、豪華な本社ビルを建てたりするような意味のないコストのことです。企業が配当を控えることで、キャッシュを貯め込むと、このような無駄なコストに使われる危険性があるのです。ウォーレン・バフェットは、このような落とし穴を避けてきた名経営者と言われます。

また、配当というキャッシュの払い出しは、決算に嘘がないことの証明にもなります。企業が常に合理的に、利益のために行動できると保証できるのならば、配当は重要ではありません。しかし、世の中には会計を誤魔化したり、〝クリエイティブな〟会計手法を巧みに操ったりする一部の企業が存在します。その点、「キャッシュ」は嘘をつけません。配当の支払いは、投資家からの信頼の印になるのです。

また配当には下落相場のプロテクター機能、上昇相場のアクセル機能の役割もあります。下落相場だとしても、配当を再投資し続けていれば、保有株数を増やすことができ、株価が回復する時に一気にリターンを上げるアクセルになります。下落相場のインカムゲインは精神的な支えにもなることは、想像に難くありません。配当の強みは、効率性などではなく、「安心感」や投資家への「信頼の証」であることなのです。

インデックス投資を上回るD-I-V指針とは

同書の第5部「ポートフォリオ戦略」では、インデックス運用を上回るための戦略がまとめられています。同書の長期的な調査によれば、インデックス運用を投資のコアにした上で、補完戦略を組み合わせれば、さらに高いリターンを狙えるとされています。

各戦略の頭文字をとって「D-I-V指針」と呼ばれます。

● GICSセクター・産業グループ分類

出典：「株式投資の未来〜永続する会社が本当の利益をもたらす」を参考に著者が作成

11のセクター	24の産業グループ
エネルギー	エネルギー
素材	素材
資本財・サービス	資本財
	商業・専門サービス
	運輸
一般消費財・サービス	自動車・自動車部品
	耐久消費財・アパレル
	消費者サービス
	小売
生活必需品	食品・生活必需品小売り
	食品・飲料・タバコ
	家庭用品・パーソナル用品
ヘルスケア	ヘルスケア機器・サービス
	医薬品・バイオテクノロジー・ライフサイエンス
金融	銀行
	各種金融
	保険
情報技術	ソフトウェア・サービス
	テクノロジー・ハードウェアおよび機器
	半導体・半導体製造装置
コミュニケーション・サービス	電気通信サービス
	メディア・娯楽
公益事業	公益事業
不動産	不動産

シーゲル流ポートフォリオ

出典：「株式投資の未来〜永続する会社が本当の利益をもたらす」を参考に著者が作成

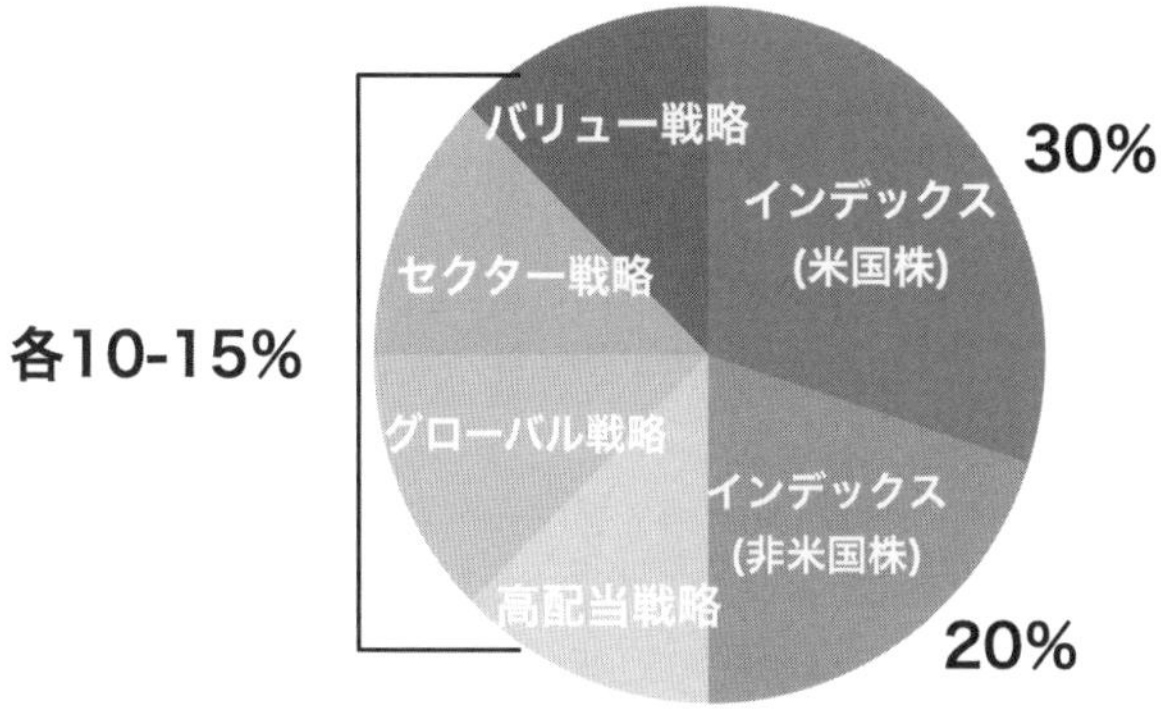

D dividend（配当）：個別銘柄の選定にあたっては、持続可能なペースでキャッシュフローを生成し、それを配当として株主に還元する銘柄を選ぶ。

I international（国際）：世界のトレンドを認識する。このままいけば、世界経済の均衡が崩れ、中心は米国、欧州、日本から、中国、インドをはじめ途上国世界へとシフトする。

V valuation（バリュエーション）：成長見通しに対してバリュエーションが適正な株を買い続ける。ＩＰＯや人気銘柄は避ける。個別銘柄であれ業界であれ、市場の大勢が「絶対に買い」とみているうちは、買わない。

これに加え、「セクター戦略」も個別銘柄投資の戦略です。セクターの分類には、「GICS（世界産業分類基準）」（P46）を用います。世界の産業を11のセクターに分類しており、世界中で標準化されています。

過去半世紀で、特に高い運用成績を示したのが、生活必需品と、ヘルスケアセクターです。生活必需品セクターは、景気に左右されにくいディフェンシブセクターの代表と言えます。ヘルスケアセクターも、先進国の高齢化を考えれば、今後も需要が減るとは考えにくいです。個別銘柄で保有するリスク（創薬失敗、訴訟、特許切れ）が不安であれば、ETFで保有すると手軽に分散ができます。

最後に、著者の株式ポートフォリオ配分例を載せます。最適な配分は、市場の状態と、投資家それぞれのリスク選好度によっても変わります。

- ワールドインデックス：50%
  - ┗米国株　30%
  - ┗非米国株　20%
- リターン補完戦略：50%（各10〜15%）
  - ┗高配当戦略

「グローバル戦略

「セクター戦略

「バリュー戦略

株式投資のバイブル本になる骨太な一冊

インデックス投資を学び、さらに高度な投資に挑戦したいと思ったら、まずおすすめしたいのがこの一冊です。インデックス投資をベースにしつつも、そこにどのような戦略を加えていけば良いのか、さまざまな戦略を豊富なデータを基に解説しています。

ジェレミー・シーゲルの本では、この赤本の他に「緑本」と呼ばれる『株式投資 第四版』（P238）も有名ですが、どちらかと言えば、そちらの方がより基本的な内容かと思います。もし赤本が難しいと感じたら、緑本から読み進めても良いでしょう。

2日目

タイミング編

投資の世界では、タイミングが結果に大きな影響を与えます。歴史を通して、多くの投資家がタイミングの問題に翻弄されてきました。市場は非常に複雑で、完璧なタイミングを計ることはほぼ不可能です。しかし、相場の季節性やサイクル性などのマクロ環境要因や、企業のイベントといった個別要因から、重要な手掛かりを見つけ出すことは可能でしょう。

改訂版 金利を見れば投資はうまくいく

金利を見ずに投資はできない！
基本から国別の特徴までこれ一冊で

著：堀井正孝／クロスメディア・パブリッシング

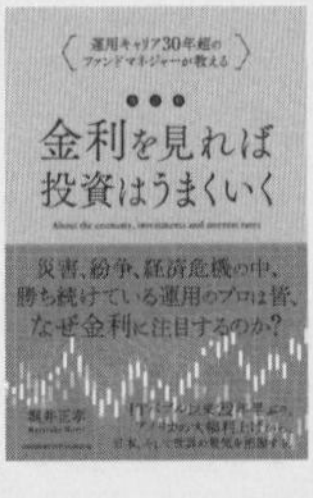

運用キャリア30年超のファンドマネージャーが教える一冊をご紹介したいと思います。

投資と金利は、切っても切れない関係にあります。この関係性を幅広く理解できる、初心者にもおすすめの一冊です。コロナショックによる株価の暴落は予測が難しかったと考えられていますが、金利は2019年の下旬から、景気後退の予兆を示していました。

そのサインを見逃していなかった方は、景気後退を予期し、その準備をしていたはずです。逆に言えば、金利を無視して投資をするのは、標識を無視して車を運転するようなものだと思います。

同書は経済の「炭鉱のカナリア」とも言われる金利の基礎を理解するのに最適な一冊だと思います。また、世界経済をリードしているアメリカの金利を見ることが、景気の予測においては最も重要であり、日本株にしか投資しないとしても、アメリカの状況は非常に重要になります。

3つの金利とは

景気の予測をする際には、まず3つの主要な金利の特徴を知ることが必要だと言われます。

1 政策金利

すなわち短期金利です。短期金利は、期間が1年未満の金融資産の利率を指しますが、その中でも政策金利は短期金利の代表的な指標です。アメリカでは、ＦＲＢが制定するＦＦレートが政策金利として用いられます。

中央銀行の目的は、市中の資金供給を調整して景気を制御することです。伝統的な金融政策では、政策金利を下げることで市中にお金を供給し、逆に金利を上げることで資金供給を減少させ、景気を調整してきました。近年はゼロ金利やマイナス金利といった非伝統的金融政策も先進国を中心に採用されてきました。マイナス金利の場合、中央銀行にお金を預けると逆に金利が取られる状況となります。このような状況下では、市場に資金を供給する金利が低くなる傾向があります。

また、量的緩和政策（ＱＥ）も近年取り入れられてきました。この政策は、中央銀行が国債などを購入して貨幣供給を増やすものです。そして、コロナ対策のＱＥによって拡大したバランスシートを段階的に圧縮するために、２０２２年からは、量的引き締め（ＱＴ）政策も実施されてきました。

２０２３年の段階では、ＦＲＢによる利上げの打ち止めのタイミングが非常に注目されていました。

2 10年国債利回り

一般的に「長期金利」と言うとき、基本的には10年国債利回りを指しています。これは、債券市場で債券を購入し、満期まで保有し続けた場合の1年あたりの利回りです。これが調整されることにより、市中の様々なローンなどの金利の基準となります。

3 社債利回り

社債と国債の基本的な違いは、発行体が異なる点にあります。国が発行するのが国債、一方で会社が発行するのが社債です。金利の差は、その信用力の差によるものと言われています。信頼度が高い発行体には、低い金利で貸しても問題ないと感じる一方、信用力が低い発行体には高い金利を要求す

※ 景気のサイクルを四季に例える

出典：「改訂版 金利を見れば投資はうまくいく」（著者が一部改変）

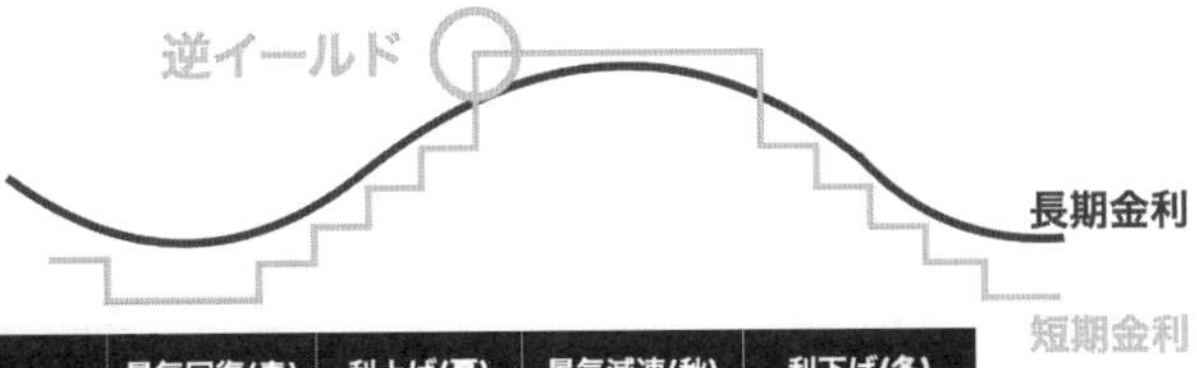

	景気回復(春)	利上げ(夏)	景気減速(秋)	利下げ(冬)
景気	回復	過熱	減速	後退
長期金利	上昇	緩やかに上昇	低下	緩やかに低下
短期金利	横ばい	上昇	横ばい	低下
長短金利差	拡大	縮小	縮小	拡大

る傾向があります。

信用力を公平に評価するための格付機関という第三者が存在し、その評価を参考にすることが一般的です。同書では、これら3つの金利を用いて景気の予測が可能であると述べています。

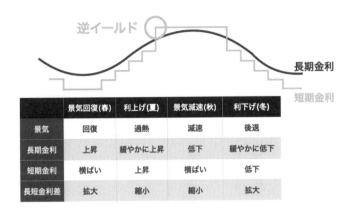

景気のサイクルは四季のように移ろう

先述した3つの金利の中で特に重要な2つ、短期金利と長期金利、そしてその差である長短金利差を中心に、景気サイクルとの関係性を見ていきます。図では、滑らかに変動するのが長期金利、段階的に動くのが短期金利です。

まず、景気回復時期を考えます。これを春とイメージします。この時期、景気は順調に回復し、長期金利も上昇しています。一方で、短期金利は安定しています。つまり、長期金利は徐々に上昇するものの、短期金利は即座には上昇しないという状態です。このことから、長短金利差が拡大している時期は景気が回復していると解釈できます。景気が良くなると、次には利上げが行われ、これを夏の季節に例えることができます。

この時期、景気は過熱気味となり、長期金利の上昇は緩やかに。しかし、短期金利は急速に上昇します。これは中央銀行が景気の過熱を抑制するために行う行動です。

利上げが進むと、長短金利差は次第に縮小し、短期金利が長期金利を上回る局面が来ます。この現象は「逆イールド」と呼ばれています。

逆イールドは株価下落の前兆であると言われており、まさにこれが示すのは、次に景気減速が訪れるということです。

その後、景気減速が始まり、長期金利は低下し始めます。しかし、短期金利はすぐには低下しないのが特徴です。四季における秋に該当する時期です。

そして、景気が徐々に後退し、景気の冬が到来すると、中央銀行は利下げを行い、再び景気を回復させようとします。ここまでの一連の流れは、四季に似ているのです。

イールドカーブとは

出典：「改訂版 金利を見れば投資はうまくいく」を参考に著者が作成

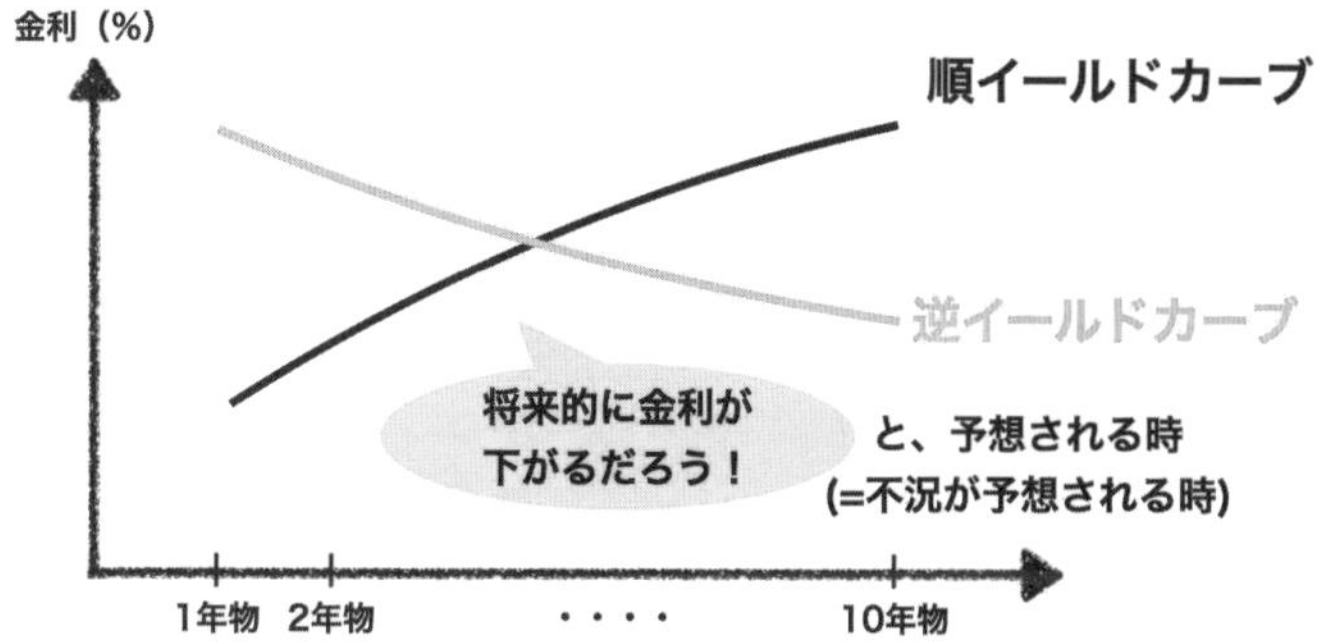

逆イールドが景気後退の前兆である理由

順イールドカーブでは、通常、長期ほど金利が高くなるのが一般的です。例えば、2年物と10年物の国債があった場合、10年物の方が、利回りが高くなるのが普通です。図のように、その金利をグラフ化したものがイールドカーブです。

しかし、逆イールドカーブとは、金融政策の影響で短期金利が長期金利を上回る現象を指します。これは、「将来的に、金利が下がるだろう」と市場で予測されているために起こります。金利が下がるということは、不況が予測されているということになります。よって、逆イールドが景気後退のサインとされるのです。

金利についての理解を深める一冊

同書では金利の基礎から始め、現在の経済状況を自身で分析する方法まで学ぶことができます。特に6章ではアメリカ、7章でユーロ圏、8章では日本の金利の特徴を詳しく解説しており、各国の金利状況の違いを理解するのに役立ちます。金利に関するニュースは経済の動向を知る上で非常に重要です。投資を行う際の基本的な知識として、この本は欠かせない一冊と言えるでしょう。

7
冊目

相場サイクルの見分け方〔新装版〕 銘柄選択と売買のタイミング

株式相場の4つの局面を見分け 銘柄選択と売買タイミングに活かす

著：浦上邦雄／日本経済新聞出版

この本は1990年に発行され、幻の名著とも称される作品の新装版です。株式市場のサイクルをまとめたこの本は、投資家にとって非常に役立つ一冊となるでしょう。

同書の主要なテーマは「株式相場には4つの局面が存在する」という事実です。それは金融相場、業績相場、逆金融相場、逆業績相場という4つの局面です。

このサイクルを理解し、銘柄選択と売買のタイミングに役立てようという内容です。

● 株式相場の４つの局面

出典：「相場サイクルの見分け方［新装版］銘柄選択と売買のタイミング」

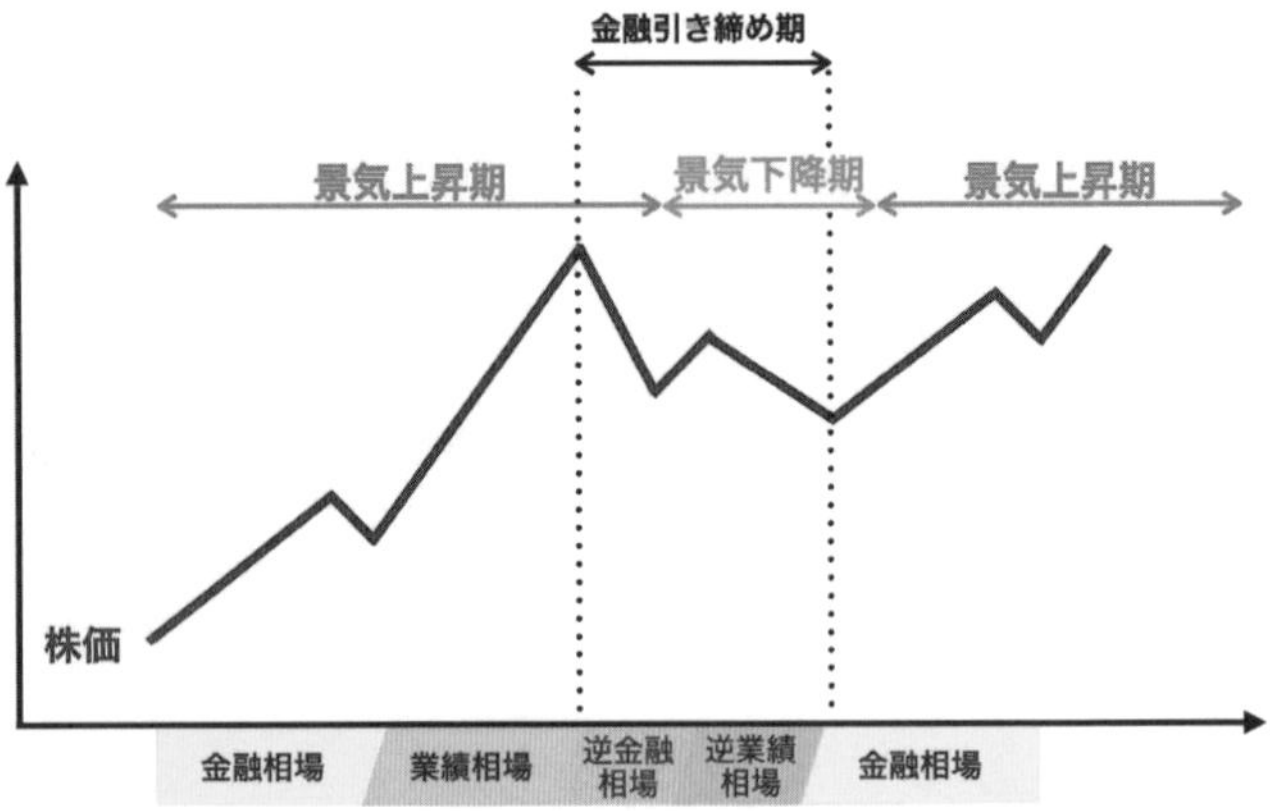

金融相場

まず、金融相場について詳しく見ていきましょう。一言で説明すると、これは「不景気の中の株高」です。実体経済はまだ上昇していないものの、政府の金融・財政政策による景気対策の期待感が株価上昇につながっています。

この相場の特徴は、金融政策や財政政策が推進され、公共投資の拡大などにより株価が反騰してくるという状況です。さらに、金利水準がコントロールされ、ビジネスの活性化が図られます。基本的に、銀行は金利を下げることとなります。

しかし、銀行が金利を下げると、その結果として貸し出しによる利益が減少します。さらに、預金金利、つまり私たちが銀行に預けて得られる利益も下がることになります（日本ではこれが長く続いていますが）。そうなると、銀行に預けても増やせないと考え株式投資を試す人が増え、株価の上昇につながります。業績はまだ低迷していたとしても、株価は人々の期待感を表すもので、業績に先行して動くのです。

この金融相場は、いわば「理想買い」の相場です。景気回復や利益増加に対する期待感により株が買われます。しかし、実際にはまだ業績が上がっているわけではありません。将来の期待感だけで株が買われる状況です。

そして、このような時にリード業種になり得るのは、まず公共投資に関連する業界です。政府からの働きかけによって直接的にメリットがある建設、土木、不動産関連等が考えられます。また、不況に対する抵抗力のある公共サービス業界、例えば電力や電鉄なども価格が上がりやすいと考えられます。

さらに、不況でも業績の変動が少ない食品業界などもリード業種になり得ます。人々は景気にかかわらず食事をとるので、食品関連企業は不況の影響を比較的受けにくいためです。

また、財務基盤が強い企業は不況に耐えることができると考えられるため、そのような企業がリード業種となることも考えられます。

金融相場の株価上昇は先行き不安感がある中で始まります。例えば、２０２０年の上半期には、世界がどうなるのか予測がつかないような不安感がありましたが、その中で株価はかなり回復しました。今になって振り返ってみると、金融相場は先行き不安感の中で始まっていたということが分かります。

このような強気相場は「悲観の中で生まれる」と言ったジョン・テンプルトンの言葉が思い出されます。

業績相場

次に訪れるのが業績相場です。株価だけでなく、企業の業績を伴う好景気が始まります。多くの経済指標が好転し始め、GNP（国民総生産）も回復に向かっていきます。これらの指標が好転し、景気底入れが確認された時点で、金融相場の終焉と業績相場の始まりを意味します。業績相場では、金利は緩和されていた状態から少しずつ引き締められ始めます。しかし、それまでの金利低下の影響もあり、企業の業績は上昇しており、株価もある程度長期間にわたって上昇する時期です。

金融相場が「理想買い」であったのに対し、業績相場の特徴は「現実買い」です。前半では素材系の企業（紙パルプ、化学、ガラス、セメント、鉄鋼、非鉄など）が主役となり、後半では加工業（機械、電気、自動車、精密機械など）が主役となります。

金融相場から業績相場への移行を示す指標の1つにPER（株価収益率）の低下があります。

ＰＥＲは、株価を一株当たりの純利益で割ったものです。つまり、純利益（分母）が大きくなれば、ＰＥＲは下がります。このことから、利益を伴う相場が徐々に訪れていると解釈でき、業績相場への移行が進んでいると確認できるのです。

逆金融相場

株価も上昇し、企業の業績も上がり始めた時期に、金融引き締めの時期がやってきます。これは、過剰なインフレを防ぐために必要なサイクルです。この段階で訪れるのが逆金融相場です。

弱気相場から金融相場へ、さらに業績相場へと移行し、株価と業績が上がっていく一連の流れは一定のパターンを持っています。一方で、そのパターンが崩壊する時点では、多様なパターンが存在します。過去の事例を見ても、強気相場から弱気相場に移行するパターンは多岐にわたります。

逆金融相場でも、株価は実体の景気に先行して動くので、景気よりも先に、株価が下がる傾向にあります。中でも、景気に敏感な素材系の株や、借金比率の高い電力系なども全面安となります。

このタイミングでは、新規の株式投資は控え、短期の金融資産に近いものへ資産を移すことが推奨されます。もし株式を手元に残すのであれば、優良株に限定するのが良いとされています。

逆業績相場

金融引き締めの影響で企業の業績も下がり始め、逆業績相場へと移行します。

金融相場は景気の芽生えの春、業績相場は盛り上がりの夏、その熱気が落ち着く逆金融相場が秋、そして業績が下落し始める逆業績相場が冬の到来というイメージとなります。

業績相場とは対照的に、逆業績相場では、減益という現実の環境悪化が背景にあり、「現実売り」という形で売られます。

相場の格言として「天井三日 底百日」というものがあります。これは相場が高騰する期間は短く、低迷する期間が長いということを表しています。ただし、逆業績相場も全てが悪いわけではありません。逆にピンチはチャンスであると考えることもできます。

通常、優良株は財務がしっかりしており、競争力もあり、業界トップクラスです。そのため、通常時には人気で割高になることが多く、買うチャンスは市場が混乱している時や長期の低迷期間しかありません。

また、景気が低迷しているときは、次の景気対策が施され、最初のサイクルに戻ることが予想されます。その際、最も恩恵を受けるのは金融関連の銘柄となります。この時期は金融関連銘柄の株価が大きく下がっていると考えられるので、安いときに購入するチャンスと言えます。これが投資の妙味があるとされる理由です。

局面に応じた対策を学べる

この本は、４つの局面の特徴や実例、対策を学ぶことができます。初めて目を通す初心者の方にも売買タイミングや銘柄選びの際の参考資料として非常に役立つでしょう。

8
冊目

市場サイクルを極める 勝率を高める王道の投資哲学

大衆の裏をかく逆張りの戦術とは

著：ハワード・マークス　訳：貫井佳子／日本経済新聞出版

市場サイクルを極め、勝率を高める投資を提唱するハワード・マークスの本をご紹介していきたいと思います。この本は、ウォーレン・バフェットやチャーリー・マンガー、レイ・ダリオなど、名だたる投資家が絶賛しています。

ハワード・マークスの別の名著『投資で一番大切な20の教え　賢い投資家になるための隠れた常識』（P127）は、ウォーレン・バフェットが株主総会で配るほどの有名な本で、そのサイクルに関する章の続編として同書は書かれています。

景気、企業利益、投資家心理、信用、不動産など、経済の世界には多くのサイクルが複雑に絡み合って全体が形作られていますが、一つひとつを分解していくことで、市場サイクルを理解し、それを投資に活かすことができるでしょう。

景気サイクルと中央銀行の2つの役割

景気サイクルに大きく影響を及ぼす要素として、人口動態の変化や労働投入量の変化が挙げられます。これらは生産人口の数や生産性に関連し、労働者の意欲、教育水準、技術の進展、自動化、グローバル化など、マクロ経済の変動と連動して、景気サイクルが大きく変動します。

景気サイクルに対する政府の介入も重要な側面です。中央銀行の役割としては、景気拡大時にインフレの抑制を図り、マネーサプライを減らしたり金利を引き上げたりすることで市場を冷却するのが一つの任務です。もう一つの役割は、景気縮小時にデフレ脱却や雇用の支援を目的に、お金を増やし、金利を下げ、ビジネスを活発化させる活動を展開することです。

つまり、ほとんどの中央銀行には「インフレの抑制」と「雇用の支援」という2つの相反する目的があるのです。

● **中央銀行の仕事**

出典：「市場サイクルを極める 勝率を高める王道の投資哲学」を参考に著者が作成

不況時に雇用の支援をするためには、マネーサプライを増やす、金利を引き下げる、証券を購入して経済に流動性を供給するといった景気刺激型の手段を通じて、雇用を促進します。雇用に重点的に力を注ぎ、こうした手段に頼る傾向が強い中央銀行は「ハト派」と呼ばれます。

インフレを抑制したいときは、マネーサプライの減少、金利の引き上げを通じて、景気を抑え込みます。インフレの抑制に重点的に力を入れる中央銀行は「タカ派」と呼ばれます。

現実の問題として、デフレの状況下での増税など、多岐にわたる複雑な事情が絡むことがあります。しかし、本質的には、景気サイクルへの政府の介入が存在し、このような干渉が景気の周期性を生み出します。そして、この景気サイクルは企業の利益サイクルに変動を引き起こし、投資においても大きな影響を及ぼすのです。

心理の振り子サイクル

心理の振り子サイクルの影響力は、投資家が過去をすぐ忘れるために増大すると言われています。経済学者ジョン・ケネス・ガルブレイスは「金融に関する記憶が持続する時間は極端に短い」と述べました。

振り子の動きは一般に対称的であり、サイクルのあらゆる動きには「反対側」があります。すべての上昇期のあとには下降期が続く、そしてその逆もしかりです。心理サイクルのもう一つの特徴は、「幸せな中心点」に留まる時間がほとんどなく、穏当な範囲を通る時間も短いことです。市場の流れに乗ることを拒否していた者も、あっという間に降伏して便乗しようとしてしまうのです。

1970年から2017年の47年間におけるS&P500の年間騰落率を考えると、1年間でプラス37%になることもあれば、マイナス37%になることもあります。しかし、企業の全体の利益が3割も増えたり減ったりすることはありません。

つまり企業の業績の実態以上に株価は大きな比率で動いているということですね。そして、その株価を動かすのは人間の心です。

●「心理の振り子サイクル」のイメージ
出典：「市場サイクルを極める 勝率を高める王道の投資哲学」を参考に著者が作成

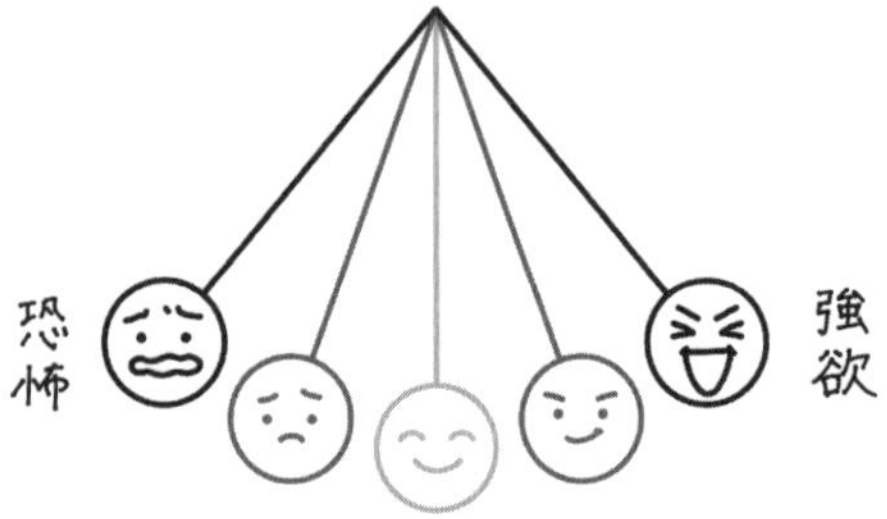

「もっと高くてもいいから、今のうちに買っておきたい」
「損失確定になったとしても、とにかく今は手放したい」

そのような心理状態になれば、〝価格がいくらであろうと〟買いたい人や売りたい人が現れるため、暴騰や暴落を引き起こします。

この47年間のうちで、平均的なリターンである8％から12％の間に収まったのはわずか3年しかないということでした。その他の44年間はどちらかに偏りすぎていたのです。

人々のリスク許容度の変化

もう一つの重要な心理の概念として「リスクに対する姿勢のサイクル」があります。リスク許容度が高い人と低い人がいますが、同書によると、市場サイクルの位置によって、同じ人であってもリスク許容度が変わるということです。

具体的には、好況のときほど人々のリスク許容度は高くなり、リスクに対して無頓着になってしまうことが多いのです。したがって不況時よりも好況時に、より分別に欠ける投資が行われるということです。

しかし実際は、市場サイクルの頂点に近い時期というのは、潜在リターンが発生する可能性が非常に低いのです。つまり、勝つ可能性が低いときにこそ、人々はリスクに無頓着になり、リスク許容度を高めてしまいます。

逆に、サイクルの底に近いときほど、最近の下落を経験している人々はリスク許容度が非常に低くなり、リスクを回避したくなってしまうということです。

先ほどとは逆に、その時点でリスクは低く、マイナスになる発生頻度はかなり低いのです。プラスになる可能性の方が高いときほど、人々は相場から離れたくなり、リスクを回避したくなる傾向があります。本当はこの時期に勝つためにリスクを取るべきなのですが、リスクを取る能力が失われてしまっているのです。

すべての上昇期のあとには下降期が続くのであり、その逆もまたしかりであるということを、思い出さなければなりません。

信用サイクル

信用サイクルは、多くのサイクルの中でも特に大きな影響を及ぼすものとされています。

好況時には、銀行やその他の金融機関が積極的に顧客に接近し、リスクへの懸念が減少するとともに、金利の引き下げ競争が始まります。

さらに、好況時には本来融資に値しない相手にまでお金を貸してしまうことがあります。このような行動が積み重なると、デフォルトが一定数発生し、その結果として不況に突入することになります。

不況が始まると、金融機関の貸し付け意欲が低下します。企業にとっては、不況時にこそ融資を受けたいところですが、リスクを恐れる金融機関は高い金利でしか貸すことができなくなります。企業は借り換えをしながら運営していることが一般的なため、借り換えができないと倒産するケースも出てきます。

投資の視点から言うと、不況期には掘り出し物の銘柄が現れることがあります。逆に、好況期にはハイリスクで潜在リターンが低くなるという現象が観察されるのです。ここでも逆張りが効果を発揮すると考えられます。

さまざまなサイクルについて検討してきましたが、その中で逆張りの戦略が重要であることが明らかになりました。

先見の明を持つ人々は割安な資産を手に入れることができ、一方、大衆は高値で購入して損失を被ることが多いです。

同書では、上昇が永続すると人々が信じ始めたときが危険であると指摘しています。大衆が買おうと高揚しているときに売る、あるいは売ろうとしているときに買う勇気が必要です。その逆張りが、最大の利益をもたらすのです。

この本は非常に深く、一見難しそうに感じるかもしれませんが、世界の投資家たちが大絶賛する普遍的な内容を持っています。興味を持たれた方は、ぜひ読んでみてください。

9
冊目

新訳 バブルの歴史 最後に来た者は悪魔の餌食

著：エドワード・チャンセラー 監修：長尾慎太郎 訳：山下恵美子／パンローリング

バブルの歴史は人間の強欲の歴史 同じことが何度も繰り返される

同書は世界初のオランダでのチューリップバブルから、イギリスで起こった南海泡沫事件、アメリカを震源地とした1920年代のバブル、日本の1980年代のバブルまで、バブルの歴史が網羅的にまとめられた「投資の歴史」と言っていいほどのボリュームのある内容です。数々の事例から、バブルを生み出す人間の狂気や熱狂を感じ取ることができます。

世界初のバブルはチューリップ
出典：「新訳バブルの歴史 最後に来た者は悪魔の餌食」を参考に著者が作成

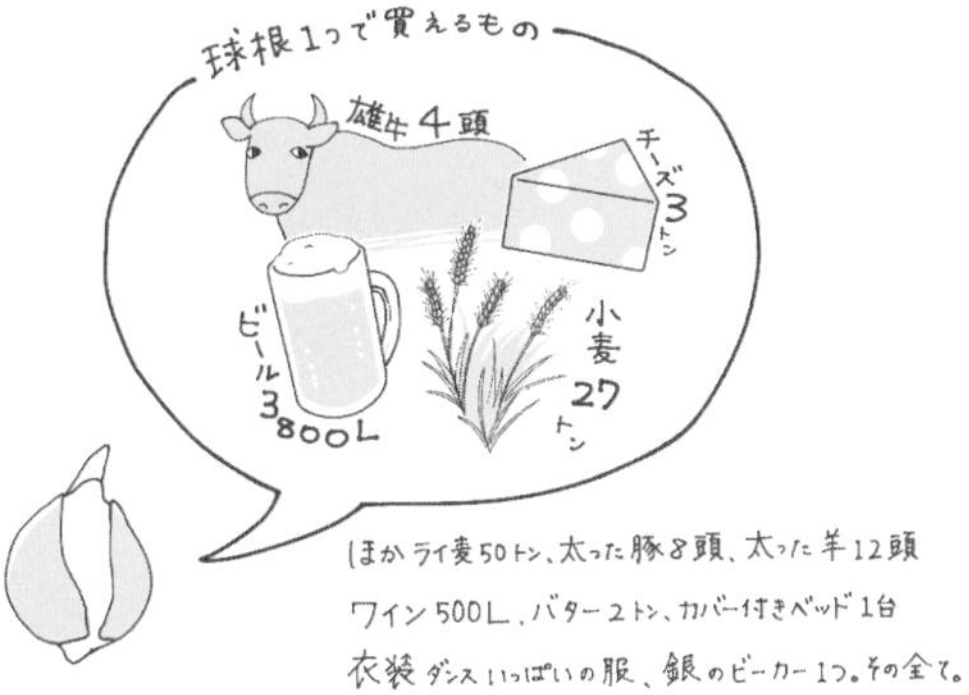

世界初のバブルはチューリップ

1630年代、オランダで起きたチューリップバブルが世界初のバブルだと言われています。名前の通りチューリップの値段が暴騰しました。今でこそオランダと言えばチューリップのイメージがありますが、もともとトルコから持ち込まれてきたもので、当時のオランダでは、貴族の庭や、植物学者などの専門家の庭にしかないような貴重な花でした。そして、特殊な模様が入るとより高価な値段が付いたと言われます。その模様は、後に病気だと判明するのですが、当時は高値で取引されたのですね。

チューリップ自体の値段が一般の人には手が届かないものになると、次は球根が投機対象になります。球根の値段が暴騰し、高級品種になると一つの球根に支払われた金額が2500ギルダーです。

小麦は27トン、ライ麦は50トン、太った雄牛は4頭、太った豚は8頭、太った羊は12頭、ワインは500リットル、ビールは3800リットル、バターは2トン、チーズは3トン、カバー付きのベッドが1台、衣装ダンスいっぱいの服、銀のビーカーが1つ、その全てが買えました。

投機家のほとんどは買ったあとすぐに高値で売り逃げるつもりだったため、価格を正そうと考える人はいなかったようです。

供給に対して需要の方が上回り、投機家たちはチューリップ農家に来年分、再来年分を買い求め、1636年の終わりから1637年初期には、将来の球根を買い取る権利の売買が行われました。その間に市場価格が上がれば、差額を儲けることができます。チューリップ先物市場の登場です。

しかし、1637年2月3日、チューリップ市場は突如大暴落しました。春の受け渡しが近づいた頃、これ以上の高値で買う買い手がいないという噂が流れ、翌日にはどんな価格でも売れなくなったと言われます。支払いを先延ばしにしていた転売者たちの債務不履行が相次ぎ、プロの栽培家が投機家に支払いを迫るも、踏み倒されました。

今の時代からすれば、「なんでチューリップなんかに…」とは思ってしまいますが、渦中にいると、それがバブルだと怪しみつつも、「一枚噛んでやろう」という思いが生まれるのも分かります。

目の前で身近な人間が大儲けしているのを見てしまうと、噂が噂を呼び、それが熱狂を生み出していくのです。

日本版チューリップバブルとは

チューリップバブルは約400年近く昔のオランダの話でしたが、我が国日本でも、1980年代に「日本版チューリップバブル」と呼ばれたバブルが起こりました。アートブームや、ゴルフの会員権ブームが挙げられます。

当時の日本は、プラザ合意によって円高になり購買力が高まっていました。中でも世界のアート市場で一気に日本人の存在感が大きくなりました。また一人当たりの国民所得がアメリカを抜き、「ジャパンアズナンバーワン」ともてはやされた時代です。

織物貿易で潤っていた、チューリップバブル時代のオランダや、世界の主要工業国としての地位をイギリスから奪取した、世界恐慌前のアメリカを彷彿とさせるような時代でした。

ある国がその時代の主役になるような時代にこそ、大きなバブルは発生してきたのです。歴史を振り返ると浮かび上がってくる共通点ですね。

アートやチューリップは、正確にその価値を測れるものではありません。競り勝った人がその価値をつけたり、買い手が、それ以上の価値があると思ったりしたからこそ、その価格になっているのであり、理論的に弾き出された数字ではありません。

一方、株式や不動産といった金融資産には、キャッシュフローがあり、理論価格を割り出すことができるという点で明確に異なります。『超ざっくり分かるファイナンス』（P328）のページでも紹介していますが、NPV法、IRR法などにより、合理的な目安を割り出すことができます。

南海泡沫事件——国だって人の狂気はコントロールできない

イギリスの南海会社（South Sea Company）は、戦争で経済的に疲弊したイギリスの国債を肩代わりするために、1711年に作られた貿易会社でした。国からの独占権利として南米との貿易権を与えられ、その貿易で稼いだ利益でイギリスの代わりに借金を返済することが期待されていました。

しかし本業の貿易では全然儲からず、借金の返済どころか経営が危うい状況でした。そこでやったのが宝くじです。これが儲かったため金融業にも参入します。

そして、当時フランスで起こったミシシッピ計画のイギリス版のような計画を目論みました。それは「年金国債の保有者たちに、国債と南海会社の株式の交換を持ちかける」という計画です。そうすれば、債権者たちから国債を回収することができますね。

ただし交換の強要はできません。国債保有者が国債を南海株に交換したくなるような条件を提示し

● 南海株と国債の交換の仕組み
出典：「新訳 バブルの歴史 最後に来た者は悪魔の餌食」を参考に著者が作成

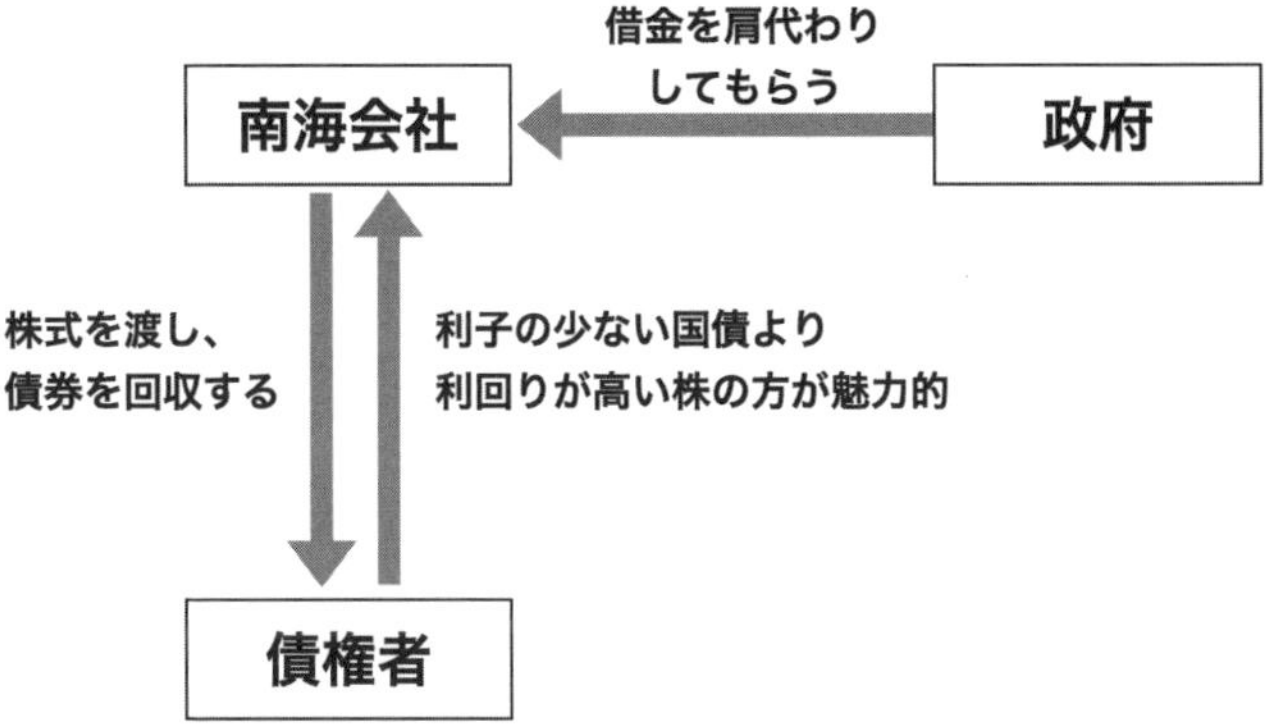

なければなりませんでした。つまり、株式の価値が大きく上がりそうだと考えさせれば、交換をしてくれます。南海会社は株式の時価で国債と交換できるようにしたため、

1 株価が上昇すれば、少ない株数で多くの国債を回収できる。残った株を時価で売れば会社が儲かる（政府への多額の上納金も支払える）

2 株価が上昇すれば、国債保有者が受け取る株式の価値も高まる

つまり、株価さえ上がり続ければ、全てのステークホルダーにメリットがあります。期待通り、当初は南海株はどんどん上がっていきました。南海株の上昇を多くの人が聞きつけ、さらに多くの投機マネーを引きつけました。

　また、株式と国債の交換に関する複雑な仕組みは、多くの人が理解しないまま南海株を買っていました。バブルは、その仕組みを理解できない多くの人まで巻き込み、過剰に価格を吊り上げてしまうという教訓ですね。

　ここからがさらに恐ろしいのですが、南海株を買うための無担保ローンなどの制度が認められたそうです。

「国策で作られた会社だから絶対安全だ」
「もし何かあったとしても国が救済するはずだ」

　そのような傲慢さがこの南海株のバブルを生んだと考えられます。

　いくら国策会社とはいえ、株を買うためのローンを提供したり、無担保で借金させて買わせるというのは異常な状態です。よほどの「安全資産」と思われていたのでしょう。「とりあえず南海株を買えばお金が増える」というお祭り状態でした。

　しかし、バブルはそう長くは続きませんでした。南海株で「株は儲かるんだ」と学んだ市民は、さらによく分からない泡沫会社にまで手を出します。事業内容もよく分からない、実際に事業をしているかも分からないペーパーカンパニーが乱立されて、そんな株でも買われていました。

それらがいずれ泡沫のように消えていったということは、想像に難くありません。

バブルが発生すると、それに付随して多数のマイナーな銘柄が発生するということは、バブルの特徴ではないでしょうか。近年身近な例を挙げれば、暗号資産です。

BTCやETHといったメジャーな通貨の値上がりに引っ張られて、マイナーな草コインに、よく調べもせず噂で投機するようなものです。

バブルには共通点がある

多くのバブルの歴史を学んでいくと、共通点を感じられます。民衆の財布が潤っている時期であることや、そのような時期だからこその過信、関連商品の大量発生などです。

そして最大の共通点は、「何度も同じことが繰り返されている」ということでしょう。時代や場所が変われど、バブルを発生させるのは人間の強欲さです。金融の世界ほど、人々の記憶に残らないものはないのではないでしょうか。

もし次にバブルのような相場が来た時に思い出したい言葉で締めたいと思います。

〝最も高い代償を強いられるのは「今度こそ違う」だ〟（ジョン・テンプルトン）。

10
冊目

アノマリー投資　市場のサイクルは永遠なり

著：ジェフリー・A・ハーシュ　監修：長尾慎太郎　訳：山口雅裕／パンローリング

株は5月に売れ！の真意
永遠の市場サイクル「アノマリー」とは？

「アノマリー」とは、理論では説明できない経験的に観測できる市場の規則性のことです。なぜそうした現象が起きるのかというと、株式市場というのは人間の憶測が絡まっているため、それによって理屈で説明できない動きが発生するためです。

ウィンストン・チャーチル元英国首相が「過去をより遠くまで振り返ることができれば、未来もそれだけ遠くまで見渡せるだろう」と語ったように、歴史を知ることは未来予測の役に立ちます。逆に

大統領選挙の4年周期で見られるダウ平均の年上昇率（1833〜2011年）
出典：「アノマリー投資 市場のサイクルは永遠なり」

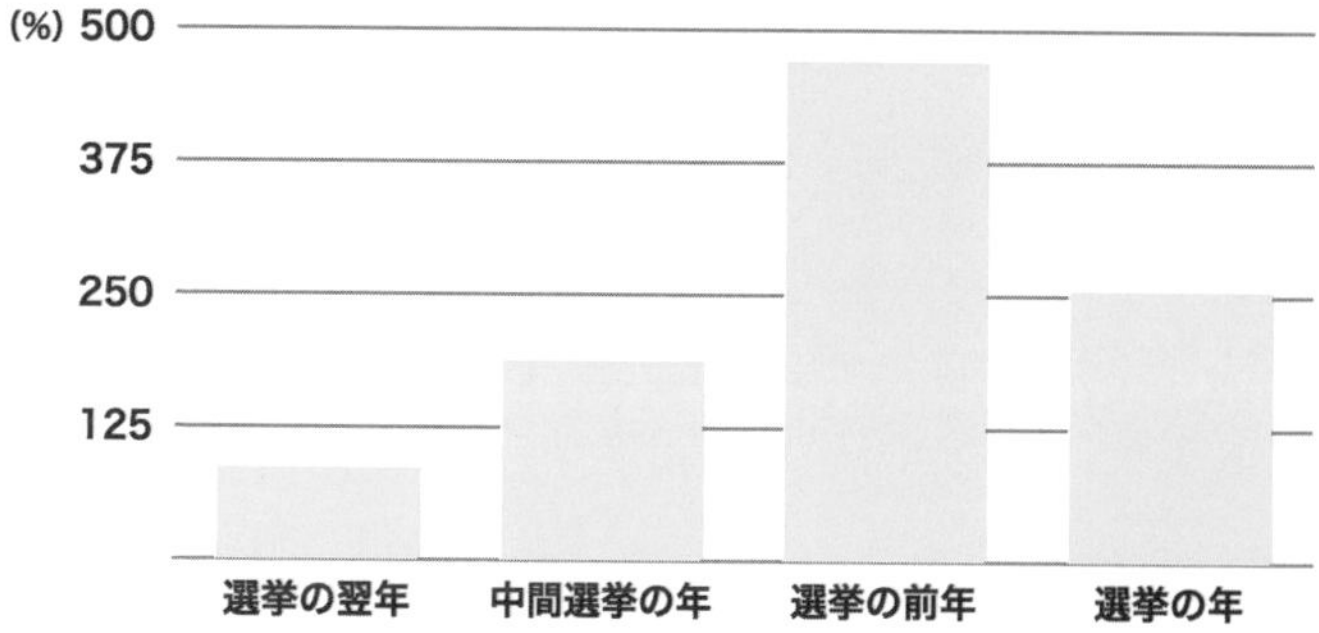

過去から学ばなければ同じ過ちを犯してしまう危険性があります。

選挙と株価の規則性

選挙の年と選挙の前年にはダウ平均が上昇しやすく、選挙の翌年と中間選挙の年には上昇率が低くなっています。

これは、大統領が再選のために景気をコントロールしているためだと言われます。国民が投票する際、自分たちの生活が良くなっているかどうかは、大きな判断基準になります。そのため、選挙が近づくにつれ、政治家たちは経済を刺激するための施策を取ることが多いです。一方、痛みを伴う改革や取り組みをしなければならない場合もあると思いますが、それは選挙から遠い、任期の前半に持ってくると考えられます。選挙前に株価を意図的に押し上げたツケが回ってくることも、選挙後に株価が下落する原因と考えられます。

著者はこのような現象を「大統領選挙の翌年症候群」と名付け、選挙の翌年は不況などが起こりやすい傾向があることを指摘しています。

また、選挙の翌年は、第一次世界大戦（1917年）、第二次世界大戦（1941年）、ベトナム戦争（1965年）への参戦が始まり、世界恐慌（1929年）、9・11同時多発テロ（2001年）などの出来事も起こっています。もちろん、偶然と考えることもできますが、これだけ一致すると、何らかの力が働いているのではと研究したくなる気持ちも分かります。

同書執筆時点で1961年以降、2013年までには、16回の弱気相場がありましたが、そのうちの9回が中間選挙の年に株価が底入れしました。これは別の見方をすれば、絶好の底値買いをするポイントだと考えることもできるでしょう。また、余談ですが、YouTubeの企画で過去44年分の傾向を調べたところ、やはり中間選挙の年はリターンが低く、選挙の前年は高い結果が出ました。しかし、それ以外の年は少し違う傾向となったので、あくまで超長期の平均的傾向であることに留意してください。

● 4年周期で訪れる最高の買いタイミング

出典：「アノマリー投資 市場のサイクルは永遠なり」を参考に著者が作成

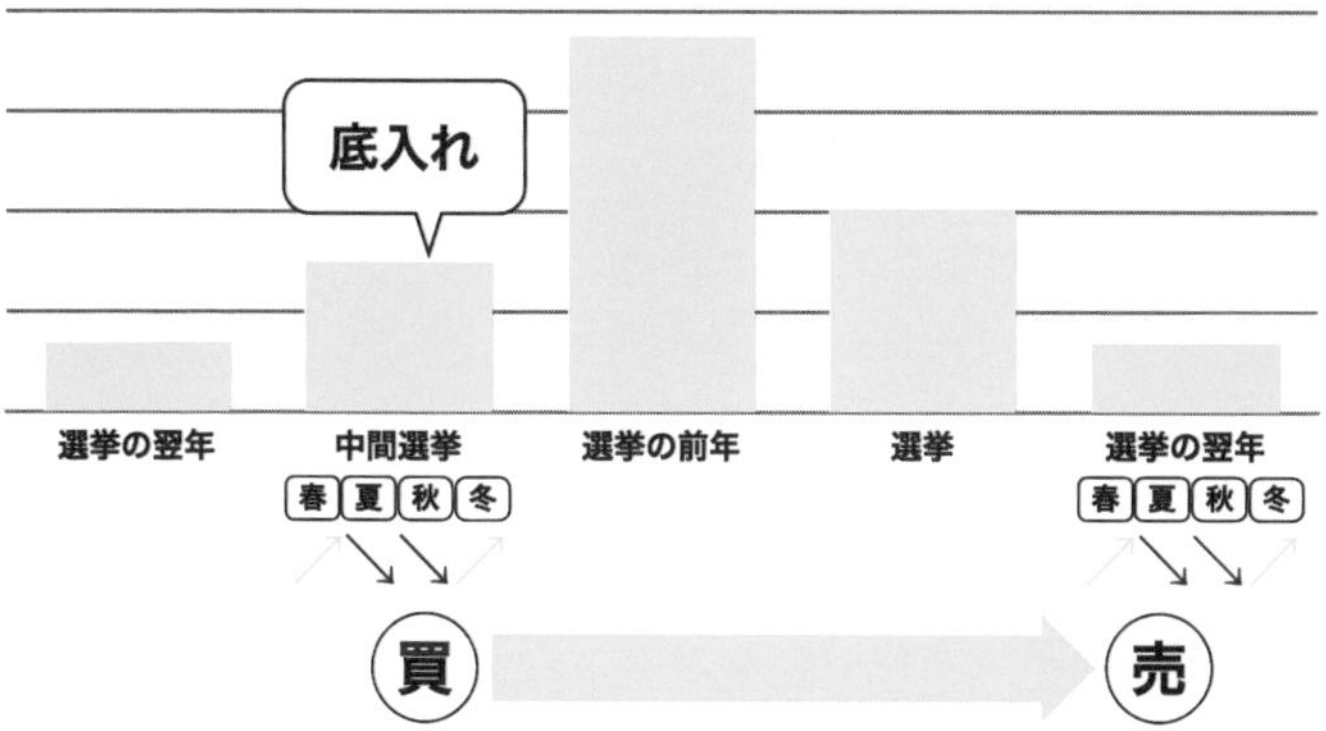

「セルインメイ（5月に売れ）」と株の季節性

続いて、相場の季節性についてです。具体的には、8月から10月を「植え付けの秋」、11月から1月を「満足の冬」、2月から4月を「収穫の春」、5月から7月を「不振の夏」と分類し、「不振の夏」から「植え付けの秋」までの6カ月間が相場の最悪の期間です。

しかし、この「植え付けの秋」には相場上昇の種がまかれることが多く、1982年以降に起こった8回の弱気相場のうち6回はこの時期に底をつけていました。特に、10月に大底をつけたことが多いとされ、10月やその前後に買い増しすることで、その後の季節に報われる可能性が示唆されています。

「満足の冬」は、機関投資家やプロトレーダーの資金が市場に入ることから、1年の中で最も市場が活況を呈する傾向があります。

しかし12月の前半には節税目的の売り圧力やポートフォリオの見直しがあるため弱くなる傾向もあるとされています。

1月にはさまざまなイベントがあり、1月の動きはその年のS&P500の動きに対する予測力を持つとも言われています。さらに、小型株が大型株よりも上げやすいという「1月効果」もあります。

次に「収穫の春」です。最高の3カ月であった冬の時期にしっかり上がっていると2月は一息つきやすい月です。3月は強気と弱気が交錯する難しい時期で、4月は問題がなければ最高の6カ月間の最後の月ですが、注意が必要です。データによると、4月に利益を確定するのが良いとされています。5月に入ると、「5月に相場を離れなさい」という古い格言があるとおり、最悪の6カ月間が始まるため、6月や7月に相場を離れていても、良い機会を逃すことはほとんどないと言われています。

秋ごろから投資を再開し、冬と春を通じて上昇を享受し、不振の夏に入る前に売却し、次の投資機会を待つというのが戦略です。大統領任期や季節性を考慮すると、株を買う最適な季節が見えてきます。それは、中間選挙の年の秋です。ここが同書で提案される4年周期で最も良い買いタイミングです。

この時期に投資し、次の選挙の翌年の春まで約2年半保有し続けた後、4月や5月に相場から離れることで、頻繁な取引をせず利益を得て、売買手数料も節約できます。また、所得税の申告回数も最小限に抑えられる投資方法です。手数料や税金は、長期的な投資成果に大きな影響を与えるため、これらを考慮し、できるだけ売買頻度の少ない長期投資を行うことが王道とされています。

投資のアート的側面を感じられる一冊

4年周期や季節性が絶対的にこの通りにいくとは限りません。ただ、歴史を振り返ることで、将来の判断を少しでも向上させる可能性が高まるため、このような情報を知っておくことは必要だと考えられます。ファンダメンタルズ分析やテクニカル分析とは異なる投資の「アート的な側面」を知ることは、相場を理解する上で一つの材料になります。

ただし、懸念点として、複数の分析を組み合わせることで矛盾が生まれる可能性もあるため、あくまで参考として捉えるのが良いでしょう。

11冊目

イベントドリブントレード入門 価格変動の要因分析から導く出口戦略

著：羽根英樹／パンローリング

ファンダメンタルズ分析不要！イベントドリブントレードとは

イベントドリブントレードとは、価格を動かす要因（イベント）によって生じた株価の歪みを利用してリターンを追求する方法で、上昇相場や下落相場、ボックス相場でもチャンスがある「全天候型」の投資法です。タイトルには「入門」とありますが、中級者にも発見があるような網羅性の高い一冊だと思います。

トレードというと、多忙な会社員には向かない投資手法のように思われがちですが、このイベント

イベントドリブンとは

出典：「イベントドリブントレード入門 価格変動の要因分析から導く出口戦略」

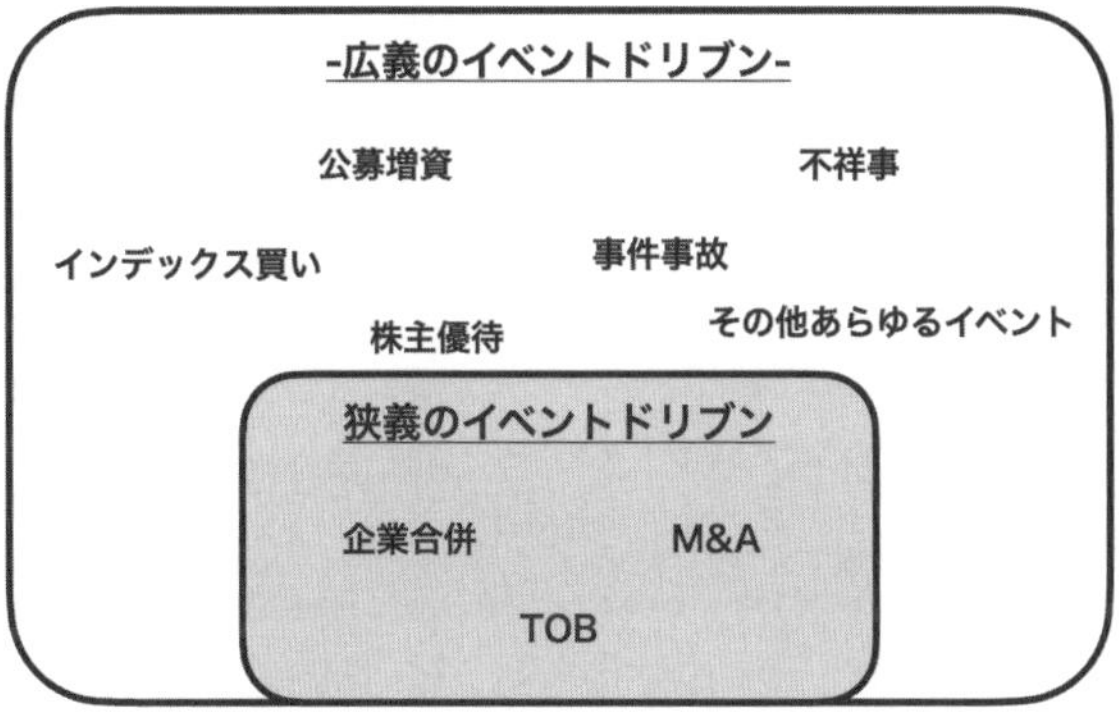

ドリブントレードは短期から中期、およそ1週間から数カ月のスパンでの投資を前提としているため、忙しい会社員でも取り組むことができます。

投資におけるイベントと言えば、狭義にはコーポレートイベントと呼ばれる企業合併、M&A、TOBなどの企業活動が挙げられますが、同書のイベント対象はさらに広義の、公募増資、インデックス買い、株主優待先回り投資、事件や事故、不祥事、オリンピックやワールドカップといったスポーツイベント、さらには自然災害など、様々なイベントにわたります。

これらのイベントに対する投資手法を一冊にまとめ、入門者にも分かりやすく説明している点が同書の魅力です。

インデックス買い：TOPIXの組み入れルール

インデックスファンドは他のファンドと異なり、収益の追求よりも指数との連動が重視されます。指数よりも成績が上がり過ぎれば（実際にそんなことはないのですが）、指数に連動しない「悪い」ファンドになってしまいます。つまり、指数と同じ動きを再現するための売買をしなければならないという強い動機があります。この動きを、投資チャンスとして利用するのが「インデックス買い」です。

インデックス買いでは、各指数の組み入れルールを知ることが最重要です。具体的には、新規上場や市場昇格などのイベントが起きた場合、そのタイミングを見越して先に買っておき、インデックスに組み入れられる前に売却するという戦略を取ります。

TOPIXへの追加は、プライム市場への新規上場後、翌月の最終営業日、グロース市場やスタンダード市場からの変更日の翌月最終営業日に行われます。

つまり、TOPIX連動のインデックスファンドは、これに合わせて該当銘柄を購入することで、指数の動きに合わせるのです。インデックス買いは、それに先回りする投資なのです。

また、日経平均株価の場合は、年に2回の調整しかありませんが、TOPIXはそれよりも頻繁に調整が行われます。そのため、TOPIXの方が投資の機会が増えると言えます。

ＴＯＢにおける価格上昇の背景

次に、ＴＯＢ（公開買付）について見ていきましょう。ＴＯＢとは、企業がある期間内で公表した条件で株式を買い集める手法です。この手法を通じて、投資ファンドや大株主は持株数を増やし、会社の支配権を強化しようとします。ＭＢＯ（マネジメント・バイアウト）もＴＯＢの一形態で、企業の経営陣が全株式を買い取り、完全にその支配下に置こうとするものです。

日本の市場では、敵対的ＴＯＢよりも友好的ＴＯＢのケースの方が多いのが特徴ですが、当時の明星に対して米国の投資会社スティール・パートナーズが行った敵対的ＴＯＢは、代表的な事例です。当時、株価は６００円台で動いていたところ、スティール・パートナーズは７００円での買い取りを発表しました。

このような敵対的ＴＯＢの際には、第二の買い手として「ホワイトナイト」が現れることもあります。この事例では、日清が友好的ＴＯＢを８７０円で提案、この結果としてスティール・パートナーズのＴＯＢは失敗しました。

この時、スティール・パートナーズのＴＯＢ開始後、株価は７００円を超えていたことがポイントです。頻繁にあるわけではありませんが、これは第二の買い手が現れ、買い取り者同士の応酬でＴＯ

B価格が釣り上げられることが期待されていたからと考えられるのです。

最初から明星株を持っていなかったとしても、この時点で投資を行うことで、損失がTOB価格との差に限定された投資を行うことができます。この場合は日清のTOBは大きく上回ったので、限定的な下落リスクで、大きな値上がり益が狙えていたことになります。

投資手法の引き出しを増やす

イベントドリブントレードは、私たちに新たな投資機会を与えてくれます。多くの会社員の方にとっては、コア運用は投資信託などの長期運用が最適かと思いますが、その上でサテライト的にイベントドリブンを行うことで、市場平均以上のリターンを狙える可能性が高まります。もちろん、いつも参加する必要はないので、特に自信を持てる時に、納得できる価格で購入することが重要でしょう。

3日目

メンタル編

投資は他者との利益の奪い合いのように見えますが、実際には自己の心理から生じる失敗が少なくありません。特に恐怖や強欲といった感情は、投資家に試練を与えることがよくあります。これらの感情を理解し、コントロールすることが投資成功への鍵になるでしょう。本章では、読者が自己の心理と効果的に向き合うための名著を厳選しました。

12 冊目

サイコロジー・オブ・マネー 一生お金に困らない「富」のマインドセット

**お金と人間心理は切り離せない！
同書が指摘する投資と心、運の関係**

著：モーガン・ハウセル　訳：児島修／ダイヤモンド社

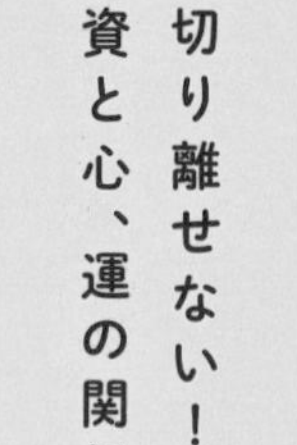

『サイコロジー・オブ・マネー』は、お金と心理の関係を探る世界的ベストセラーです。同書では投資に必要な心理を解き明かしています。アメリカの清掃員である投資家、ロナルド・ジェームズ・リードが貧しい生活から8百万ドルを築いた方法から始まり、人の心理や行動に関わる「ソフトスキル」にまつわる内容が紹介されています。金融の世界では数学が重要であるとされていますが、心理も大きな役割を果たしていると強調しており、行動経済学の台頭もそれを証明しているように考えら

れます。投資において自己の心理を理解することの重要性を提唱し、お金の心理学に関する知見を提供しているのが同書の魅力です。

見栄という巨大産業

最も印象的だったフレーズの一つをご紹介します。

〝現代の資本主義は、人が「成功を手に入れるまで、成功しているフリをする」ことそれ自体を、一つの立派な産業にしている〟

成功の象徴のように見えるモノ（高級車、マイホーム、インスタ映えの写真など）、言ってしまえば「見栄」が巨大産業になっているということですね。

「自分はリッチであると、自慢したい」そうした強い思いは、なけなしのお金でも支払いに充ててしまいます。実際、一見高そうな車を乗り回していながら、実はその車のローンの返済に、生活費を除いた余剰資金の大半を注ぎ込んでいる人も少なくありません。

見栄をはりたいという心情は、あなたの貯金を狙っている企業にとっての「良いカモ」ということですね。それにまんまと引っ掛かってしまうのはなんだか癪だと思うのならば、「分相応」を心掛けることが大切ではないでしょうか。

もちろん、そうした高級品は、品質も高いはずです。本当に裕福な人が買う分にはなんの問題もありません。問題なのは、身の丈に合わない「見栄」による買い物です。1000万円の車を買えば、貯金が1000万円減る（または借金が1000万円増える）のが、当然の事実なのです。

私たち人間は、案外すぐに気が変わってしまう

私たちは、「将来の自分の気が変わってしまうこと」をもっと重要視するべきかもしれません。そして、気が変わってしまっていることに対しての自覚がないということも大きな問題でしょう。これは、投資家として肝に銘じておきたい心理です。私たちはロボットではありません。一度決めたことをずっと守るとは限らず、気が変わる生き物なのだと認識しておきたいものです。

長期計画は見かけよりも難しいのです。大学で学んだ専攻に関連した仕事をしている人は27％しかいないということでした。そして「一生添い遂げる決意」をして結婚した若者が中年になって離婚してしまうケースが後を絶ちません。最近の日本でも、夫婦の3割程度が離婚を経験すると言われます。

● 人間はすぐ気が変わってしまう
出典：「サイコロジー・オブ・マネー 一生お金に困らない『富』のマインドセット」を参考に著者が作成

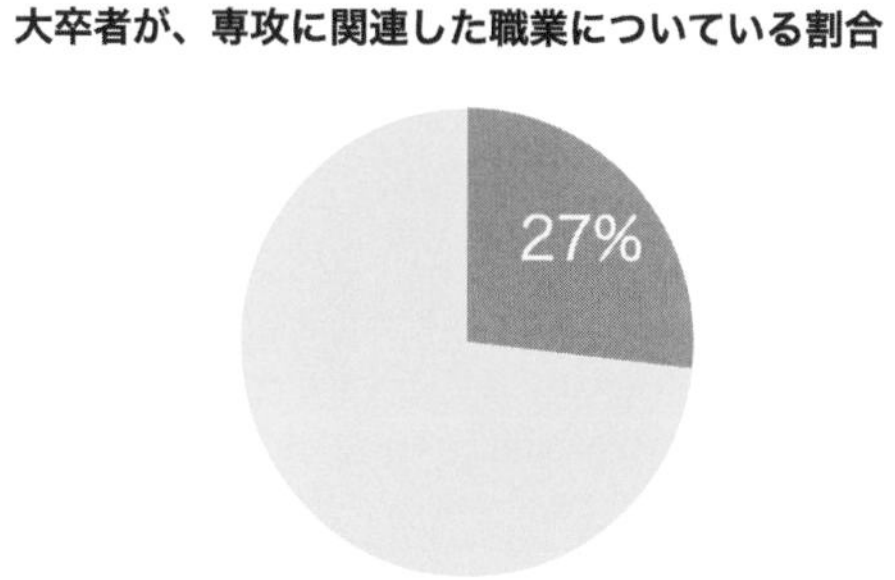

B. Plumer "Only 27 percent of college grads have a job related to their major, " The Washington Post（May 20, 2013）.

とにかく、人の気はすぐ変わってしまうということが同書から学べます。投資の勉強を始めて、「長期投資をしよう」と決意したものの、下落相場で止めてしまう人は少なくありません。

気が変わってしまうのは、人間の心に設定された特徴であることを認識しておけば、長期投資計画を取り下げたい誘惑に駆られた時に、冷静になり計画を継続できるのではないでしょうか。

悲観論のもっともらしさを疑う

世の中の極端な心配事の多くは、杞憂に終わるにもかかわらず、私たちは悲観論に注目しがちです。テレビ、雑誌、新聞、ブログ、YouTubeなど、あらゆるメディアで悲観的な見出しは注目を集めます。

行動経済学の先駆者、ダニエル・カーネマンも、人が悲観論に注目してしまうのは、人間が進化とともに身につけてきた防衛本能であると論じています。

また、楽観論よりも悲観論の方が「もっともらしく」聞こえがちです。「こんな情報を聞いている自分、賢い」とも感じてしまいそうです。

逆に楽観的な話をすれば、「物の見方が甘い人間だ」と思われるかもしれません。意外な真実を明らかにしたベストセラー『FACTFULNESS(ファクトフルネス)』(日経BP)でも、世界中の人々が世の中を実際よりも恐ろしい場所だと考えているようです。

しかし、実際の株価上昇の歴史、世界の技術の長期的な進歩を考えれば、悲観論よりも楽観論に目を向けておいた方が、目の前のチャンスをものにできるのです。

効率的にお金の心理を学べる一冊

同書は全部で20のテーマで、お金の心理学を学ぶことができます。個人的には、過去に読んできた数々の名著のエッセンスをところどころに感じることができました。非常に読みやすくまとめられているので、「効率的にお金の心理を学べる一冊」かと思いました。全世界で売れているのも納得です。

13冊目

行動ファイナンス入門 なぜ、「最適な戦略」が間違うのか？

著：角田康夫／PHPビジネス新書
※発売は電子書籍のみ

行動ファイナンスで心理を理解することが勝てる投資家への近道

行動ファイナンスは行動経済学の一分野であり、投資に関連した心理学の理解を深めることができます。

同書は網羅的で、事例や問題も豊富に取り上げられています。そのため、投資に関わる人間の心理を学ぶ上で非常に参考になる内容となっており、私のお気に入りの一冊です。

プロスペクト理論で損失回避の心理を知る

プロスペクト理論は、損失で感じる痛みが利益の喜びよりも2倍以上強いという考えに基づいています。この心理が「小さな利益、大きな損失」という取引パターンを生み出す原因となります。

〈例1〉
100万円を元手にくじを引くとしたら、次のどちらを選びますか？

①確実に50万円の利益
②50％の確率で100万円の利益、50％の確率で0円

どちらかの選択肢を選んでみてください。次に、例2にも答えてみてください。

〈例2〉
200万円を元手にくじを引かなければならないとすると、次のうちどちらを引きますか？

● 100万円を元手にくじを引くとしたら？

出典：「行動ファイナンス入門 なぜ、『最適な戦略』が間違うのか？」（著者が一部改変）

元手	選択肢	くじの結果	合計額
100万円	①を選ぶ	+50万円	150万円
	②を選ぶ	+100万円	200万円
		+0円	100万円

● 200万円を元手にくじを引く場合は？

出典：「行動ファイナンス入門 なぜ、『最適な戦略』が間違うのか？」（著者が一部改変）

元手	選択肢	くじの結果	合計額
200万円	①を選ぶ	-50万円	150万円
	②を選ぶ	-0円	200万円
		-100万円	100万円

①確実に50万円を失う

②50％の確率で何も損しないが、50％の確率で100万円を失うくじ引き

まず例1ですが、おそらく「確実に50万円増える方が良い」と考え堅実な①を選ぶ人の方が多かったのではないでしょうか？

ちなみにこの2つは、どちらも期待値は150万円で全く同じなので、どちらが有利ということはありません。しかし、利益が出る取引では、人は堅実な選択をする傾向があります。

次に例2です。この場合も期待値は全く一緒ですが、例1とは違い、損失の場面では②のギャンブル的な選択をする人が増える傾向があります。「確実に50万円を失う①よりは、うまくいけば全く損をしない②の方が良いのではないか」と考えませんでしたか？

そして例1と例2では、片方は確実に150万円。もう一つは100万円か200万円かのギャンブルという、絶対値は同じ質問だったのです。

期待値は同じなので、両方とも100万円か200万円かのギャンブル的選択をしたり、両方とも確実に150万円になる方を選んだりするのだとしたら、それは合理的です。

しかし、多くの人は不思議なことに、例1では確実な150万円を、例2ではギャンブル的な選

択をします。

つまり、例2の損失は、数字以上に大きくダメージを感じるということになります。その大きさは、利益の2倍以上と言われています。

この、損失を回避したい気持ちが、損切りを難しくさせ、逆に損失を広げてしまうのは、珍しくありません。

長期投資でリスクは増えている

よく「長期投資はリスクを減らす」という主張がありますが、これは「リスクの定義」によります。

「リスクの時間分散効果」として知られている考えは、実は専門家の間でも論争が長く続いています。「時間分散をすることは、リスク低減効果を発揮する」と主張するのは主に実務家のグループ。その効果に懐疑的なのが、主に学者からなるグループです。懐疑的なグループの主張の一つは、「投資期間が短期の場合よりも長期の場合のほうが損失を被りにくくなるのは事実だが、投資期間が長くなるに伴って潜在的な損失額の大きさは拡大する」というものです。

この主張では、投資期間が長くなると、最終的な損害発生「率」は減少するが、潜在的な損失額は

長期投資で潜在的な損失は増える？

出典：「行動ファイナンス入門 なぜ、『最適な戦略』が間違うのか？」

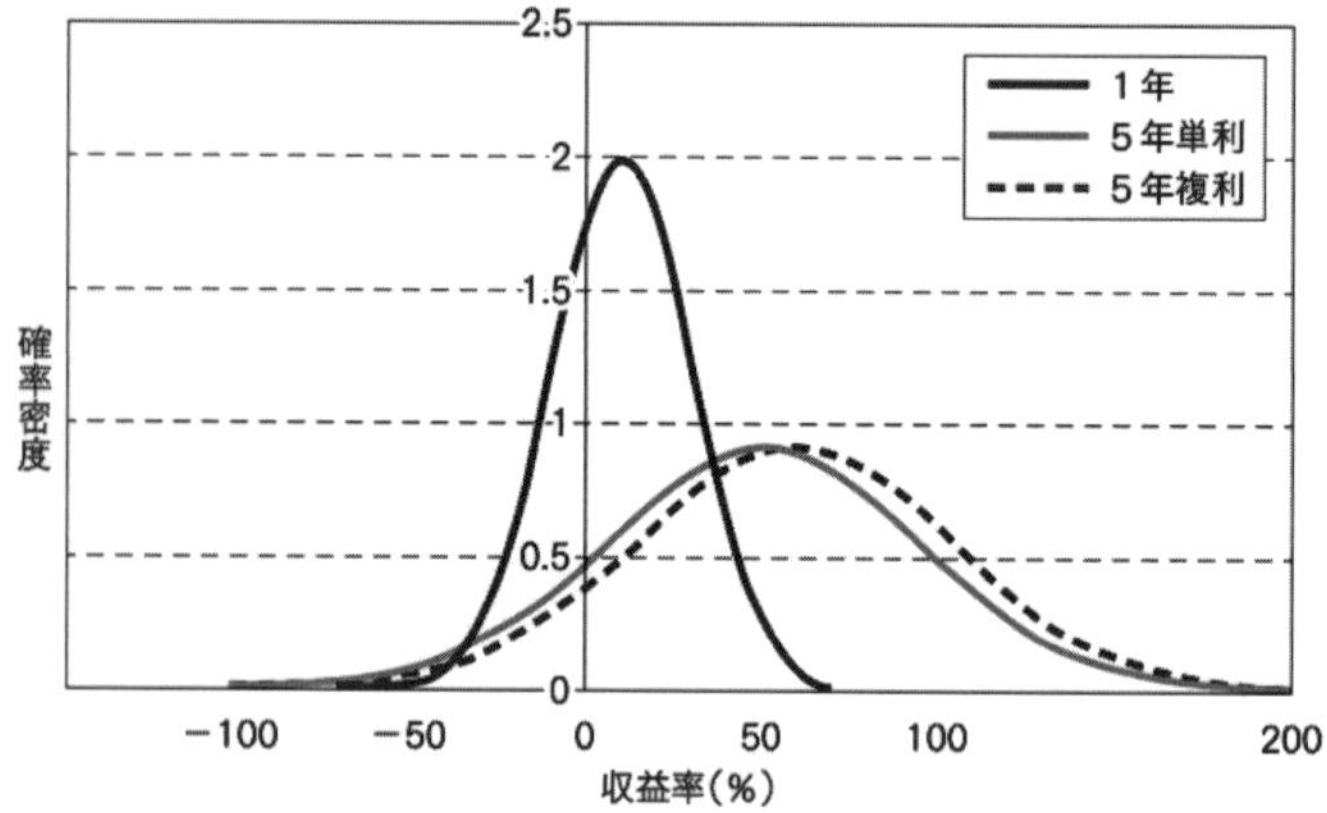

大きくなります。これがどういうことか、図示してみましょう。

投資期間が長期化すると、成果のボラティリティは広がっています。

リスクとは振り幅、ボラティリティのことでしたよね。つまり、リスクは増えています。ただし、リターンの平均値も上がるのです。

つまり単なる「長期投資」というのは、リスクもリターンも両方が増えるので、特に良くも悪くもない、ということになります。

また、リスクを「損失」することと定義を変えてみましょう。同書では、1年投資と、5年投資を比較しています。

数%程度の、小さな損失の確率は、1年投資の方が高くなります。かなり平均値付近に分布が固まっているためです。ただし、平均値から大きく離れて「-50%」になる確率はとても低く、0・1%しかありません。

一方、5年投資の場合どうなるかというと、「-50%」になる確率は、1・3%もあります。長期投資をすることで大きな損失を被る確率が高まりました。これが、長期投資によってリターンの分布が広がっていることによる結果です。

つまりこの長期投資はリスクを増やすか減らすか問題は、「リスク」の定義が、「損失の発生確率」のことなのか「損失額の大きさ」なのかでも、変わってくるということですね。

発生確率をリスクとするなら、短期投資の方がリスクは高いです。潜在的な損失額の大きさをリスクとするなら、長期投資の方が、リスクが高いということになります。

しかし、ある条件を加えると長期投資が一気に有利になります。それが、「複利効果」です。先ほどの図に、複利を加えてみると、リスク（振り幅）を変えずに平均リターンが右にシフトしていることが分かります。つまり、長期投資が良いとされる一番の理由は、複利運用ができるからであり、複利の効かない長期運用は、リスクを増やす行為であることに注意が必要です。

複利運用をするためには、税引き前のリターンを複利運用する方が効果的ですので、投資信託なら配当金や分配金のない商品、生債券ならゼロクーポン債などが効果的と考えられます。

同書では、単なる情報の寄せ集めではなく、理論と理論のつながりを深く探求しています。また、応用編のライフ・プランニングやリタイアメント・プランニングの章は会話形式になっているなど、全体的に行動ファイナンスの入門者にも読みやすく綴られています。

この項ではその一部をご紹介しましたが、その深みを感じ取っていただければ幸いです。

14冊目

マーケットの魔術師 エッセンシャル版 投資で勝つ23の教え

著：ジャック・D・シュワッガー 訳：小野一郎／ダイヤモンド社

投資の神髄が凝縮された一冊

投資の神髄を凝縮した一冊として、ジャック・D・シュワッガーの本をご紹介します。

この本は、数ある「マーケットの魔術師」シリーズの中で、ジャック・D・シュワッガーが手がけた4冊（『マーケットの魔術師』、『続マーケットの魔術師』、『新マーケットの魔術師』、『マーケットの魔術師株式編』）から、23の重要なエッセンスを見事に抽出しています。シリーズ本編のインタビューほどの臨場感はありませんが、各魔術師の違いや共通点が凝縮されており、著者自身が「マーケットの魔術師」シリーズの入門編として位置づけています。

自分の個性に合った手法

一流のトレーダーたちでさえ、取る手法は多種多様です。

ファンダメンタルズ分析を主軸にしている世界三大投資家と名高いジム・ロジャーズは「テクニカル分析をしている人で金持ちになった人に会ったことがない。例外は、テクニカル分析のサービスを売っている人だけだね」と指摘します。

彼のテクニカル分析に対する拒否の姿勢は徹底しており、インタビュアーがチャートによる転換点を説明しようとすると、「混乱するだけ」と言って、その説明を聞くことを拒否します。しかし、チャートを見ること自体は否定していないようで、チャートは「過去の事実」を示すものとして、それ以上でもそれ以下でもないとの立場を取っています。

一方、テクニカル分析を主軸とするマーティ・シュワルツは「金持ちの罫線屋はみたことがないというやつらのことをいつも笑っているよ」と言います。彼は9年間ファンダメンタルズ分析で成果が出なかった後、テクニカル分析に転向し、大成功を収めた人物です。

このように、反対の手法を使って成功を収める両者が存在することは、投資に絶対的な答えがないということを示唆しています。

入る前に出口を決める

『マーケットの魔術師』の中で特に大事な、魔術師たちの共通点を挙げるとするならば「損切り」の重要性です。

マーティ・シュワルツは「アンクルポイント」、つまりギブアップのポイント（許容損失額）を最初に決めることで、リスクコントロールをする重要性を説きました。

大部分のトレーダーの勝率は約50％から55％であり、トップトレーダーでさえ10回に4回は失敗しています。従って、投資が思い通りに進まない時は、早めにポジションをクローズし、新しい機会に挑む心構えが大切です。

また、全てを損切りするのではなく、部分的な損切りを選択するという手も考慮に入れるべきです。どの選択も、自分のアンクルポイントを明確にして、そのルールを守ることが基本となります。

10年間で年率87％というとんでもない成績を残した通貨先物トレーダー、ブルース・コフナーの、「入る前に、どこで出るかを決めておくのだ」という言葉にも通じるものがあります。これは、一度ポジションを持ってしまうと、感情や希望が介入し、完全な客観性を失ってしまうためです。客観的に、事前に出口を決めることの重要性はいくら強調してもし過ぎることはありません。

我慢の重要性

16年間で25万％という驚異的なリターンをあげたエド・スィコータは、マイケル・マーカスといった他の魔術師たちからも、影響を受けたと評されており、私も、シリーズの中でも特に彼のインタビューは好きで何度も読んでいます。多くのページに、歯切れよく、真理のような回答が詰め込まれていますが、章のサブタイトルにもある「皆欲しい物を手に入れる」という言葉には彼の魅力が詰まっていると感じます。本当に勝つことが好きならば得られるし、刺激を求めている人はその通りになり、おそらく負けてしまうのです。理解が難しい側面も多いですが、何度も読み返したくなります。

また彼は「相場のモニターを置くのは、スロットマシンを置いているようなもの」と言い、あえてモニターを置かずに取引回数が過剰になることを防いでいます。ジム・ロジャーズにしても、絶対的な確信が持てるほどのチャンスが訪れるまでは何もしてはいけないと説いています。

ポール・チューダー・ジョーンズのように、テニスのラリーのごとく、インタビューを受けながらでも次々にトレードをする魔術師も確かにいますが、多くの個人投資家が目指すべきは、スロットマシンのような相場の誘惑を振り切り、本当のチャンスが訪れるまでじっくり待つことではないでしょうか。

ポイントを簡潔にまとめたマーケットの魔術師入門編

同書は、サッとポイントを読み返したい時や、初心者の入門にも最適です。シリーズの本編にも挑戦すると、魔術師ごとの、平均的な投資家へのアドバイスや、魔術師たちの失敗談や、人生の背景、性格なども含めて、投資法もそれぞれであることが分かると思いますので、より深めるのならやはり本編、まずは青い表紙の『マーケットの魔術師』が鉄板です。

さらに、ウィリアム・オニールの『オニールの成長株発掘法』（P270）や、マーティン・シュワルツの『ピット・ブル』、マイケル・スタインハルトの『ヘッジファンドの帝王』（いずれもパンローリング）など、魔術師それぞれの伝記などもたくさんありますので、さらに彼らの思考を深く学ぶためのきっかけになる一冊でしょう。

15
冊目

一人の力で日経平均を動かせる男の投資哲学

著：cis／KADOKAWA

資産230億のカリスマは いかにして生まれたか

cis氏は、個人投資家でありながら、資産230億円という異次元の資産家でもあります。そのため、彼の思考を丸裸にする同書は、非常に興味深いものになっています。

自分に合った投資スタイルとの出会い

元々、c·is氏はゲーマーであり、ギャンブラーでもありました。投資では、企業の本質的価値や長期的な展望などには一切関心がなく、投資を確率のゲームのように捉え、短期トレードで大成功を収めた方です。

そんなc·is氏は意外なことに、元々は長期投資をしていたのです。しかし、長期投資では資金をほとんど失ってしまっていて、投資をやめようと思っていたほどでした。しかし、2000年の2ちゃんねるのオフ会が投資家としてのターニングポイントになりました。勝っている人たちほど短期的な視点でチャートや指数など、今、目の前にある優位性に注目していることに気づいたのです。これにより、短期投資スタイルに変わったそうです。

トレードのスキルはゲームから学んでおり、「親がテレビゲームをやらせてくれないような家に育っていたら、投資家になっていなかったと思う」とさえ述べています。自分の性格に合う投資スタイルを見つける重要性が感じられますね。

明日の株価も分からないのに長期の株価など分からない

同書で最も重要な投資の法則を一つ挙げるとしたら、「基本的には順張りをする」ということです。彼が言うには、「明日の株価もわからないのに、将来の株価なんてわかるわけないじゃないか」ということなんですよね。シンプルに言うと、上がっている株はもっと上がる。下がっている株はもっと下がる。オニールにも共通するような考え方ですね。

その反対は逆張りで、上がっているときに「もうそろそろ下がるかな」と考えて売り、下がっているときに「そろそろ上がるかな」と考えて買うことです。

割安株を買う逆張り投資で彼がうまくいかなかったのは、「割安」という判断が主観に過ぎなかったからと言います。財務分析をした上で割安を判断していても、それは誰でも計算すれば分かることで、その上で株価は形成されています。「株価は価値を反映していないと考えるよりも、株価こそが答えであり、世の中の総意として適正だと考えた方が良い」と語ります。また、「たしかに明らかなバブルはあるけれども、適正な価格なんて本質的には存在しない」とも語っており、長期投資の代表とも言えるウォーレン・バフェットのような投資法とは対照的です。

彼が「盲目の資金」と呼ぶ順張りのテクニックがあります。それは年金やファンドなど、大口投資家が大量に投資している銘柄に乗っかることで儲ける方法です。

さまざまな考え方やテクニックが掲載されていますが、「順張り投資」は投資哲学の中心にある考え方なのではないでしょうか。

わずか20秒での決断で6億円

「ジェイコム株誤発注事件」は、2005年12月8日、みずほ証券の担当者が新規上場したジェイコムの株を「61万円1株売り」と注文するつもりで「1円61万株売り」と誤入力したことで市場が大混乱した事件です。これにより大儲けしたB・N・F氏も「ジェイコム男」として有名ですが、cis氏もこの事件で6億円もの利益を得ています。cis氏は2ちゃんねるの掲示板でリアルタイムにこの事件を認識しました。

まず行ったのが、これが誤発注なのかどうかを確かめること。当時、証券会社の端末では、発行株式数以上の数値を入力しても売りに出せてしまうということを、cis氏は知っていました。ジェイコムのIPOに関するPDFを開くと、61万株というのは発行株式数の約40倍であると分かり、誤発注だと確信します。ここまでが約20秒。そこから、パソコンのウィンドウを次々に開き、500株ずつ購入。成り行きではなく指値で買い漁り、合計3300株を購入したと言います。

このようなスピード感は、日頃からの「仮説」によるものと思われます。「こんなことが起きたら、こんな展開で儲かる」のような仮説を常に考えており、それがたまたま起こった時には「はい、きた」と冷静に行動ができるそうです。それも、実際にありそうな仮説ではなく、ほとんどの人が考えてもいないが、明確なロジックがある仮説、もしくはロジックが不明でも、経験則として明確な関連が認められるものだと言います。

そのような仮説を考えることこそが、他の投資家を出し抜く一つの攻略法だということです。

自分に合った手法を確立するにはコストがかかる

自分に合った手法を見つけるまでの過程で失敗することは、お勉強代なのでしょう。c·is氏でも、最初の頃には2000万円あった残高を100万円ぐらいに減らしてしまったそうです。

やはり投資は、自分のマインドをコントロールすることも非常に大事だと思うので、自分の性格に合った手法を見つけるというのが重要だということを学びました。また、他にも面白い内容がたくさん書かれており、読み物としても非常におすすめです。

16
冊目

デイトレード マーケットで勝ち続けるための発想術

著：オリバー・ベレス、グレッグ・カプラ　監訳：林康史　訳：藤野隆太／日経BP

負けに不思議の負けなし！
勝利の方程式を確立せよ

同書は、アメリカでトレーダー教育と投資情報を提供しているオリバー・ベレスと、グレッグ・カプラという二人の共著です。

二人とも現役のトレーダーであり、プリスティーン・キャピタル・マネジメント社という会社の共同創業者でもあります。タイトルは「デイトレード」とありますが、必ずしも短期のトレーダーだけに向けた内容ではありません。一般的な株式投資や長期投資をしている人にもためになる投資マインドが学べます。

ここでご紹介する「トレーディングにおける7つの大罪」以外にも、「成功をつかむための12の法則」、「すべてのトレーダーが知るべき15の掟」のような簡潔なまとめが特徴です。

トレーディングにおける7つの大罪

1 すぐに損切りできないこと

損切りはよく聞く話でもありますが、それだけ、投資マインドの「1丁目1番地」に来るべき法則だということですね。損失をがん細胞に例えて、早く取り除くことの重要性が説かれています。排除するためには、事前に損切りポイントを設定するのが必須です。

2 取引完了前に利益額を勘定する

利益が膨らんだ、損失が膨らんだなどと常に考えてしまうと、小さな利益を守りたくなり、適切なトレーディングができなくなる可能性があります。

3 時間軸を変える

これは、損切りしなかったことを正当化し、ナンピン沼にはまる原因ではないでしょうか。短期で購入した銘柄が下がったからといって、長期保有に変更する行為は避けるべきです。

4 より多くを知ろうとすること

「噂で買い、事実で売る」という格言があります。これは、情報が完全に明らかになる前の噂の段階で買いを入れ、その後の事実が明らかになったタイミングで売却する戦略です。

実際、確実な情報が出揃ってからでは、その時点で株価はすでに動いてしまっているのが普通です。市場の効率性はある程度働いているのですから。

そんな市場で売買判断を下すためには、チャート分析を使います。仮に何かが起こる前にインサイダーが動くとすれば、それはチャートには表れてしまいます。原因が分からなくともチャートには兆候があるのです。

5 過度に自己満足に陥ること

連勝しているとガードが甘くなることは誰にでも経験があると思います。そんな時は一旦時間をおく、またはロットを小さくするなどの対策ができます。間違っても、連勝しているからとロットを大きくするのは危険です。最後にそれまでの利益を失うのが見えているからです。

6 間違った勝ち方

「結果が良ければ全てよし」という考え方は投資においては適していません。損切りをできず、最終的には戻ってきて利益を上げるようなケースが該当します。そのような神に祈る投資法でたまたま勝てても、それはおおいに反省しなければいけないということですね。

プロ野球で活躍した野村元監督が、「勝ちに不思議の勝ちあり。負けに不思議の負けなし。」と語ったこの言葉は肥前国第9代平戸藩主、松浦清の引用だと言われています。

この言葉通り、投資では素人がプロにまぐれで勝つこともあるくらい、不思議の勝ちがありますが、それに甘んじてはいけないということですね。

7 正当化

先ほどの時間軸の変更や、投資計画の変更が正当化にあたります。また、この兆候として、ポジションをとった後で計画外の行動を自問自答すること、最新ニュースを（自己正当化のために）チェックすること、「かもしれない」で物事を考えることなどが挙げられています。

投資の聖杯は存在しない

「投資の聖杯」を求めている人は、次から次へと手法を変え、多くの知識を求めてしまいます。新しいことを学ぶことが悪いのではなく、「今持っている知識でまず何ができるか」を考えて行動に移さなければ、それはただのノウハウマスターですよね。

万能の手法や戦略は存在せず、絶えず学び、経験を積むことが重要です。どれが自分にとって、機能する手法なのか、人によって正解は違うと思います。つまり「自分の優位性」を確立することが重要ではないでしょうか。

その一方で、「負けに不思議の負けなし」であり、7つの大罪でも挙げられるような「負けパターン」はある程度共通点があるようですので、それを肝に銘じ避けていくことが必要です。

最後になりますが、同書は、最初から順番に読まなくても、どこから読んでも為になります。その時の自分の状態やレベルによって、心に突き刺さる部分が変わるような一冊なので、デイトレをしていなくても、全投資家に薦められる「定期的に読み返したい神本」と言えます。

17冊目

投資を生き抜くための戦い 時の試練に耐えた規律とルール

著：ジェラルド・M・ローブ　監修：鈴木一之　訳：西山佑／パンローリング

王道の分散投資からさらなるリターンを目指したい投資家が市場を生き抜く方法

この本は、著者であるジェラルド・M・ローブの、40年以上にわたるウォール街での実体験に基づいており、初版が1930年代に出版されて以来、その後も改訂を重ねてきたロングセラーの一冊です。ウィリアム・オニールなど、多くの著名投資家からの絶賛を受けています。本質的な考え方が78のテーマで解説されており、どんな時代にも通用する内容だと思います。

ローブの唱える集中投資

出典：「投資を生き抜くための戦い 時の試練に耐えた規律とルール」を参考に著者が作成

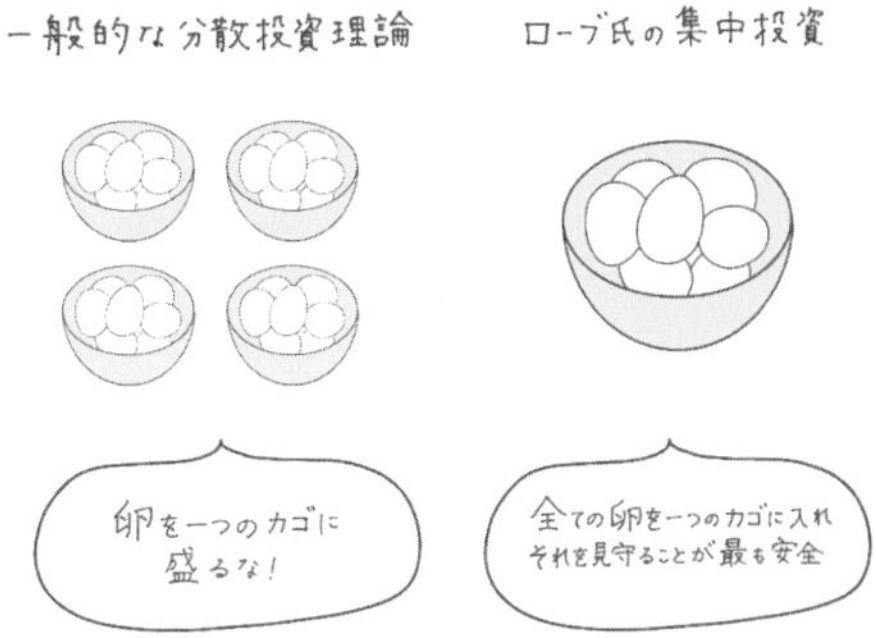
一般的な分散投資理論
ローブ氏の集中投資
卵を一つのカゴに盛るな！
全ての卵を一つのカゴに入れそれを見守ることが最も安全

分散投資に関する誤解

同書では上級者向けの戦略として「分散投資よりも集中投資」が推奨されています。一見リスクが高いように思えますが、多くの成功者の中には、小さな元本から集中投資により資産を大きく増やし、一定規模に達したあとに分散投資へと転じる投資家もいます。結局、分散投資で増やすことのデメリットは、「時間がかかること」です。待つ時間が残されている方はいいですが、より短期間で成果を出したい方は、同書の集中投資に関する記述は必読です。

一般的に「卵を一つのかごに盛るな」という分散投資のアドバイスがありますが、同書では、「全ての卵を一つのかごに入れ、それを見守ることが最も安全」という言葉が象徴的です。少数銘柄への集中投資は、投資への集中力も上がり、自己の経験に基づいた判断が可能となります。

ウォーレン・バフェットも、集中投資のスタイルです。しかし、全ての人が集中投資すべきというわけではありません。初心者に対しては、基本的な投資の手練を身につけるまでは分散投資が推奨されています。そして、明瞭な状況下では集中投資、不確定な状況下では投資を控えることが重要であると説明されています。つまり、自信がある場合のみ、その追求を続けるべきだと主張しています。例えば、投資可能な資金の10％を賭ける自信があるかどうかは重要な判断基準で、自信のない場合は投資するべきではないと強調されています。それだけの自信を持てる投資先への集中だからこそ、安全であるということですね。

個別株を買う前に行うべきこと

39章「投資家へのヒント——常に書き留めておくこと」では、〝投資を行う際には、その投資を行った理由、目指す利益、許容する損失の上限などを記録に残すことで、大きな損失を防ぐことができる〟と述べられています。

これは単純な行為のように思えますが、人間の感情はしばしば論理を覆します。成功した投資家の多くは、常に事前分析が伴い、かつ投資ルールを厳守している点が共通しています。一方、感情に流された即時の決定は、しばしば悲惨な結果に終わります。これは計画の立案がいかに重要かを示しています。また、投資理由を記録しておくことで、後でその理由が有効だったかを評価できます。

誰もが間違いを犯す可能性がありますが、購入理由をメモしておけば、後で「この理由で購入したが、それが誤りだった」と反省し、次に活かせます。購入根拠になった事実が変わった場合は、それが損切りの理由にもなります。一貫した記録を維持することは、自己の思考を深掘りし、より明確な視点を得るため、そして勝つために極めて重要なことだと痛感します。

「新高値」と「新安値」のリスト

銘柄が新高値を更新すると、その銘柄が割高ではないか、または今が買い時ではないか、あるいは価格がもう少し下がるのを待つべきではないかと考えがちです。しかし、42章「大切なのは株価」では、そのような考え方は必ずしも正しくないと述べています。

〝現実的な方法としては「新高値」と「新安値」のリストを見ておくだけでも役に立つ。あなたの持っている株の多くが高値を更新していれば、現在の状況において適切な銘柄を持っていると考えられる〟

まさにこのあたり、オニールの投資手法にも影響を与えていると想像できます。皆さんのポートフォリオはどうでしょうか。持っている銘柄は適切か、損切りはできているか、の確認になるでしょう。

投資は年齢相応に行う

44章「投資は年齢相応に行うこと」も重要な項目だと思います。

投資のステージは大きく5つに分かれます。未成年、30歳までの若者、30歳から50歳、50歳から退職まで、そして退職者。未成年の段階では、贈与税等に配慮することが重要です。30歳までの若者は、失敗が許される範囲で投資経験を積むべきでしょう。この期間は学びの時期と捉えることができます。

真剣勝負のステージは30歳から50歳までです。この時期は利益を生む重要なフェーズで、レバレッジも適宜活用すべきでしょう。50歳から退職までは投資スタイルが固まり、落ち着きを持つべき時期です。退職者になると、投資を専業とするか、それともプロに委ねるか、そのどちらかを選ぶことになると思います。年齢に応じた戦略を立てることで、生涯リターンの最大化を目指すことができるのでしょう。

18
冊目

投資で一番大切な20の教え 賢い投資家になるための隠れた常識

著：ハワード・マークス　訳：貫井佳子／日本経済新聞出版

何度でも味わえる
バフェット公認の名著！

私が読み直した回数でいえば、同書が一番かもしれません。「一番大切な」教えが20個も存在するというタイトルには、多くの人が違和感を覚えるでしょう。このことは、投資には「これさえやればうまくいく」という唯一無二の方法が存在しないということを示しています。投資は、すべての知識が重要であるため「知の総合格闘技」ともいえます。

リスクとは

同書では、資本市場線に確率分布を重ねることで、リスクとリターンの関係性を描いています（下図）。これは絶妙な表現ではないでしょうか。

リスクが高くなると高いリターンを期待できる公算は大きくなりますが、同時に低いリターンにとどまる（損失する）可能性も出てくることが分かります。これがリスクの本質です。

【バリュー投資】本質的価値を見極める

著者のハワード・マークスは、ジャンク

リスクとリターンの関係

出典：「投資で一番大切な20の教え 賢い投資家になるための隠れた常識」

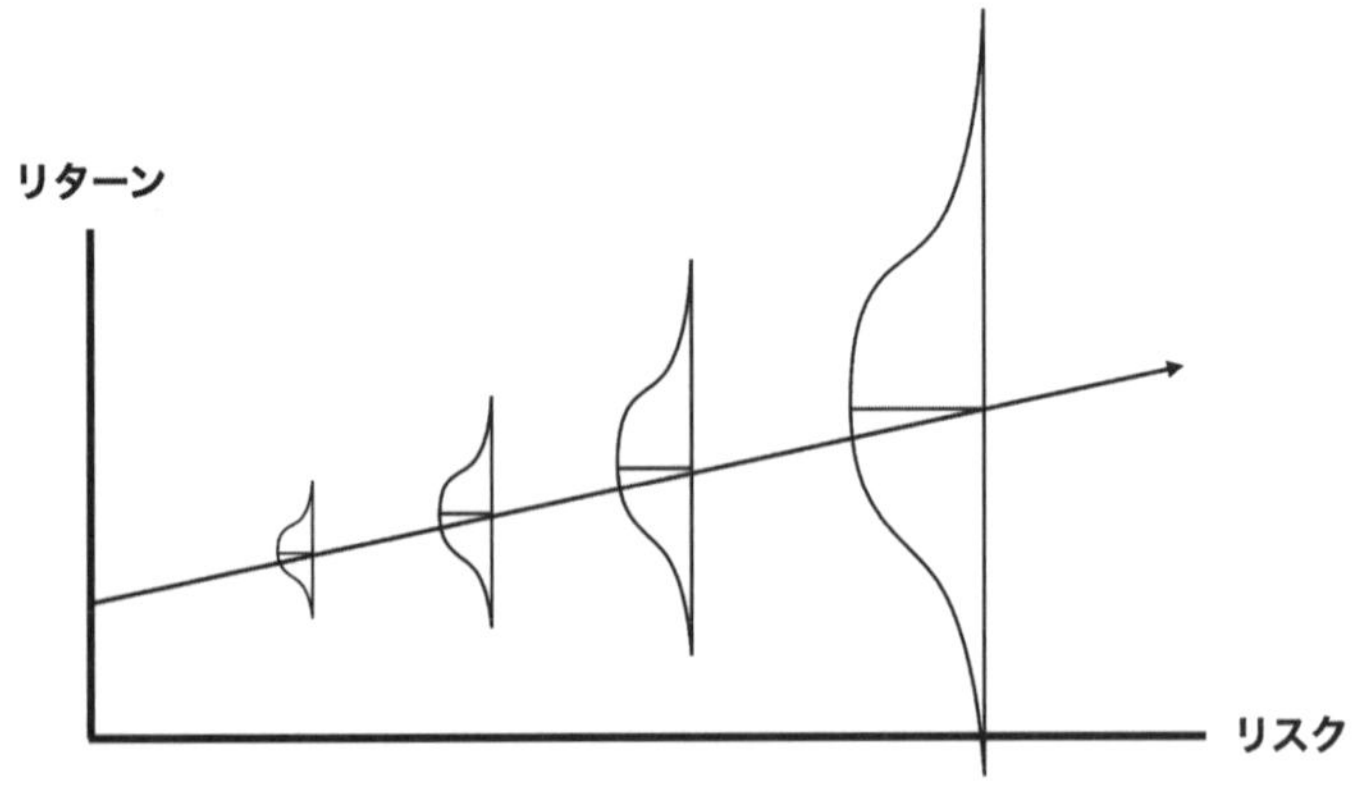

債や不良債権の投資に熟練しており、バリュー投資のエキスパートと言えます。この本は、バリュー投資の真髄というべき一冊です。

「モノの価格の変化」は、需要と供給の違いによって説明することができます。

需要曲線と供給曲線（P130の図）は、価格と需要・供給の大きさを表しています。需要曲線は価格が安くなるほど数量が増えます（＝買いたい人が増えます）。一方、供給曲線は価格が高くなるほど数量が増えます（＝売りたい人が増えます）。これはモノの価格が決まる当たり前のルールです。しかし、投資の世界ではこのルールが通用しないことがあります。投資家は値段が上がれば満足し、下がれば逆に不安になってしまうという、普通の商品の売買とは異なった心理を持っています。これらの価格の変動に対して感情のままに行動して失敗する投資家は少なくありません。

そこで、正しい分析や根拠に基づいた本質的価値が必要です。この本質的価値に対する株価が割安だと判断した場合に買うバリュー投資が著者の提唱する手法です。この本質的価値と価格の差は非常に重要であり、「価格と関係なしにいい投資アイデアはない」と述べられています。

「偉大な企業」であっても、買い値が誤っていれば投資は失敗になります。良い投資には、「優れた企業」と「適正な価格」という2つの条件が必要で、非常に優秀な企業であっても、価格が高騰し過ぎてしまった場合、長期間の含み損が続くこともあります。逆に、安価な価格であっても、危険な企業であれば「安いから」といって投資する価値はありません。

● 需要と供給の関係は投資の世界では当てはまらないことも

出典：「投資で一番大切な20の教え 賢い投資家になるための隠れた常識」を参考に著者が作成

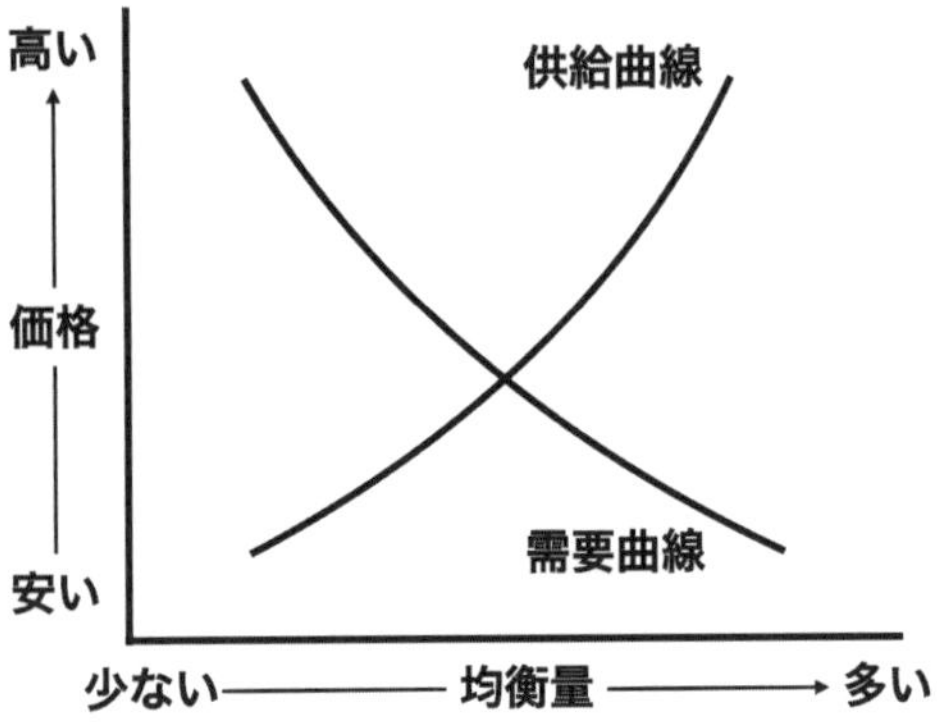

「本質的な価値」はいかに測るかと疑問に思った方もいるかもしれません。実際には、「本質的な価値」は唯一の絶対的な解答はなく、複数の指標によって構成されています。これには、有形資産の価値、現金を生み出す能力、成長可能性などが含まれます。DCF法などは代表的な指標として存在しますが、目的に応じた多様な方法があるため、ここでは詳細な議論はしません。

バリュー投資の弱点

バリュー投資の良い点だけでなく、その弱点も確認することが重要です。バリュー投資が有効なのは、本質的な価値が低くなっている株価がいずれ適正価格に収斂して上昇すると予想されるからです。しかし、「いつ」適正価格に収斂するかは分かりません。経済学者のケインズは「市場はあなたが支払い能力を保てる期間よりも長く、不合理な状態を継続する」と述べました。本質的な価値の推定値が正確であったとしても、周りの投資家がそれに気づかなければ、長期間、不合理な割安の状態が続いてしまう可能性があります。これがバリュー投資の弱点です。

この対策としては、「カタリスト（株価上昇のきっかけ）」までを含めたストーリーを作り、その上で投資をするといったアプローチが考えられます。

相場サイクルと人間心理

市場のサイクルに関して、多くのページが割かれています。特に人間の心理に関わるサイクルの原則は必読です。

原則1　ほとんどの物事にはサイクルがあることがやがて判明する
原則2　利益や損失を生み出す大きな機会は、周りの者が原則1を忘れたときに生じることがある

市場は時に人々に絶望や熱狂を感じさせます。「振り子を意識する」に関しては、『市場サイクルを

極める』（P66）のページでも触れましたが、ここでは投資家が恐れてしまう2つのリスクを見ていきます。

一つは「損失を恐れるリスク」で、リスクというとこのリスクが通常思い浮かびます。これは弱気相場において現れる心理状態です。しかし、これはある意味で必要な「恐れ」だと言えます。恐怖を感じ、警戒しながら投資するくらいの方が、ちょうどいいですからね。

もっと恐ろしいのが「機会を逸するリスク」です。これは強気相場において、強欲から生じるリスクです。例えば、バブルが発生しているときに、「自分もこの波に乗らなきゃ損だ！」と思ってしまう心理のことです。このようなとき、投資家は積極的すぎる行動をとってしまいます。一つ目のリスクよりもこちらの方が恐ろしいのです。

このような心理に対して、ウォーレン・バフェットは「価格上昇は、麻薬のように、進むべきか退くべきかを判断する理性を鈍らせる」と述べています。ウォーレン・バフェットが1999年に記録したアンダーパフォーム（運用成績がベンチマークを下回る）はハイテクバブルに乗ることを拒絶した強い意志の証、だと言われています。彼は麻薬を拒むことで、目の前の快楽は逃しましたが、長期的には世界指折りの成績を残す大投資家となりました。

二次的思考が、成功の鉄則

最後のまとめであえて、第1章の「二次的思考」に触れたいと思います。

「二次的思考」とは明確な定義がないものの、シンプルで一般的な思考とは異なる、複雑で多面的な思考のことを意味します。投資家は、他の投資家とは異なる観点を持ち、他の投資家に気づかれていないことに気づき、高い分析能力を持つことが求められます。これは一朝一夕で身に付くものではないと思われますが、同書を読むことにより、多くの気づきを得られるかもしれません。このため、本書は時間をかけて深く味わうことができる、するめのような最高の一冊です。

19冊目

ブラック・スワン――不確実性とリスクの本質［上］［下］

著：ナシーム・ニコラス・タレブ　訳：望月衛／ダイヤモンド社

過去に例がないから今後も起こらない、とは言い切れない理由

「ブラック・スワン」を直訳すると「黒い白鳥」となりますが、同書では通常あり得ない事象や予測不可能な出来事のことを指しています。特に、投資の世界で言えば、予想外の大暴落を指します。

同書におけるブラック・スワンの定義は以下の3つです。

1 異常な出来事であること

2 極めて重大な影響を与えること
3 人間はその出来事が起こる前には想定できなかったと考え、その後に適当な説明をつけて筋道を立てようとすること

同書では、通常ではありえない出来事が起こった際に、その心理を学ぶことが重要であると述べています。ブラック・スワンが生まれる背景には、人類の進歩であるグローバル化や拡張可能性の誕生が大きな影響を与えています。

かつては、歌手や俳優などのエンターテインメント業界の人々は、その場で観客に向けてパフォーマンスを行うことが一般的でした。しかし、CDやインターネットの発展により、自分たちの作品を世界中に配信することが可能になりました。他にも、銀行口座の残高、企業規模やSNSの影響力など、人間が作り出したものには、大きな格差が存在しています。このような状況では、非常に大きな影響力を持ちながらも、通常の方法では予測が困難な出来事が起こりやすいとされています。

ブラック・スワンは前触れもなく、突然起こる

ある場所で七面鳥が飼われているとします。この七面鳥は、生まれて以来、人間は毎日餌も棲む場

七面鳥の確信は何の前触れもなく裏切られる

出典：「ブラック・スワン―不確実性とリスクの本質［上］［下］」を参考に著者が作成

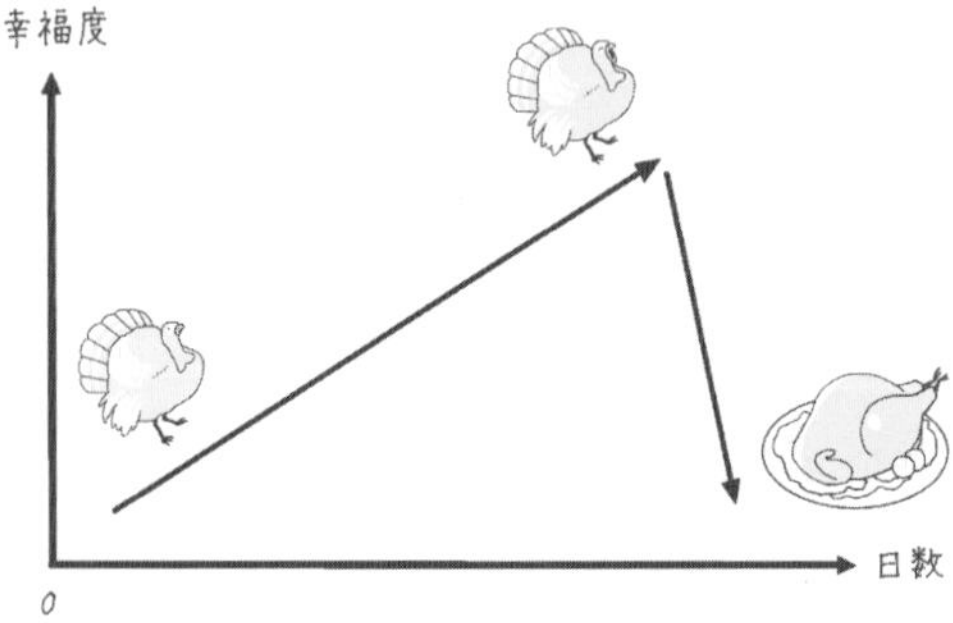

±３シグマの確率は99.7％

出典：「ブラック・スワン―不確実性とリスクの本質［上］［下］」を参考に著者が作成

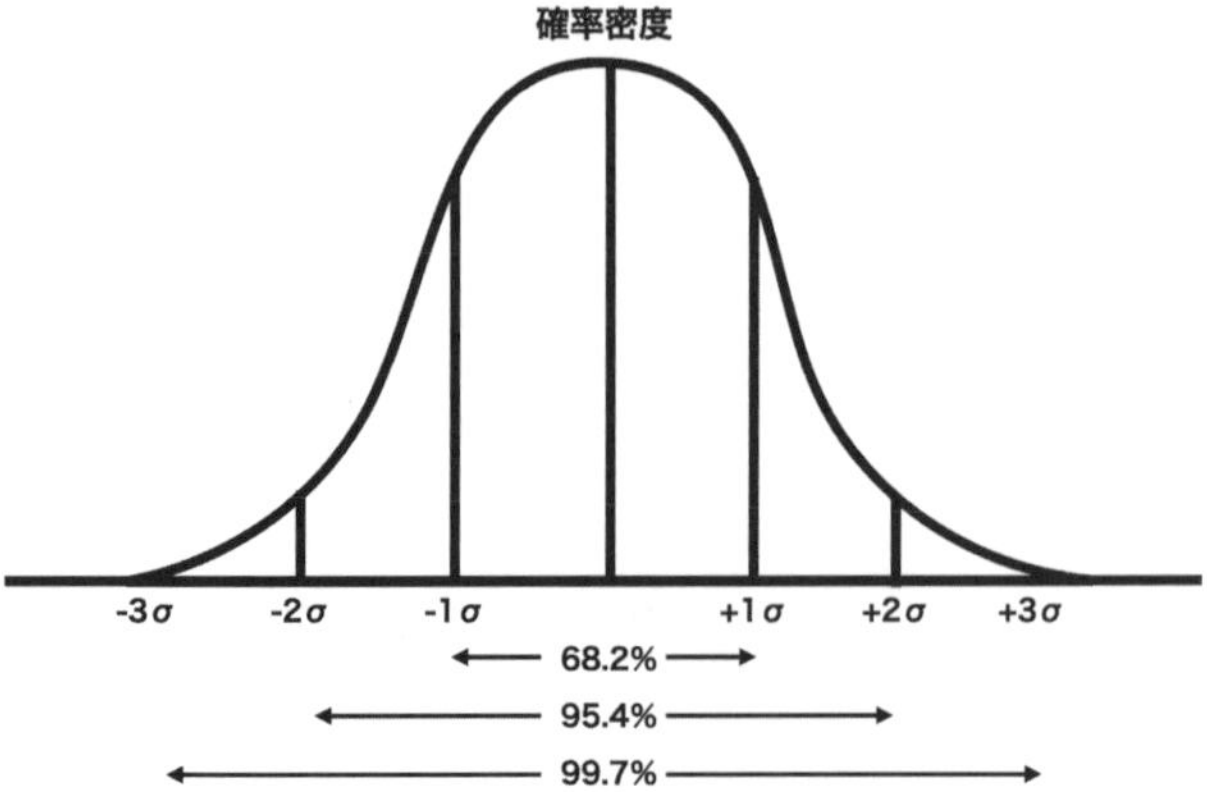

所も与えてくれる、すごく優しい生き物だと思っています。日数が経つにつれどんどん幸福度が上がっている状態です。しかし、アメリカのサンクスギビングデーの日に、突然、この幸福度がゼロになってしまいます。七面鳥にとって、前日までにこの前触れや証拠はまったくなかった事態が起こってしまったのです。

人間も同じで、過去の実績に基づいて推測をすることによって、失敗してしまうことがあります。ブラック・スワンは、過去のデータを参照しても予知できないような出来事のことを指します。例えば、ゴールドマン・サックスのCFOがリーマンショックで「25シグマ（標準偏差）の出来事が数日連続で発生した」と述べたそうです（7シグマのイベントでさえ、31億年に1日しか起こらない確率です。この話は、投資に正規分布を使うことの限界を表しています）。

しかし、人間という生き物は、「過去に例がない」というだけで、それは「起こらない」と思ってしまう心理的なバイアスがあります。暴落が起こるという証拠がないと言っても、絶対に暴落が起きないと断言することはできません。たとえ前兆がなかったとしても、暴落は突然起こるかもしれない。そのような心構えと準備が重要なのです。

【講釈の誤り】ストーリーが判断を鈍らせる

続いて「講釈の誤り」という心理バイアスをご紹介します。人は、講釈のついた黒い白鳥を過大評価し、講釈のない黒い白鳥は過小評価してしまいます。つまり、それらしいストーリーが付随することで、起こる確率を高く見積もり過ぎてしまうのです。

このバイアスは保険の世界でも使われていて、同書によればアメリカではテロ保険に対して、普通の保険よりも高い金額が払われているそうです。その理由は、テロに遭う確率が低いにもかかわらず、恐怖心やストーリーが付随しているためです。

一方、新型コロナウイルスの流行を誰が予想していたでしょうか。コロナ以前は、ウイルスの世界的な流行が今の時代に広がることは考えていなかったのではないでしょうか。

ここでの重要な教訓は、ストーリーのある話を過大評価する一方で、ストーリーとしてありそうもないことだと、確率を低く見積もり過ぎてしまうことです。

それにもかかわらず、そのような驚くべき出来事が起こったときには、後付けで理由やストーリーを作ることが人間の特徴なのです。

【物言わぬ証拠問題】本当にそのストーリーは正しいのか

「講釈の誤りバイアス」に加えて、注意が必要な心理バイアスに「物言わぬ証拠問題」があります。例えば、成功した投資家が自分が成功した理由を語る場合に、心理バイアスが存在しています。実際には、同じ方法を使って失敗した人たちが多数存在していることがあるのです。ただし、これらの失敗者たちは表に出ることが少なく、その声は誰にも届きません。「生存者バイアス」とも呼ばれます。また、成功者たちが成功した理由を聞いて、理由付けし「説明可能である」と考える心理バイアスも存在します。実際には運の影響が大きい場合でも、成功した理由を因果関係がある要因として見つけようとする傾向があります。

合理的な思考が悪いというわけではありませんが、「時には説明不可能なことがある」ということを認める必要があります。そうでなければ、偶発的な恐ろしい出来事（ブラック・スワン）に対して十分な準備をすることができません。どのような出来事にも、想定外の出来事が発生する可能性があることを認識し、備えることが重要だと思います。

偉大な発明は、計画に基づいていない

そもそも人は予想などできないと言われます。

例えば、皆さんの会社でも、5年間の計画や経営計画を立てることが多いと思いますが、筆者はそのような場面を見て、ほとんど無意味だと言っています。予測は不可能であるため、間違った前提をもとに議論を交わしても意味がないのです。世の中の多くの発明というのは、予定表に基づいて作られたものではなく、全て偶然でできたものが、世の中の素晴らしい発明になっているのです。

昔、フレミングという博士が、たまたま掃除をしようと思っていたところ、それがきっかけでペニシリンという抗生物質を発見しました。当時、さまざまな伝染病の治療薬となるものだったのです。これもたまたま見つかったもので、このような偶然の成果のことをセレンディピティと呼びます。こういった偶然を生み出す力も非常に重要です。

例えば、科学者に良い発見をさせようと思ったら、ビジネス的にいろいろ計画を立ててしっかりやらせるというよりも、科学者自身の興味や本能の赴く方へ目を向けさせて自由にさせるのが一番良い結果が出ると言われています。これは科学者に限らないかもしれません。では、なぜわざわざ人は将来予測をしたり計画を立てたりするのでしょうか。これは人間の進化の一面として、もうそうせずに

はいられない生き物になっているということなのです。

全ての計画や予想が悪いわけではありませんが、予想をできるわけがない分野にまで予想の得意な専門家たちの予想を信じてしまうのは非常に良くないことです。

その一例として、経済予測をする人や社会科学系の予想家たちの言葉を真に受けてはいけないと警鐘を鳴らしています。もちろん、全てがそうとは言えませんが、相手が誰であろうとも疑いもせず全て信じることは避けるべきです。自分なりの解釈を持つことが非常に大切です。天気予報など、予想が外れても人生に大きな影響を及ぼすことはありませんが、お金の問題に関しては、人生を狂わせる可能性もあるため、注意が必要です。

この世はブラック・スワンに満ちている

同書では、9・11のテロのような「ブラック・スワン」事件をもし予測して防ぐことができたとしても、その人は英雄になれるわけではないと指摘します。「治療より予防の方がいい」という言葉がありますが、予防に努めても高く評価されることはあまりありません。ブラック・スワンを避けられたとしても、それに気付かれないことが普通です。当たり前の日常を過ごせるのも、過去に誰かが素晴らしいブラック・スワン防止策を実施してくれたからかもしれません。

20
冊目

ゾーン 「勝つ」相場心理学入門

相場心理の決定版！
ゾーンの境地に立つための
マインドセット

著：マーク・ダグラス 訳：世良敬明／
パンローリング

ファンダメンタルズ分析やテクニカル分析に関する書籍は数多く存在しますが、完璧な分析を行ったとしても必ずしも勝利を収めるとは限りません。同書では、勝つ投資家と負ける投資家は「違った考え方」をしているのであり、様々なリスクや恐怖に対する心理をコントロールすることが重要であると述べられています。

ゾーンとはなんなのか

真のトレーダーは、一般的な感情反応を示さないとされています。特に「恐怖」は、間違い、損失、機会損失、利益確定の失敗など、トレードにおいて常に存在する感情です。しかし、成功するトレーダーはこれらの感情やリスクを受け入れ、それを超越した境地に達します。

この恐怖を感じない、無心の状態は、スポーツ選手が経験する「ゾーン」と似ていると言われています。短期トレードでは、買いも売りも「これしかない」という瞬間に、自然と迅速に反応することが理想的なのでしょう。誘惑や恐怖によってマーケットは常に私の感情を揺さぶってきますが、ゾーンに入るためには、そこで流されず、一貫した行動をすることが重要なのだと痛感します。

責任を取る

「損失はトレードの当然の結果であり、レストランのオーナーが食料品の購入にかける費用と同じようなものだからだ」

このメッセージは、トレードを「ビジネス」と同じように考えている点において非常に納得させられました。この考えはトレードを娯楽のように捉えている人には難しいでしょう。トレードをすればするほど、ビジネス、その中でもかなり高度なものであると実感します。

トレードは、一つのビジネスオーナーになるようなものですね。

同書の重要な章の一つに「責任を取る」という章があります。一般的に自らの責任で生活をしている大人であっても、典型的なトレーダーは失敗や損失に対して、マーケットに責任転嫁をしていると指摘されています。

ビジネスオーナーは、どんなことが起ころうとも（たとえそれがやむをえない事情があろうと、天災のような予期せぬ外部環境の変化であろうとも）、最終的には自己責任です。マーケットに責任転嫁をしないということは、そのベクトルを自らに向かわせます。つまり、自らの行動、判断、情報の解釈といった全てが、内省することにつながります。そのような「勝つための姿勢の育成」が、成功へのカギだと言われています。

確率的思考法

第7章「トレーダーの優位性——確率で考える」は、私にとって印象的な章でした。同書を読む前の私の考えは次のようなものでした。

「確率で考えるということは、起こりうる事象を列挙し、それぞれの損益、確率を考えなければならない。しかし、全ての可能性を列挙することは難しく、低い確率の出来事も頻繁に起こっているではないか」

しかし、同書は「予測できない結果を生む確率的事象から一貫した結果が生じると言うと、一瞬、矛盾しているように感じるかもしれない」と、そんな思考はお見通しです。その上でトレードの最大の本質は「逆説（矛盾した資質をもつもの）である」としており、その詳細は必読です。

まずは「ランダムな結果と一貫した結果」という逆説についてです。カジノを思い浮かべてください。毎日、大勝ちする人もいれば、所持金を失って帰る人もいます。一人一人の結果はランダムであり、独立しています。しかし、十分な大きさの標本（一定数ゲームをし続ければ）があればカジノの運営は常に一貫して約4・5％の利益を上げ続けます。

ここから言えることは、ミクロレベルとマクロレベルで、異なる「信念」を持たなければいけないということです。ミクロレベルでは、個々のプレーの結果の「不確実性」を信じなければなりません。ランダム、かつ独立しているため、予想は無駄な努力であり、感情移入する必要もありません。

一方でマクロレベルでは、標本の大きさがあれば「予見性」があると信じなければなりません。そこではリラックスしながら自分が利用する優位性が最終的な勝利をもたらすのを信じます。ここにミクロレベルとの逆説があります。

精神のメンテナンスとテスト

定期的に手に取り、投資マインドのメンテナンス、そして自らの成長をテストできるような一冊かと思います。そもそも難解な部分も多い上、翻訳のためか、読みにくさもありますが、まさに「唯一無二」の名著です。他にも定期的に読み直す本が何冊かありますが、同書も常に椅子から手の届く範囲に並べておきたい本です。

4
日目

テクニカル分析編

株価情報は、市場の状況を反映する絶対的な事実として存在します。しかし、その解釈は個々の投資家によって異なります。テクニカル分析は、この株価情報の解釈を助け、市場の動向を読み解くための重要なツールです。書籍を通じてテクニカル分析を学ぶことは、単に手法を身に付けるだけでなく、その背後にあるメカニズムの理解にもつながるでしょう。

21
冊目

マーケットのテクニカル分析 トレード手法と売買指標の完全総合ガイド

著：ジョン・J・マーフィー　監修：長尾慎太郎　訳：田村英基／パンローリング

テクニカル分析の辞書的な名著

テクニカル分析の「辞書」とでもいいましょうか。これ一冊でテクニカル分析の全貌を見渡すことができます。チャートやローソク足の読み方といった基本的な概念から応用編まで、幅広い読者を想定している本です。

同書ではテクニカル分析に対してよくある「過去のデータを参照しても未来の動きとはまったく関係がない」というような否定意見にも言及し、それはファンダメンタルズ分析や天気予報も同様のため、テクニカル分析だけに言える批判ではないと指摘します。

向き不向きはありますが、テクニカル分析を駆使し売買している人がいる以上、知っておく必要はあると思います。

市場の動きを反映する！ テクニカル分析3つの大前提

テクニカル分析には3つの大前提があります。

1つ目は、チャートは市場の動きをすべて織り込んでいるということです。これはテクニカル分析において最も重要な前提であると言えます。需要と供給の変化が即座に反映されるため、ファンダメンタルズ情報含め、外部から得られる情報をすべて織り込んだ結果だと考えられるのです。

2つ目は、価格はトレンドを形成するという点です。トレンドは一度形成されたら、それを持続する可能性が高いということになります。ニュートンの運動の第一法則に例えているのも絶妙です。物体がその運動を続けるように、何らかの反対のサインが出ない限り、基本的にトレンドというものは継続するのです。

3つ目は、歴史は繰り返すということです。テクニカル分析とは、結局のところ人間の心理を分析することです。そして、人間という動物の心理は数十年、100年、200年経っても簡単には変わるものではありません。したがって人の心理を前提としているテクニカル分析においては、歴史は繰り返すという前提が重要になります。

多くのテクニカル分析の元となる、ダウ理論の6つの原則

テクニカル分析におけるダウ理論は、元祖的な基本原則です。テクニカル分析にはさまざまなタイプがありますが、その多くはこのダウ理論に由来します。

ダウ理論は、大きく分けて以下の6つの基本理念に分けられます。

1 平均株価はすべての事象を織り込んでいる
2 市場には3種類のトレンドがある（メジャー・インターミディエイト・マイナー）
3 メジャートレンドは3つの局面に分けられる
4 2つの市場平均を確認する
5 出来高でトレンドを確認する
6 トレンドは明確な反転シグナルが出るまで継続する

1は先ほどの大前提とほぼ同様の意味です。2、3は、トレンドが波のようなものであることを表しています。海に大きな潮の満ち引き、波、表面的な漣（さざなみ）があるように、株価トレンドにも大小さまざまな波が存在します。

4つ目は、複数の平均株価（当時は工業株と鉄道株）が同じシグナルを出さなければ、重要ではない、ということです。現在で言えば、日経平均株価や、S&P500等でしょう。

5つ目の出来高は、上昇トレンドの場合には、価格が上昇した時に出来高も増え、停滞した時は出来高が減少します。株価の上昇と出来高の上昇が伴っていることが、本当の正しい上昇トレンドであると言えます。

6つ目のトレンドの見方に関して、先ほどの大前提の2でも見てきました。しかし、熟練のトレーダーでも反転シグナルを見分けるのは容易ではありません。その助けになるのが、支持線や抵抗線、トレンドライン、移動平均、オシレーターなどといったテクニカル手法です。

株価はトレンドを形成する

まずはトレンドの基本概念において重要な支持線と抵抗線を確認します。

例えば、あるトレンドが形成されているときに、ここまで下がったら反発するであろうとみられて

トレンドに関するサイン

出典：「マーケットのテクニカル分析 トレード手法と売買指標の完全総合ガイド」
（著者が一部追記、一番上のみ同書を参考に著者が作成）

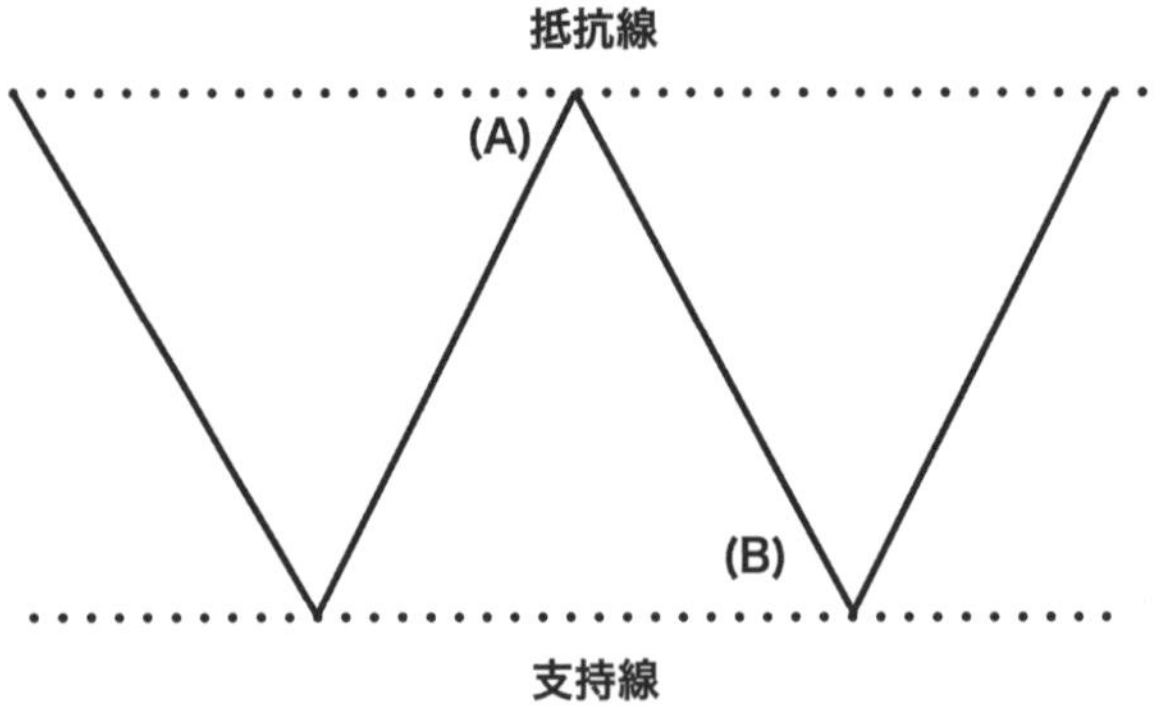

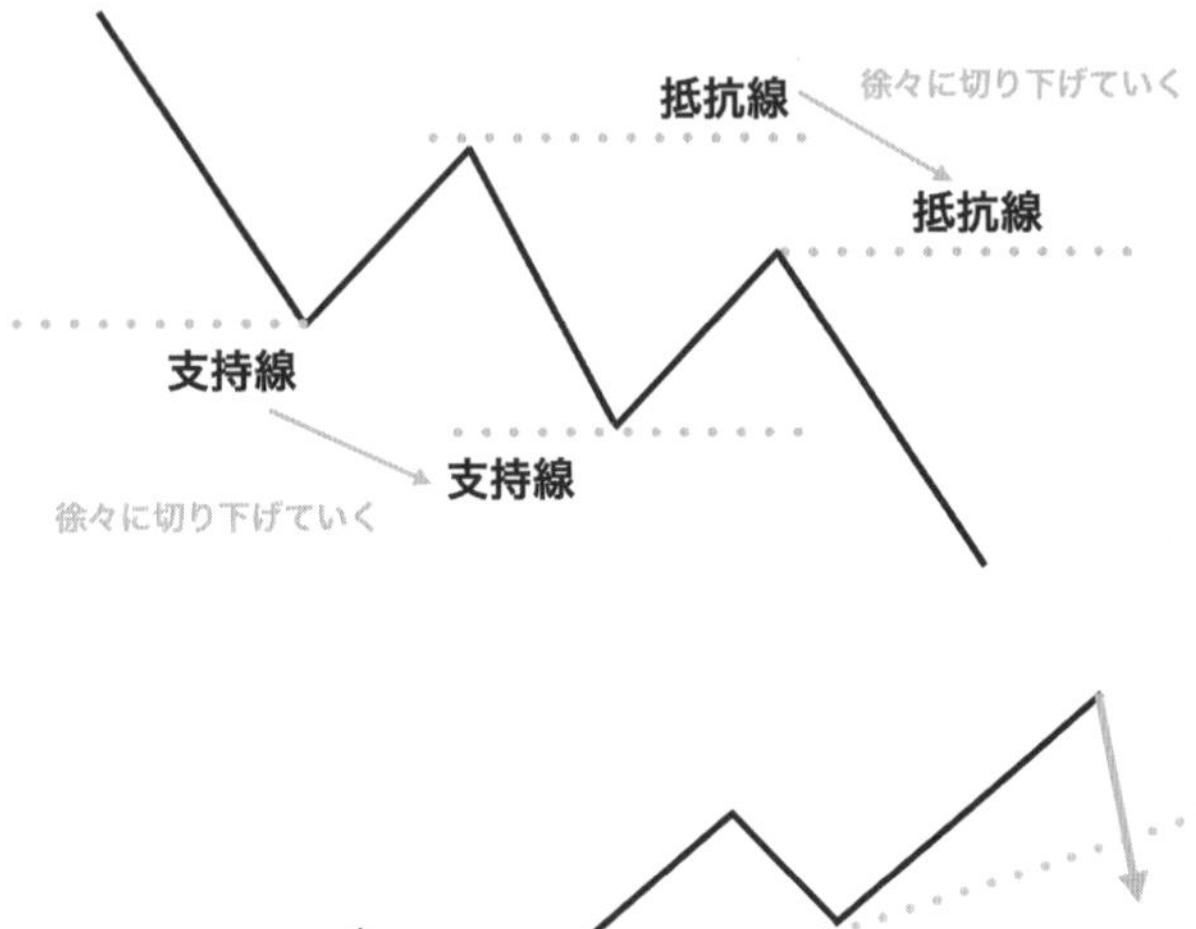

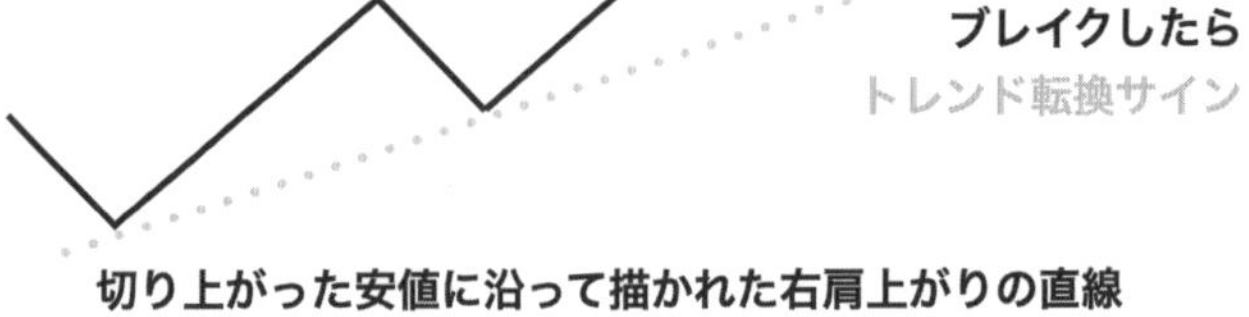

いる安値のポイントが支持線です。一方、トレンドが形成されているときに、上昇が一度止まるところが抵抗線になります。

下降トレンドでは支持線と抵抗線が徐々に下がっていくことが特徴です。上昇トレンドの場合は逆で、支持線がだんだん上がっていき、抵抗線も上がっていくことが特徴です。この支持線と抵抗線の概念は重要な基礎知識となります。そのメカニズムを市場参加者の心理にスポットを当てて解明してみましょう。

支持線が機能する心理的要因を探る

支持線が機能する理由を、市場の4種類の参加者の心理から読み取ります。P152の図の（A）のような特定の支持線から上昇した時＝点Aと、（B）のように再び元の支持線に戻ってきた時＝点Bの心境の変化を探ります。

買い手（すでに買いポジションがある）、売り手（すでに売りポジションがある）、傍観者1（早く売ってしまった者）、傍観者2（何もしていない者）それぞれがどのような心理になるでしょうか。

買い手：点Aでは「もっと買っておけば」と考え、点Bでは買い増しをしたい

売り手：点Aでは判断が間違っていたと考え、点Bでは買い戻し、売りポジションを解消したい
傍観者1：点Aでは早く売ったのは間違いだったと考え、点Bでは再び買い戻したい
傍観者2：点Aで上昇に気付き、点Bのような押し目で買いたい

以上のように、支持線付近では、4グループ全ての市場参加者に「買いたい」と思わせる心理が働くのです。もちろんすべてのケースに当てはまる訳ではありませんが、納得感のある心理描写です。

テクニカル分析の基本中の基本が〝トレンドライン〟

そして、支持線や抵抗線の他に重要なのが、トレンドラインです。

例えば、上昇トレンドが継続している時に、切り上がっていく安値の部分をつなげて描かれた上昇する直線が、上昇トレンドの場合のトレンドラインです。

ただし、注意点として、1回、2回、3回とトレンドラインに触れて反発しているかどうかを確認することが、トレンドラインの有効性を確認するために重要だということです。そして、このトレンドラインがブレイクされた場合、上昇トレンドだった動きが横ばいになるか、もしくは下落になるサインとなるわけです。

つまり、綺麗なトレンドラインが見られた時にもしブレイクされたら、良くても横ばいか、それ以下になる可能性があるということです。

同書にも述べられているのですが、テクニカル分析が学者などから根拠がないと言われる理由の一つに、同じチャートを見たとしても、強気か、弱気かといった解釈の仕方がアナリスト同士でも一致することがあまりないということが挙げられます。しかし、移動平均のトレンドシグナルに関しては、食い違うことが少ないと言われます。

テクニカル分析の中でも万能な〝移動平均〟

移動平均は、あらゆるテクニカル分析手法の中でも最も万能で広く利用されているものの一つです。一言で言えば、ある期間のデータの平均値を割り出したものです。最も広く使用され、同書でも重要視されるのが単純移動平均です。

短期の移動平均ほど、価格感応度が高いため早くシグナルが出る一方で、ダマシも発生してしまいます。一方、長期の移動平均だと、ダマシは発生しなくなりますが、シグナルの点灯が遅くなる、というトレードオフの関係にあります。

そのため、2本の移動平均を使用する二重交差メソッドが基本です。短期の移動平均が長期の移動平均を上回ったときに出る「買いシグナル（ゴールデンクロスとも言います）」、その逆の動きが「売りシグナル（デッドクロス）」です。

〝移動平均〟の強みは、相場に上昇または下落のトレンドが発生している期間に発揮されます。横ばいの期間はあまり役に立ちません。そのような状況でより優秀な成績を残すのが、オシレーターです。

「買われすぎ」や「売られすぎ」を示す分析手法〝オシレーター〟

オシレーターは基本的なトレンド分析を補うものとして、買われすぎや、売られすぎといった短期の行きすぎを知らせてくれます。チャートの下部に表示されたバンドが、上限や下限に到達したときは、現在の値動きが行きすぎだと解釈できます。また、中心線（ゼロライン）と交差する動きは、重要なシグナルです。

ＲＳＩ（相対力指数）は、非常になじみ深いオシレーターの一つであり、０から１００の値をとります。一般的には70以上は買われすぎ、30以下は売られすぎを表します。上昇相場では、80以上は買われすぎ水準、下落相場では20以下が売られすぎ水準とみなします。より詳しく学びたい方は『ワイルダーのテクニカル分析入門――オシレーターの売買シグナルによるトレード実践法』（著：J・ウエルズ・ワイルダー・ジュニア／パンローリング）がおすすめです。

予測ではなく、現況を把握するために

テクニカル分析は「予測（フォーキャスト）」をするためのものと思われがちですが、同書ではどれだけもっともらしい理由をつけても未来の予測はできないと認めています。それはファンダメンタルズ分析等も同様です。それよりも、現況の把握（ナウキャスト）の方が重要なのです。

またテクニカル分析は、一種の芸術的なものという捉え方もできるでしょう。複数の法則が当てはまる場合や、人によって見方が変わること、時間軸を変えることによって違う法則が当てはまってくるということもあり得ます。

こういった点が、テクニカル分析の特徴と言えるでしょう。非常に感覚的な部分もあり、杓子定規なルールだけでなく、幅広い分析に関する話題を網羅している一冊です。

同書は、基礎的な内容から順序立てて解説しており、初心者から上級者まで利用できると思います。情報量が非常に多いので、何度も読み返したくなるような一冊です。個別株に挑戦したいと思っ

ている方は必読です。

22冊目

新装版　私は株で200万ドル儲けた ブレイクアウト売買法の元祖「ボックス理論」の生い立ち

ボックス理論の元祖！
プロダンサーから投資のプロへ！

著：ニコラス・ダーバス　監修：長尾慎太郎
訳：飯田恒夫／パンローリング

この本の主人公、ニコラス・ダーバスは、元々株について何も知らないプロのダンサーでした。彼が株式市場で成功を収める物語が描かれています。彼が市場の変動に一喜一憂する心理描写、そして全くの素人から一流の投資家へと成長するまでの考え方の変化を、読者が追体験できるのが非常に魅力的な部分です。さらに、ダーバスは「ボックス理論」という投資のテクニカル分析の手法を発案した人物でもあります。

テクノファンダメンタリスト理論

ダーバスはファンダメンタルズ分析とテクニカル分析を融合したテクノファンダメンタリスト理論を開発し、一貫して利益を出すようになりました。この理論を確立した直後、彼は2年間の世界ツアーに出発します。50年以上前の書籍で、当時の状況を考えると、インターネットや一般的な国際電話は存在せず、ダーバスはブローカーとの連絡を電報で行っていました。文字数制限により、彼はブローカーに対して必要最低限の情報だけを教えてもらうように指示していました。それは特定の銘柄の1日の高値、安値、終値、そして市場全体の流れだけでした。週刊誌は4日遅れで調べることができました。

しかし、それだけの情報で投資を行っても、彼の資産は順調に増え続け、最終的には200万ドルまで到達しました。この当時に、彼はボックス理論を開発し、トレードの要点を掴んでいきました。

ボックス理論とは

ボックス理論は、株価が最高値と最低値の間で行き来するという考え方です。この範囲をボックス

ボックス理論とは

出典：「新装版 私は株で200万ドル儲けた ブレイクアウト売買法の元祖『ボックス理論』の生い立ち」を参考に著者が作成

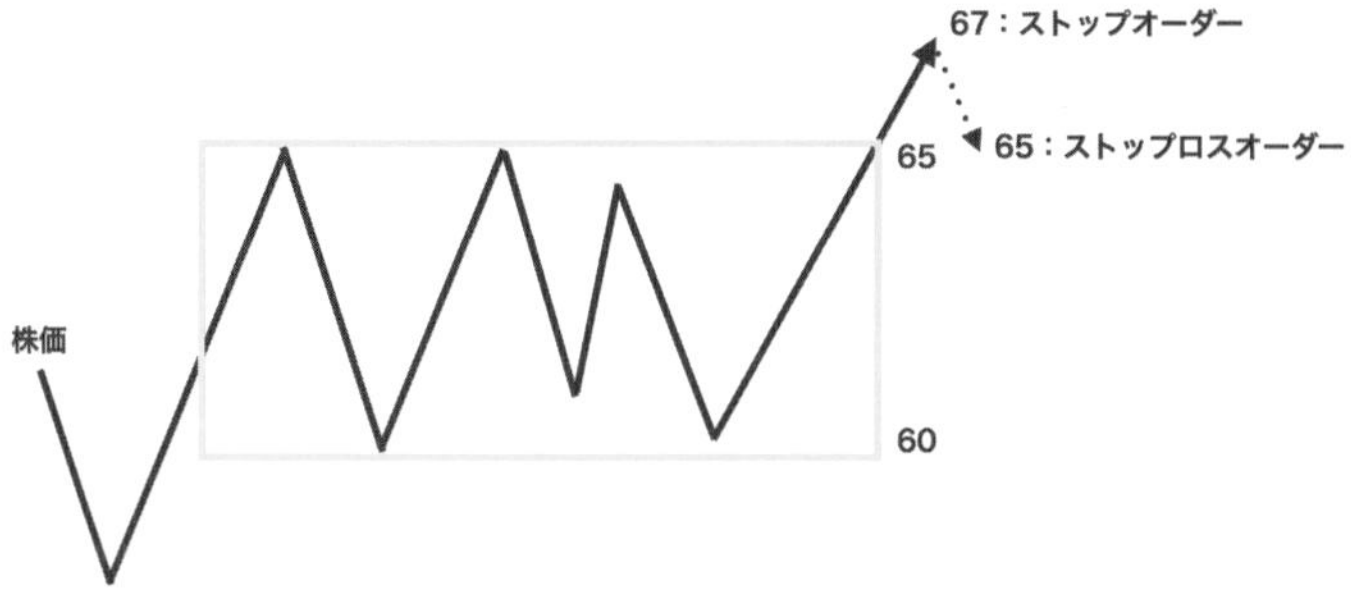

と定義し、株価がボックス内で活発に動くことを好みます。株価がボックスの上限を突破した場合、それは買い時であり、下限を突破した場合、それは売り時と定義します。上限を突破すれば、その上に新たなボックスを形成します。

彼の電報には、ボックスに基づいてどこにストップオーダーとストップロスオーダーを設定するかの指示だけが含まれていました。たとえば、60ドルから65ドルの間で株価が動いているとすれば、67ドルまで上昇した場合、逆指値注文を利用して購入し、もし、65ドルまで下落した場合、ストップロスオーダーを使用して最小限の損失で売却するといった具体的な指示が送られていました。結果は約50％の確率で決まりますが、「損小利大」の原則に従っています。つまり、損切りは小さく、利益は大きく取るという形です。これは株取引における理想的なシナリオであり、損切りが心理的に難しい場合でこそ機能します。勝率が50％以下であっても、勝ちを大きく取り、負けは小さく抑えるという戦略は非常に有効でした。

ダーバスが電報だけで投資指示を行い、資産を順調に増やしていった様子は驚異的です。

過剰な情報はノイズに過ぎない

世界ツアーの2年間を終え、ニューヨークに戻ったダーバスは大失敗を犯します。彼は再び投資を始めますが、初期の挫折を再び体験します。何がその失敗の原因だったのでしょうか？

市場の噂、ブローカーからの情報、他人の動向に気を取られるなど、心的な混乱がダーバスの行動に影響を及ぼします。世界ツアー中に発揮していた独自の直感や独立した精神、自己信念は次第に失われ、他人の動きに迎合した結果、一連の失敗を招き、資産を減少させてしまいます。このストーリーの皮肉な点として、彼が限られた情報だけでトレードしていた時期には勝ち続ける一方で、情報が氾濫するニューヨークに戻った途端、結果が振るわなくなったという事実があります。ウォーレン・バフェットも、市場の情報をノイズと認識し、オマハに住み続けています。ダーバスが成功していたとき、彼は信じる銘柄だけの情報を送るようにブローカーに指示していました。しかし、ニューヨークに移住したとたん、彼が必要とする情報だけでなく、ほかの情報が波のように押し寄せてきました。その結果、不要な情報まで頭に詰め込むことになったのです。

ここから学べる教訓は、「自分が必要とする情報を見極める」こと、そしてそれ以外の情報は全てノイズとして排除するという心構えが投資において重要であるということです。現代では、スマートフォンがあれば大抵の情報は手軽に手に入ります。さらに、SNSなどでは望まない情報まで流れ込んできます。ダーバスの教訓、すなわち情報は選んで取り入れるべきだという考えは、ダーバスの時代以上に情報が氾濫する現代こそ、大事にすべきです。

著者が市場の波に一喜一憂する描写は読者の共感を呼びます。また、彼自身の思考の変化も興味深いです。初期の素人っぽさから、徐々に洗練された投資家へと成長する過程は、初心者だけでなく、中級者や上級者にも学びのある内容です。

何十年も読み継がれる本には普遍的な魅力があります。その中でも、ダーバスが試行錯誤を重ねながら成功へとつなげていった過程が特に重要です。この本は、自らの意思とスタイルを貫き、困難を乗り越える彼の意志力と努力を反映しています。「株の勉強っておもしろいんだな」と感じ始めた人々にとって、この本は刺激的な一冊でしょう。

23
冊目

ウォール街のモメンタムウォーカー

著：ゲイリー・アントナッチ　監修：長尾慎太郎　訳：山下恵美子／パンローリング

インデックスを上回る？超シンプルなモメンタム投資術とは

「モメンタム」は最上位のアノマリーとされ、信頼性を持つ唯一のアノマリーとも言われています。

そもそもアノマリーとは何だったかというと、理論的には説明が難しいものの、経験的に観測できる市場の規則性のことを指します。その中で、モメンタムは「良好な状態が継続する」、もしくは「悪い状態がさらに悪化する」というパフォーマンスの継続性を指します。

これをシンプルに言えば、順張りの考え方とも解釈できます。日本では逆張りを好む人が多く、下落中の銘柄を買おうとする投資家も少なくありません。しかし、モメンタム投資は逆のアプローチを取ります。つまり、現在価格が上昇しているからこそ、さらに上昇する可能性があると考え、それに投資します。

伝説的な投資家、ウィリアム・オニールのモットー「強いものを買い、弱いものを売る」は、モメンタムの考え方をそのまま持ってきたような考え方であるということが同書でも言われていました。このモメンタムというのは、結局のところテクニカル分析の一種ではあるのですが、その結論は非常にシンプルな考え方に至ります。それ故に、ファンダメンタルズ分析派の人々も知っておくべきだと考えます。

ディスポジション効果

なぜモメンタムが働くのかという理由には諸説ありますが、その1つに「ディスポジション効果」があります。これは、投資家は利益を確保したがるために勝ちトレードを早く手仕舞いし過ぎ、損失を取り戻すために負けトレードには長くしがみつく傾向があることを言います。

これは、ニュースを過小評価することにつながると指摘します。つまり、下降中によい材料が出ると、早まった売りにより、適正価格にまで上昇するのを遅らせます。逆に上昇中に悪い材料が出ても、簡単に売りたがらないため、すぐには下落しません。その結果、トレンドを継続するのです。

2種のモメンタムの長所を組み合わせた「GEM」とは

デュアルモメンタム投資は、同書で紹介された複数のモメンタム指標それぞれの得意分野を活かし、弱点を補完した投資戦略であり、「GEM（グローバル・エクイティ・モメンタム）」として紹介されています。これも非常にシンプルな方法です。

まずは、米国株と非米国株のインデックスを比較し、パフォーマンスが高い方を選びます。これは相対モメンタムの原理を利用しています。次に、選択された方とTビル（米国短期国債）を比較し、パフォーマンスが高い方を選びます。これは絶対モメンタムの原理を利用しています。これらの手法を組み合わせることで、「デュアルモメンタム」戦略が生まれます。デュアルモメンタムを採用した場合の、年次リターン、リスク（標準偏差）、シャープレシオ、最大ドローダウンのパフォーマンスはP167の下の図のようになります。

年次リターン、年次シャープレシオ、最大ドローダウンの項目において、最もよい成績を残しました。年次標準偏差（リスク）は振れ幅の大きさを示しますが、ACWI＋AGG（ACWIが70％、AGGが30％）のポートフォリオにわずかに劣る第3位です。よってリスクに対してどれだけリターンを見

グローバル・エクイティ・モメンタムとは

出典：「ウォール街のモメンタムウォーカー」（著者が一部改変）

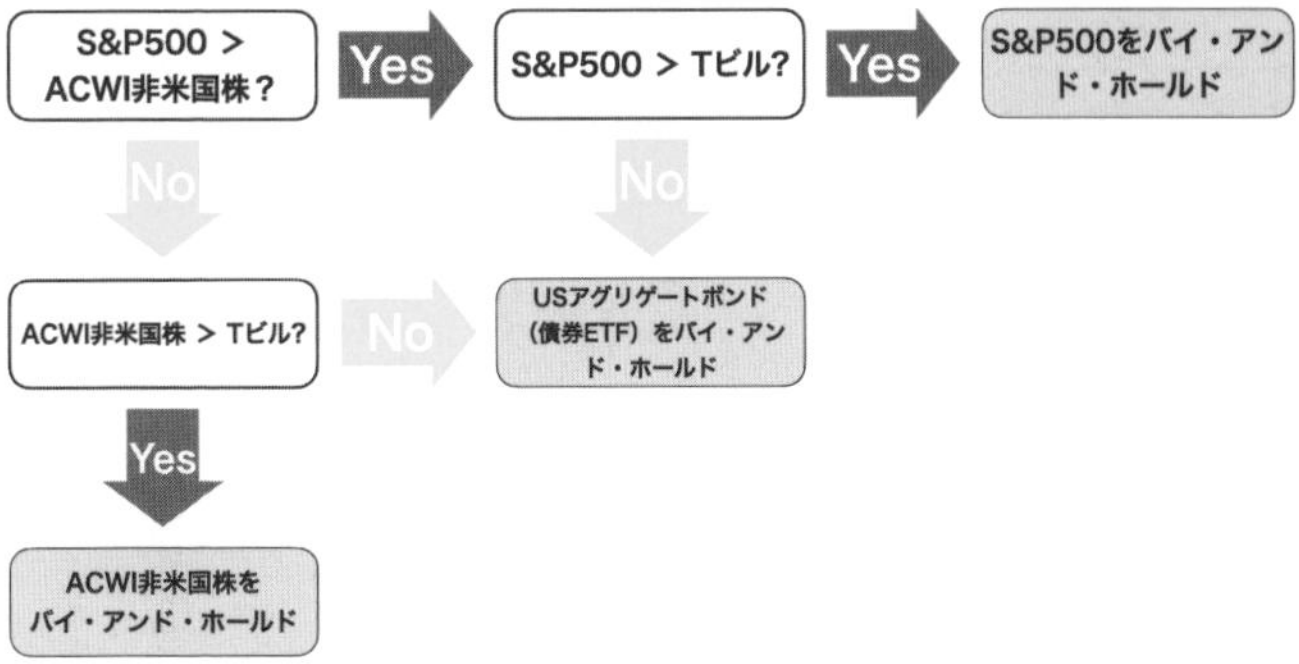

各投資手法のパフォーマンス比較

出典：「ウォール街のモメンタムウォーカー」（著者が一部改変）

各投資手法のパフォーマンス比較（1974〜2013年）

	GEM	相対モメンタム	絶対モメンタム	S&P500	ACWI	ACWI+AGG
年次リターン	17.43	14.41	12.66	12.34	8.85	8.59
年次標準偏差	12.64	16.2	11.93	15.59	15.56	11.37
年次シャープレシオ	0.87	0.52	0.57	0.42	0.22	0.28
最大ドローダウン	-22.72	-53.06	-23.76	-50.95	-60.21	-45.74

込むことができるかを示す指標であるシャープレシオではダントツです。そして、この1974年から2013年10月までのバックテストの結果に基づくと、「グローバル・エクイティ・モメンタム」のポートフォリオ内での保有期間の比率はS&P500が41%、ACWI非米国株が29%、そしてアグリゲートボンド（短期債）が30%となりました。

毎回銘柄を入れ替えるとなると、手数料がかかるのではないかと思われるかもしれません。また、初めから分散投資を行い、無闇に銘柄を入れ替えない方が、手数料の面で有利ではないかと思う方もいらっしゃるかもしれません。しかし、このテストの結果によれば、銘柄の入れ替え回数は年平均1.35回にすぎず、これはほぼ無視できる手数料水準だと言えます。このモメンタム投資とは、行動経済学に基づいた心理バイアスが作り出すもので、これらのバイアスは人間の心理として簡単には変わるものではないため、たとえこの投資法が広く知られるようになったとしても、その効果が失われることはありません。多くの人が突如としてモメンタム投資に目覚め、全員が熱心なモメンタム投資家になるとも思えない、と書かれており、実際に行動するのは少数派だと考えられます。

モメンタムの基礎理解に最適な一冊

モメンタム投資の考え方自体が比較的新しいため、『ウォール街のランダム・ウォーカー』（P33）

のようなロングセラーの名著が存在するわけではないのですが、モメンタム投資に関してはこの本が非常に素晴らしいと思いました。専門的な内容が多く、モメンタム投資だけでなく、投資全般の幅広い歴史や現代ポートフォリオ理論、スマートベータなど、多様なトピックが網羅されていて、大変学びになります。

インデックスファンドを積み立てる投資家だとしても、絶対モメンタムの概念を利用すれば、追加で一括投資を行う場合などのタイミングの参考になると思います。

24
冊目

「恐怖で買って、強欲で売る」短期売買法 人間の心理に基づいた永遠に機能する戦略

バフェットの短期売買版！
恐怖と強欲がエッジを生み出す

著：ローレンス・A・コナーズ　監修：長岡半太郎
訳：山口雅裕／パンローリング

同書の手法が「ウォーレン・バフェットの短期売買版」と言われる理由は、バフェットの投資哲学「他人が強欲になっているときに恐れ、他人が恐れているときに強欲になる」という点が共通するためです。バフェットはこの哲学を長期投資に適用していますが、同書ではそれを短期のトレードに応用しています。

「市場で恐怖が高まったときにシステム化・定量化された方法で買うのは市場に存在する数少ない

エッジのひとつ」と言われています。これは、恐怖という感情が人間に生まれつき備わっており、脳の知的な部分より優位に働くことで効果を発揮します。同書では、その「恐怖」や、FOMO（Fear of Missing Out：機会損失への恐れ）が市場に広がった際の、システマティックなトレード手法が紹介されています。

RSIパワーゾーン戦略

RSI（相対力指数）とは、そもそもオシレーター系のテクニカル指標の一つで、相場の買われすぎや、売られすぎを判断するための指標です。一般的な投資分析ツールでも使うことができ、70〜80%は買われすぎ、20〜30%は売られすぎと判断されていますね。

それでは、RSIパワーゾーンのルールに移ります。

1 SPY（SPDR S&P500 ETF）はその200日単純移動平均線を上回っている。これによって、より長期の上昇トレンド途上にあると特定できる

2 SPYの4期間RSIは30を下回って引けた際に、大引けにSPYを買う

3 ポジションを取っているときに4期間RSIが25を下回って引けたら、2回目に同じ口数を買

RSIパワーゾーン戦略とは

出典：「『恐怖で買って、強欲で売る』短期売買法 人間の心理に基づいた永遠に機能する戦略」を参考に著者が作成

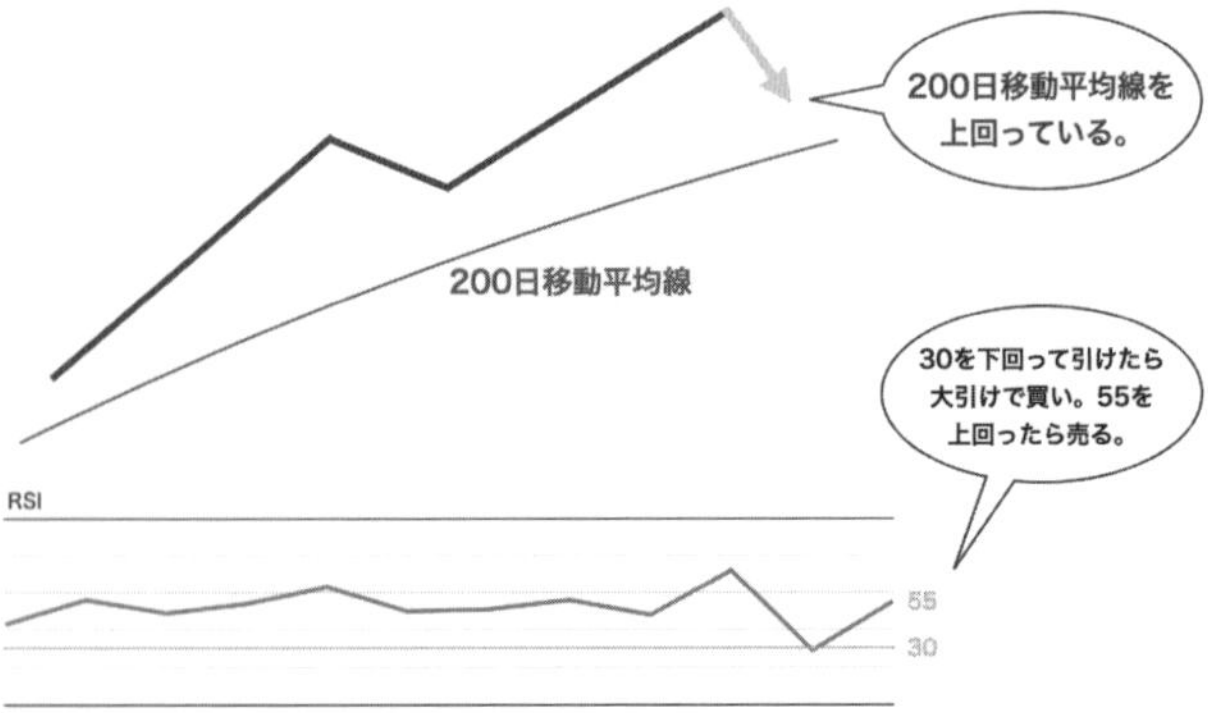

う。これは要するに、通常はより安値でポジションを2倍にするということ

4 4期間RSIが55を上回って引けたときに売る

RSIパワーゾーンを30に設定してSPYを買い、25を下回ったときにポジションを2倍にした場合の1993~2017年の検証では、勝率90・59%、1トレード当たり平均利益率1・73%という結果を出しました。

凄まじい勝率ですよね。基本的に長期的な強気相場が続いている中で、市場が一時的な恐怖に襲われた際に利益を得る方法と言えます。

また、同書ではSPYによる実験がされていましたが、日経平均の先物取引などでも、買い、売りともに同様の結果を得られるのかを確認したところ、やはり近い結果を得られると感じました。RSIを

4期間に設定することで、ある程度頻繁にチャンスがあります。200日移動平均線の条件を満たしている時期には、月に一回、もしくは二回程度、機会が訪れる月もあります。そして、大抵の場合、その条件が揃う前には何らかのニュースが出ているという定性的な指標もあります。著者はむしろニュースがないのにシグナルが点灯すると不安になっていたと言います。ニュースがあれば、人々の恐怖心や強欲は大きくなるのです。

また、200日移動平均線を下回っていると、やはりうまくいきませんでした。シンプルながら、200日移動平均線は同書のトレンド分析の肝だと感じます。

同書ではポール・チューダー・ジョーンズが、アンソニー・ロビンズ著『世界のエリート投資家は何を見て動くのか』『世界のエリート投資家は何を考えているのか』（P339）で語った「私が見るものすべての測定基準は終値の200日移動平均線だ」という言葉も紹介されていました。逆にいえば、これだけの勝率を誇るRSIパワーゾーン戦略でも、200日移動平均線を超えていなければ、これほどの勝率ではなかったと考えられます。それほどの影響を及ぼす200日移動平均線の重要性は、中長期の投資においても参考になるのではないでしょうか。

恐怖と強欲の高まりを利用するTPS戦略

RSIパワーゾーン戦略をベースにした応用版がTPS戦略です。TPSとは、タイム（時間）、プライス（価格）、スケールイン（分割での買い下がり、分割での売り上がり）の頭文字を取った言葉です。

ロング戦略は次の通りです。

1 ETFが200日単純移動平均線を上回る
2 2期間RSIが2日連続で25を下回った場合、大引け時に取る予定のポジションの10%分を買う
3 大引けで価格が最初の仕掛け値よりも下がっていれば、さらに20%分を買う
4 大引けで価格が前の仕掛け値よりも下がっていれば、さらに30%分を買う
5 大引けで価格が前の仕掛け値よりも下がっていれば、さらに40%分を買う
6 2期間RSIが70以上になったらポジションを手仕舞う

ただし、大引け時に200日移動平均線を下回っている場合は、新たな買いポジションは取りません。どんどん増し玉していくことをスケールインと呼びます。

このＴＰＳ戦略でも、買い（買い下がり　１／２／３／４）で、トレード数２１１で、勝率94・79％を叩き出しています。そして、ショート戦略はロング戦略の逆を実行することで効果を発揮します。つまり、２００日移動平均線を下回っているときに、２期間ＲＳＩが２日連続で75を上回っていたら10％の空売りから始まります。

恐怖と強欲の両面から、市場の優位性（エッジ）を生み出すことで、高い勝率を実現することができます。

誰が自分の反対側にいるのかを考える

これは投資における最重要項目の一つかもしれません。シグナルが点灯し、自分が買い向かうときには、その反対側にいる人には〝恐れていてほしい〟のです。

バフェットの「他人が強欲になっているときに恐れて、他人が恐れているときに強欲になるように」という哲学も、人間の行動が不合理であることにエッジを見出しているものといえます。

そんな行動ファイナンスの観点を、定量分析に落とし込んだ同書の手法は、新時代の名著として相応しい内容と言えるでしょう。

25冊目

世紀の相場師ジェシー・リバモア

悲劇の天才相場師の投資の鉄則とは

著：リチャード・スミッテン　訳：藤本直／KADOKAWA

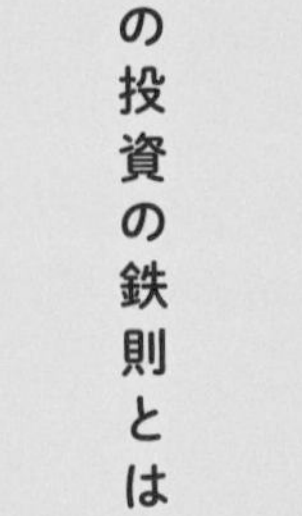

ジェシー・リバモアは、ウォール街の〝グレートベア〟という異名を持つほど、世界恐慌時に巨額の空売りを行い、巨額の利益を上げたことで知られていますが、そんな彼の伝記のような一冊です。また、何度も破産と復活を繰り返す波乱万丈な人生や、人間関係なども綴られていますが、この項では、彼の取引手法をメインに、要諦として、「タイミング」、「資金管理」、「感情の制御」の3点を、詳細にまとめていきます。

1――タイミングが全て

相場師にとって、タイミングは全てと言ってもいいものです。巨大な利益は座して待ちながら、チャンスが来た「瞬間に」売買注文を入れます。先行きを期待したり予測したりするのではなく、じっくり待ち、現実の動きを確認してから、試し玉から始めるのがリバモア流です。

「新高値」は彼にとって「つねに福音」だったと言います。買いに入るのに高すぎるということもなければ、空売りするのに安すぎるということもないという記載にも表れています。

新高値をつけトレンドが確認できたら、リバモアはすぐに乗り、増し玉をしながら利益を徹底的に伸ばしていきます。新高値をブレイクしたら投資をする手法は、現代でも有名な手法の一つです。それが100年ほど前に確立されていたということには驚きを隠せませんね。

ピボタル・ポイント理論

リバモアの投資テクニックの根幹とも語られたのが「ピボタル・ポイント理論」です。これは、「リバーサル・ピボタル・ポイント（RPP）」と「コンティニュエーション・ピボタル・ポイント（C

PP）」の2つがあります。

RPPは、トレンドの明確な方向転換であり、彼にとって最高条件の取引タイミングです。上昇相場ならここで上げ止まり、下落相場ならここで下げ止まるポイントです。このポイントでは買い手と売り手の激しいせめぎ合いによって、しばしば出来高平均の100～500％増という規模に達します。

CPPは、一定方向のトレンドを保ちながら、相場が一時的に反発するポイントです。このポイントは、第2の好機と言え、まだ取引を開始していない場合は新規で取引を開始し、すでにポジションを持っている場合は、取引規模を増大させるチャンスでもあります。トレンドの「ダメ押し」的な意味を持ち、その後トレンドが継続する可能性が高いポイントであるため、リバモアは通常以上の資金を投入します。

以上がピボタル・ポイント理論の概要ですが、やはり実践となると、いかにそのポイントに近いタイミングで動き出せるか、が勝負になるでしょう。完璧にピークをとらえるのは、いわば「神様トレード」です。リバモアは「5％ないし、10％も変動した後となると、遅過ぎの感は否めない」と考えており、この水準は現代のトレーダーの感覚にも近い水準ではないかと考えられます。個人的には、アマチュア投資家であれば15％程度以内が1つの現実的な目安ではないかと思います。

また、「一日逆転のポイント（ワン・デー・リバーサル）」が察知されたら危険信号と捉え、撤退する

「勇気」も必要だと述べています。このポイントは、価格の瞬間風速は前日の高値を凌駕しながらも、その日の引け近くには前日の安値を下回る水準で引けるという動きです。出来高は前日の商いを上回ります。

これは、テクニカル分析における、「包み線」であり、現代でも相場参加者の心理を表す代表的な「売り時」指標の一つです。

2——資金管理について トレンドに従い、試し玉から投入

資金管理の法則その一が「金・資金を失うな」です。現金のない相場師は、在庫のない商店と同じであり、絶対に一定資金を守ることが鉄則です。

そのため、RPPのようなチャンスが訪れたと思っても、リバモアはすぐに全力投球することはありません。真の転換点になるかどうかを確認するためには、まず資金の20％を当て、2回、3回と、20％ずつを投入します。利益が乗り、トレンドの方向性に間違いがないと確認できたら、最後の40％を投入します。これは、空売りから入る場合も同様です。

当然、思惑が外れ、逆方向に動けば、追加の投入は行いません。決して、トレンドに逆らった押し目買いや、戻り売り、ナンピンを行わないのが、彼の絶対ルールです。

バケット・ショップで学んだ10%ルール

資金管理の法則その二が「取引を開始するにあたり、ターゲットを設定すること」です。これは、購入数、どのように資金を分割するか、目標株価、損切りラインのことです。

特に、「10%以上のマイナスは抱え込むべきではない」、というルールは肝に銘じるべきです。これは、リバモアが投機家としてのキャリアのスタート時に学んだルールです。

彼は14歳で親元を離れ、株式取引を行う店でチョークボーイとしてキャリアをスタートさせています。彼は株価を黒板に書き込む仕事をしながら、ボスの「重要なのは、ティッカーが伝える情報だけだ」という言葉に学び、値動きの規則性を研究していました。

15歳の頃には自ら取引も始め、バケット・ショップ（株価掲示板などがあり一見株式ブローカーと見間違うほどの呑み屋。〝取引〟や〝記帳〟はあっても資金は証券取引所に届かず、実際の株取引ではなかった）で大きな利益を上げることができました。

バケット・ショップでは、仮想〝持ち株〟が10%値下がりすれば強制的にゲーム終了となり、払い込んだ資金が全て店のものになるというルールがありました。それでも、当時は、リバモアのような元手の少ない一般市民が真剣勝負できるのは、この手のバケット・ショップだけだったようです。

バケット・ショップでの取引で作った元手と相場理論を引っ提げて、ウォール街に乗り込みましたが、半年で全てを失ってしまいます。

バケット・ショップではうまくいき、ウォール街では勝てなかった理由には、取引の注文から成立までの時差などもありましたが、バケット・ショップの「10%強制ロスカットルール」がかえって好都合だったこともありました。

この経験が、素早く損切りを行う彼のスタイルの根幹にあるのではないかと考えられます。

「タイム・イズ・マネー」は間違いである

資金管理の法則その三が「常に予備の現金を確保せよ」です。賢明な相場師は忍耐の意味を知り、常に予備の現金を用意します。チャンスは、逃してしまったと思っても、また別のチャンスが訪れるためです。

どうしても我々は、持っている資金全てに常に意味を持たせたくなってしまいますが、彼に言わせればその意識こそが大敵と言います。

同様に、「タイム・イズ・マネー」も彼には間違いなのです。私もファイナンスを学び「貨幣の時間価値」が体にしみ付いているため、現金を遊ばせることはあまり良くないことだと考えがちだったので、「時間は時間、金は金」という彼の言葉は特に響きました。「休むも相場」という格言がありますが、彼も「全く休みなく相場に張り付くという姿勢は感心しない」と言い、ときには市場から離れていました。大好きな沖釣りに興じることもあったようです。

成功のためには決して急いではならず、資金を遊ばせる時期を設ける必要があるのだと言います。それに我慢できないうちは、彼のいう「忍耐」を理解できていないのかもしれません。

順風下で、思い切り走らせる

資金管理の法則その四が「あわてて利確をしない」です。「勝ち銘柄は、全ての要因が順風下にある限り、そのまま動きに任せる」という、利益を最大限に伸ばす投資スタイルでした。

とはいえ、「思いつきで購入した株を永久に保有するという手法と混同してはならない」のです。この世の全て、不変なものはないため、ただ先を楽しみに保有してはならないと言います。ただし、地力のある株を手にしたら、危険シグナルが点灯するまで思い切り走らせろと述べています。

弾丸を確保する

資金管理の法則その五が、「十分な成果を得たら、現金化」です。法則その四と一見矛盾しているように聞こえるかもしれませんが、これは法則その三に近く、「弾丸の確保」のための意味合いです。特に投入資金の2倍になるまで資金規模が膨らんだ場合、半額を銀行口座に戻すなど、取り分けることを勧めています。カジノで幸運が続いたときの賢い法則でもあります。

以上、5つの資金管理の法則は、彼が若い頃から失敗を重ねながらも確立した、珠玉の法則と言えるでしょう。

3――感情の制御について
自らに合った手法を考案し、ルールに従うこと

リバモアは、株取引において、感情を制御することは最も重要だと語ります。取引に関わる辞書から「希望」という文字を排除せよと説き、希望を持ちながら行う取引は「ギャンブル」に過ぎないと言います。

また、自分なりの取引手法に忠実に従い、やり方をコロコロ変えたり、他人の忠告に耳を貸したり

してはいけないと言います。このルールも、リバモア自身が自らのルールを破ってしまった経験から来ています。ウォーレン・バフェットや、ニコラス・ダーバスの考え方と近いものを感じました。

叩き上げの相場師が身につけた、珠玉の相場論

およそ100年近く前に活躍したトレーダーの話なのですが、新高値ブレイク法、トレンドフォロー、5つの資金管理の法則、そして心理との付き合い方など、現代のトレードテクニックの源流にもなっているのかと思えるほどの内容です。

巻末には、投資の鉄則が簡潔にまとめられているのも、本として便利で、さらに詳細を読みたいと思えば、その臨場感を本文から感じ取ることができます。読み物としてもおもしろく、ぜひ本棚に置いておきたい一冊です。

26冊目

ザ・トレーディング――心理分析・トレード戦略・リスク管理・記録管理

著：アレキサンダー・エルダー　訳：福井強／FPO

トレーディングの大原則！
勝てる投資家が守っている4つのMとは

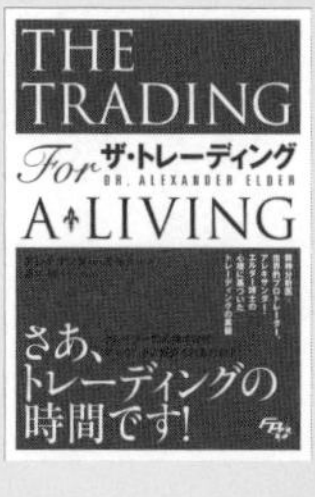

同書は、2000年に刊行され、世界中のトレーダーに読み継がれてきた『投資苑』を加筆・改訂したものです。旧『投資苑』とも読み比べてみると、明らかに読みやすくなった印象です。著者、アレキサンダー・エルダー博士の精神分析医としての背景が、トレーディングの精神コントロールに関する部分で特に活きています。

トレーディングで成功するための3本柱が、「心理分析（Mind）」、「トレード戦略（Method）」、「リスク管理（Money）」の3つで、それをまとめるのが「記録管理（Management）」です。この4Mは、同書の柱と言える内容です。

心理分析

もしあなたがマーケットで負けているならば、「損をしている理由を、あなた自身の内なる問題と認めたときに、新たなトレーディング人生を築き始めることができる」との指摘があります。

また、「失敗したいという無意識の欲求」という章は、時間をかけてじわじわと響いてきたフレーズです。はじめは意味が分かりませんでした。投資だけでなく事業などでも、人が失敗するのは、運が悪かったり能力が欠けていたりするのではなく、無意識で失敗したいと考えているからだ、というのですから。

わざわざ失敗したい人などいるはずないと思ったのですが、同書全体を読みながら、一つのイメージが浮かび上がってきました。

多くのトレーダーの中には、トレーディングそのものから、娯楽的な楽しみを得ている人も少なくありません。その姿はまるでパチンコ店に通う債務者と変わりないようです。この辺りはぜひ精神分析医である著者による本文を読んでいただきたいのですが、そんな彼らが求めているのは、トレードで勝つことではなく、スリルを得るため、ではないでしょうか。深層心理的には、損失への恐れが薄れているのかもしれません。

そんなトレーダーたちは、面倒で退屈なトレード記録などを行うはずもなく「損失」という代償を払います。勝つことができるのは、トレードを娯楽ではなく「ビジネス」と捉え、地道な分析を行なった者だけだということを実感させられました。

トレード戦略

同書では、大きく3グループのテクニカル指標（トレンド系、転換点を見つけるオシレーター系、多種多様なその他）や、トレーディング戦略が紹介されています。

- トレンド系：移動平均、MACDライン、DMIなど
- オシレーター系：MACDヒストグラム、勢力指数、ストキャスティクス、RSIなど
- その他：新高値・新安値指数、プット・コールレシオ、強気のコンセンサスなど

こうしたテクニカル指標の表面的な使い方だけでなく、その裏にある本質的な意味を、ユニークに

解説している点は特筆すべきです。

例えば、移動平均線の場合は、その意味や、「期間の異なる2本を使う」という方法などは一般的かと思いますが、その2本の中間に「本質的な価値」が存在するという点です。そこを「バリューゾーン」と呼んでいます。

本質的価値の議論は、ファンダメンタルズ分析の専売特許かと思っていましたので、テクニカル分析で聞くとは思いませんでした。またその2本の間をバリューゾーンとして意識すると、ゾーンへの出入りで売買の機会を探るという、新たな視点を得られました。

リスク管理――2%ルール、6%ルール

リスク管理において最も重要な資金管理の法則は、2%ルールです。これは、トレードがもたらす1回あたりの最大損失を、資金の2%以内に抑えるべきという法則です。これを聞いて読者の皆様はどう感じたでしょうか。自分のトレードに照らし合わせて考えてみてください。私は、根が堅実志向なところがありますから、2%という数字は適切、あるいは少し大きいと感じました。それこそ、投資を始めたての頃は、「なけなしのお金」で投資をしていましたから、資産の2%などゆうに超える額をリスクに晒していましたが。

多くの場合、プロトレーダーほど、2％では大き過ぎるという傾向があり、アマチュアの方が、2％を物足りなく感じる傾向にあるようです。資金の絶対額の差もあるかもしれませんが、「退場しないこと」への意識の差が表れているようです。

続いて6％ルールですが、これは今月の実現損失と、トレード中のポジションのリスク額の合計が資金の6％に達したら、月末まで新規のトレードを禁ずるというルールです。2％ルールと6％ルールを守ることは、リスク管理の基盤となります。

トレーディングの辞書でありバイブル

この他にも、トリプルスクリーンをはじめとする多くのトレーディングシステム、成功する投資家に必要な7つのルール、各トレード商品の特性など、トレーディングの基本から応用までが網羅されています。初心者向けのガイドブックとしても、経験者のバイブルとしても非常に価値のある一冊です。一部難解な部分もありますが、繰り返し読むことで深い理解とスキルの向上を実感できるでしょう。

5
日目

バリュー株投資編

バリュー株投資は、本質的な価値に対して割安な銘柄を買う手法です。株価が低い株を買うという点では値下がりリスクが小さく見えるため人気の手法ですが、その価格が妥当な理由で安い「危険な」企業も含まれていることがあります。割安な株価の裏に、本当の価値が隠れているのかどうかを分析するための名著を集めました。

27 冊目

賢明なる投資家 割安株の見つけ方とバリュー投資を成功させる方法

著：ベンジャミン・グレアム　監修：土光篤洋
訳：増沢和美、新美美葉／パンローリング

ウォーレン・バフェットの人生を変えた「証券分析の父」が伝えるバリュー投資の極意

「証券分析の父」と称され、ウォーレン・バフェットの師としても知られるベンジャミン・グレアムによる同書は、ウォーレン・バフェットにとって、人生を変える一冊となりました。学生時代に出会って以来、彼は長年にわたりこの本を繰り返し読み返しているそうです。

１９４９年に初版が発行され、第４版は１９７２年に出版。その日本語版は２０００年に翻訳され、さらに２００５年には、著名な金融ジャーナリスト、ジェイソン・ツバイクによる注釈版『新賢明なる投資家（上・下）』が出版されました。この1949年に初めて出版された本が、今なお読み継がれていることは、その価値と影響力を物語っています。

初版が発行された当時、株式投資は「投機」であるという認識が一般的でした。そんな時代に書かれた同書では、「投資」と「投機」をはっきり区別しています。投資とは、「慎重な分析に基づき元本の安全性を確保しながら、適正な収益を得るような行動」。一方、投機は、市場に対するギャンブル的な要素が強く含まれる行為です。

そして、投機には「賢明な投機」と「愚かな投機」の2種類があると説明されています。「賢明な投機」とは、専門知識を持った人々によって行われる投資行為で、大きなリターンの可能性を秘めています。このような投機行為は、ベンチャー企業やスタートアップへの投資など、高リスクですが新しい技術の発展に寄与する場合もあります。このため、社会の発展のために誰かが行わなければならない重要な行動となっています。

しかし、このような投機行為を行うべきは、十分な知識と資金を持つ投資家だけであり、この行為が「賢明な投機」と称される所以です。

一方、「愚かな投機」とは、

1 投資と勘違いして行われる投機行為であり、本当の意味でのギャンブル的な行動

2 知識も技術もなく投機を行う行為。基本的にギャンブルと同じ意味合いを持っている
3 自分が許容できないリスクを負ってしまう行為

これらを踏まえ、投資行為はギャンブルではない、ということが重要です。きちんとリスクを理解し、適切な投資を行うべきだということが強調されています。

投資家の種類

投資家は「積極的投資家」と「防衛的投資家」の2つのタイプに分けられます。

「積極的投資家」とは、平均以上のリターンを目指して多くの時間と手間を投資にかける人々のことを指します。彼らはアクティブな投資を行い、詳細な分析と研究に時間をかけます。リスクを取ることもありますが、その背後にはしっかりとした教育と理解があります。

一方で「防衛的投資家」とは、失敗や損失を避けることを最優先とし、シンプルな投資戦略を採用する人々のことを指しています。

一般的な個人投資家に対しては、「防衛的投資家」であるべきだと推奨されています。

プロの投資家のように一日中個別の銘柄の分析に時間をかけることができない、またそのような専

門的な経験もないためです。多くの人々は、主要な職業を持ちながら資産運用を考えるため、慎重で堅実な「防衛的投資家」のスタンスが求められるというわけです。

防衛的投資家のアセットアロケーション

防衛的投資家のポートフォリオ作成におけるアセットアロケーションの方針は、インデックスファンドの組み合わせにも応用できます。この考え方では、ポートフォリオの25〜75%を債券に配分し、残りを株式に配分するとされています。

この25〜75%の比率は、市場の状況に応じて変動させるもので、リバランスの一環として調整を行います。非常に自信がある場合を除き、株式の割合は50%以下に抑えることが推奨されています。ただし、株式の割合が低すぎるのも、特にインフレリスクの観点から問題です。株式はインフレリスクを抑える効果があるため、一定の割合を保持するべきとされています。これらの要素を総合的に考慮すると、防衛的投資家にとっては50：50の債券と株式の配分が最もシンプルで効果的なポートフォリオとなる可能性がある、という結論が提供されています。

最も保守的な投資家の行動

また、最も保守的な人々は信託ファンドを購入しているとの記載があります。この第4版が出版されたのは1972年ですが、インデックスファンドという概念が生まれたのはそれから4年後の1976年頃とされています。

その後、ジェイソン・ツバイクによって注釈が加えられた新版では、「グレアムは晩年、ウォーレン・バフェットがそうしたように、個人投資家にとっての最高の選択肢だといってインデックスファンドを称賛している」と書かれています。

まとめると、ミスター・マーケットを無視してドルコスト平均法で買い付け、その後はリバランスに専念するのが保守的な個人投資家の最適な行動の一つと考えられるでしょう。

個別銘柄の選び方については、以下の4つのポイントが挙げられます。

1 分散投資のバランス：投資対象を10〜30銘柄に分散させることが推奨されています。一定の分散はリスクヘッジとして重要ですが、銘柄数が多すぎると管理が困難になるため、30銘柄以下に抑えるべきだとされています。

2　財務状況の重視：財務が健全な企業を選ぶべきです。具体的には、自己資本比率が50％以上の企業が望ましいとされています。しかし、安定性の高い業種である鉄道や公益事業などの場合は、30％以上の自己資本比率でも良いと考えられています。

3　配当の安定性：20年以上連続して配当を支払っている企業を選ぶことが推奨されています。このような企業は、経済状況の変動に対しても一定の利益を上げ、株主への還元を続けることができると考えられるためです。

4　適切なバリュエーション：株価が過去7年間の平均収益の25倍以内、または過去12カ月の収益の20倍以内であることが望ましいとされています。財務が健全で、長期間にわたって配当を支払っている企業であっても、株価が割高であれば投資を避けるべきだという考え方が示されています。

これらの要点をまとめると、リスク管理をしながら、「合理的な収益率で購入できる大企業株」を選ぶことが大衆向けだという結論になります。

防衛的投資家の質的・量的な7つの基準

同書の後半では、防衛的投資家向けに質的・量的な基準が挙げられています。

1 企業の適切な規模
2 十分に健全な財務状況
3 収益の安定性
4 配当歴
5 収益の伸び
6 妥当な株価収益率（PER）
7 妥当な株価純資産倍率（PBR）

企業規模に関しては、小企業は大きな可能性を秘めていますが、「防衛的投資家」の範疇には入らないとのことでした。財務状況は、流動比率を見ます。配当歴は、少なくとも過去20年において無配当の年がないことが条件です。これはさすがアメリカといった条件でしょうか。

この中で最も重要なのが、6と7です。グレアムの経験則から、株価収益率（PER）に株価純資産倍率（PBR）を掛け合わせたものが22・5以上であってはならないと書かれています。

これが有名な「ミックス係数」です。

例えば、PERが8倍、PBRが1・5倍の株なら、8×1・5＝12なので、検討に値する銘柄と言えます。22・5を下回れば買いと言えるわけではなく、あくまで割高な銘柄を除外するためのツールと言えます。

積極的投資家が持つべき安全域とは

「積極的投資家の株式銘柄選択」の章では、グレアム・ニューマン社（グレアムのヘッジファンド）の銘柄選択基準が掲載されています。

「この売買法の基本は、正味流動資産のみを考えた（つまり、工場設備を含むその他の資産は考慮に入れない）簿価よりも安い価格で買える株をなるべく多く取得することである。われわれが買い付けた銘柄のほとんどは、この『スリム化された』資産価値の、3分の2以下の価格で入手したものである」とあります。

いわゆる「ネットネット株」です。一般的に「解散価値」と言われるPBR1・0倍は、純資産＝

● **ネットネット株とは**

出典：「賢明なる投資家 割安株の見つけ方とバリュー投資を成功させる方法」を参考に著者が作成

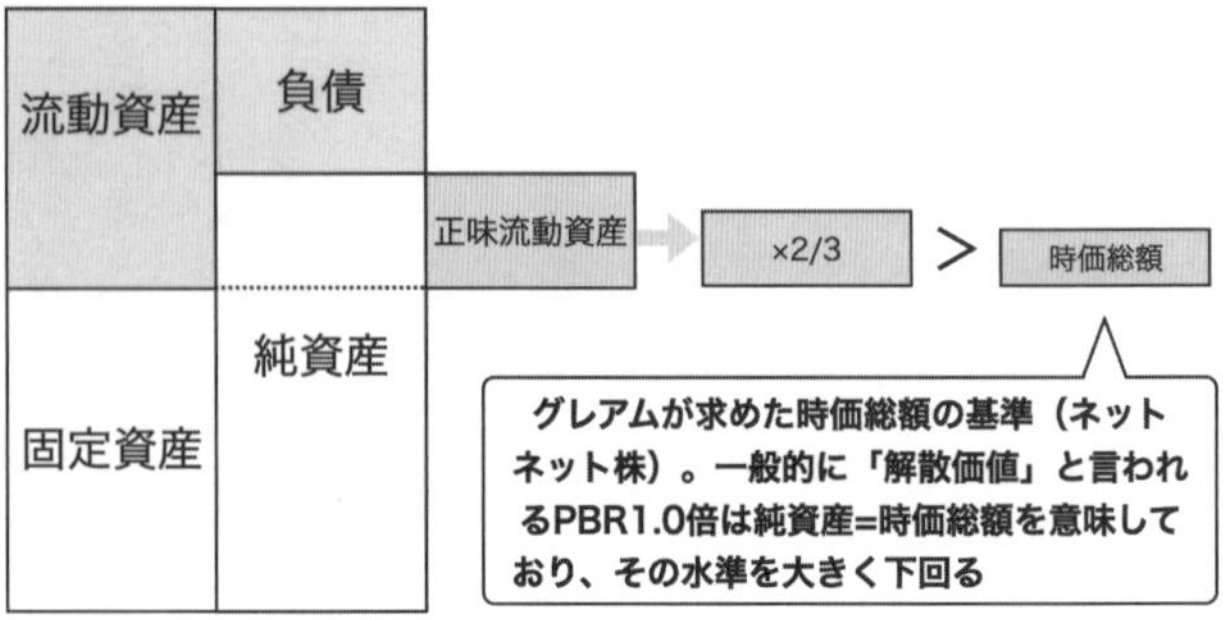
流動資産
負債
正味流動資産
×2/3
>
時価総額
純資産
固定資産
グレアムが求めた時価総額の基準（ネットネット株）。一般的に「解散価値」と言われるPBR1.0倍は純資産=時価総額を意味しており、その水準を大きく下回る

時価総額を意味しますから、その水準を大きく下回るかなり厳しい基準であることは分かります。

ただし、このようなバリュー投資には弱点がないわけではないと考えられます。実際に、バフェットの投資スタイルが徐々に変わったのも、そこに理由があると思います。あまりにも厳しい条件であるため、素晴らしい企業で、適切レベルの株価の企業を逃してしまう点が弱点でしょう。

食品を買うように株を選ぶ

「バリュー投資の父」とも称されるグレアムの代表作には、非常に厳しい目線で株を選ぶ方法が描かれています。同書では、「株は香水ではなく食品を選ぶように選べ」という言葉で、投資への態度を表現していました。企業規模、収益性、健全性、将来性、配当など、あらゆる観点から企業を精査し、仮に良い企業であっても、価格が一定の水準を超えていれば購入対象にはなりません。

この態度は、スーパーで食料品を吟味する主婦の慎重さにも似ているかもしれません。投資においては、流行りの株に飛びつくのではなく、地味な調査と分析を重ねることが重要だと強調されています。この方法は、感情や市場の波に流されず、しっかりとした価値を見極めて投資をする姿勢を養うための素晴らしい指南書となるでしょう。

28 冊目

千年投資の公理 売れ過ぎの優良企業を買う

著：パット・ドーシー　監訳：鈴木一之　訳：井田京子／パンローリング

長期優良株に欠かせない経済的な〝堀〟を見極める方法とは

ウォーレン・バフェットも用いるといわれる投資行動計画は、以下の通りです。

1 長期間にわたって平均以上の利益を上げることができる企業を探す
2 その企業の株価が本質的価値より安くなるまで待ってから買う
3 企業価値が低下するか、株価が割高になるか、さらに優れた投資先が見つかるまで、その銘柄を

保有する。保有期間は、月単位というよりも年単位で考える

4　この手順を必要に応じて繰り返す

同書は、主に「1長期間にわたって平均以上の利益を上げることができる企業を探す」に注力している本です。「何があれば、企業の縄張りに参入しようとしている賢くて資金力もあるライバル社を阻むことができるか」という疑問に答えるために「経済的な堀」についてまとめられています。「経済的な堀」は、ウォーレン・バフェットのインタビューなどでもたびたび聞かれる言葉です。敵から城を守る堀のように、競合他社からその会社の継続的な利益を守ってくれるような優位性を表しており、次の4つが挙げられています。

【①無形資産】価格決定力のあるブランド、当局の認可、分散した特許はあるか

ブランドや特許、行政の認可など。本質的にこれらは同じような機能をもたらし、市場で独自の地位を確立できることになります。

● ブランド：例として、ブランドが与える安心感や信頼感は、時により多くの対価を支払っても良

いと思わせる力があります。指輪や宝石ならば、全く同じ種類の石で同じ重さ、大きさ、色、透明度のものだとしても、ブランドの違いで価格が変わります。ブランドロゴが載せられた紙袋に入っていれば、値段が高くとも、人々はブランド物を選びます。

- 特許や認可：ライバルを抑制する行政の認可や特許は堀になる可能性が高いですが、これらは期限付きである場合がほとんどです。また、新しい特許が出たとなると、それまでの優位性が失われることもあります。よって、多くの分野に分散されたものである方が望ましいです。

【②乗り換えコスト】しつこい顧客は面倒ではなく黄金だ

顧客がライバル社の製品やサービスに切り替えるのが大変なとき、乗り換えコストの優位性があると言えます。乗り換えコストには大きく3種類があります。

- 事業と密接に関わっているもの：会社のデータベースプログラムや会社で使っている管理のソフトウエアといったものは事業と密接につながっています。企業の膨大なデータをそのプログラムに入れ込む時間や、その作業をした人件費など、多大なコストがかかっており、サンクコストがあるため入れ替えのハードルは高いです。時間や手間のコスト、さらに、入れ替えをするときにデータを打ち間違えるリスクなど、金銭面以外のコストも多くあります。

- 金銭的コストがあるもの：例えば投資信託に投資をしているとき、商品Aから商品Bに乗り換えようとすると、解約手数料がかかります。さらに、新しい商品の買付手数料もかかります。そもそも、新しいファンドマネージャーが古いファンドマネージャーよりも高いリターンを今後も出し続ける保証はありません。乗り換えすることで確実に儲かるのは、証券会社だけですね。

- 再訓練によるもの：例えばAdobe製品が挙げられます。私はAdobe Premiere ProをYouTubeの編集で使用しています。そうしたツールは使えるようになるまで、基本操作や、テクニックを覚えるための訓練が必要ですし、もしそれを雇っているスタッフに研修としてやらせるとしたら、研修代金もかかります。別のツールに入れ替えるとなれば、また操作を覚え直さなければならないので、かなり大変です。私も、Adobe Premiere Proを乗り換えたいとは思いません（笑）。

【③ネットワーク効果】ネットワークの人数が増えれば、価値が上がる

これはユーザー数が増えれば増えるほど製品やサービスの価値が上がるものとされています。乗り換えコストの一種であるとも考えられています。例えばSNSは典型的な例です。なぜ日本でLINEをみんな使うかというと、「みんなが使っているから」なんですよね。鶏と卵の話のようですが、「利用ユーザーが多いほど、サービス自体の価値が高まる」典型ですね。

Microsoft Office製品にいたっては、どの会社でもインフラ的に使用されるツールであるため、これを別のツールに乗り換えることは考えられません。このネットワークは広がり過ぎており、仮にMicrosoft Officeと同じような機能を持っていて完全無料だとしても、有料のMicrosoft Officeには勝てないと同書には書かれています。それほど、ネットワーク効果が絶大だということですね。

このネットワーク効果は表れる業界と、表れない業界があって、売っている商品・サービスが「競合財」なのか「非競合財」なのかで変わります。競合財は、物理的な商品で、一度に一人しか使用できないものです。例えば工事現場の機械は、一人が操縦していれば、他の人が同時にその機械を使うことはできません。

一方で、非競合財は「情報」などが挙げられます。「知識の移転」が基盤になっているサービスで、

SNS、クレジットカード、フリマサイトも、全て「情報」を扱うサービスです。そうした、知識の移転を基盤としているサービスでは特に、ネットワーク効果という経済的な堀はできやすいと言われます。

【④コストの優位性】経営者の質よりも、事業のコスト優位性

これまで見てきた優位性は、より高い価値をつけることを可能にする優位性でしたが、より低コストで同程度のものを生産できる能力も堀になります。コスト優位性4種類をご紹介します。

- 安い製造過程：製造過程を工夫することによる優位性です。ただしこれは一時的な優位性である可能性があります。なぜなら模倣できる場合が多いからです。安い製造過程による堀を見つけた場合は、模倣のしやすさを同時に検討することが必要です。

- 有利な場所：地理的な優位性は、簡単に模倣することができないため、「安い製造過程」よりも耐久性のある優位性だと言われます。特に安くて重いもの。商品重量当たりの価値が低い商品で見られる特徴です。例えばネジや砂利です。この、安くて重い商品のどこにコストがかかってい

るかと言うと、輸送のコストです。単価が安く、重いものは近場で調達するのが一番です。このような点で優位性があるのだとしたら、経営者がいかに頭を悩ませて工夫や努力をするよりも、よほど大きな結果を生み出します。

- 独自の資産：産油国など、天然資源が豊富な国が典型的な例です。そのように、他の多くの国にないものは独自の資産になります。ブラジルのアラクルーズ・セルロース（現フィブリア）は世界最大の紙パルプ会社です。ブラジルでは原料になるユーカリが他の地域よりも圧倒的に早く育つため、越えられないコストの壁を作っています。

- 規模の大きさ：規模によるコスト優位性は、販売、製造、ニッチの3分野に分けられます。経済用語では「規模の経済」と言われますが、特に固定費の比率が高いビジネスで、規模が大きいことのメリットが表れやすいです。そのような業界は統合に向かうこともあります。

大きく、長期的に利益を守る堀を探す

代表的な4つの経済的な堀があることによって企業の利益は守られます。問題は、堀が一時的なも

のではなく、長期的に続く堀であるかどうかです。

永続性のある堀を見つけるためのヒントが、同書には凝縮されています。時代や国を越えて通用する、優良企業の探し方ではないでしょうか。

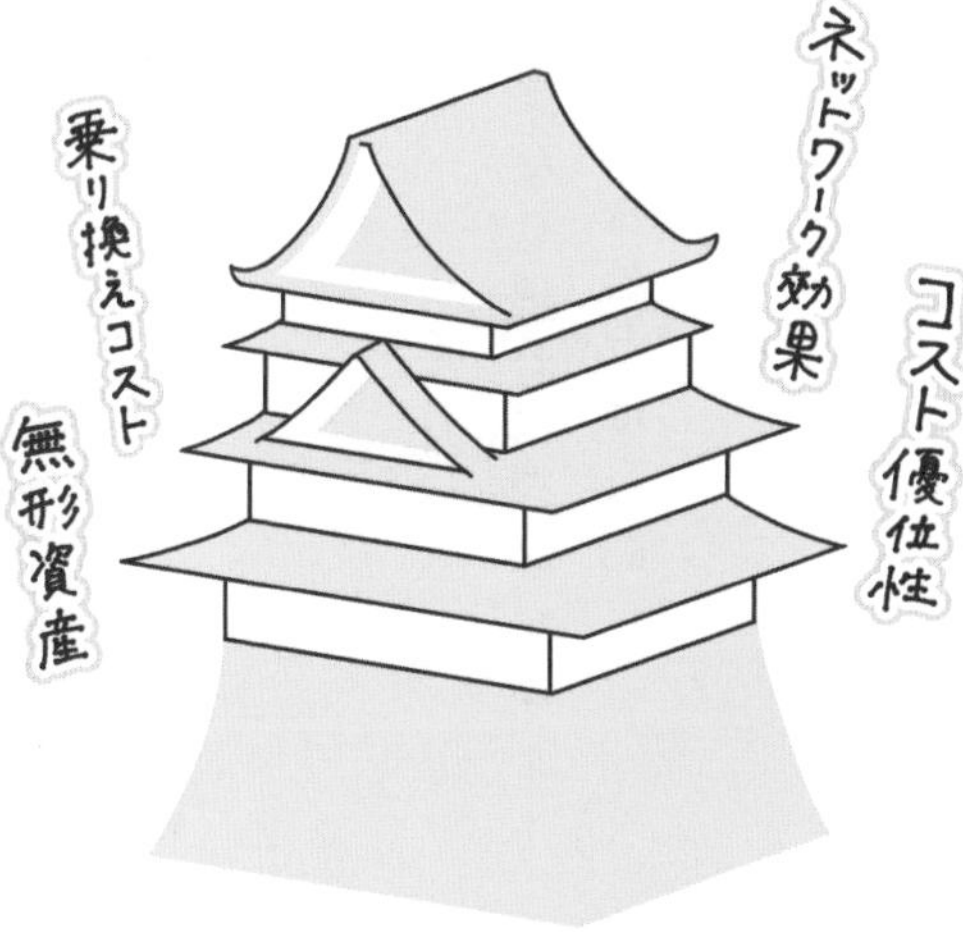

出典：「千年投資の公理 売られ過ぎの優良企業を買う」を参考に著者が作成

29 冊目

ピーター・リンチの株で勝つ　アマの知恵でプロを出し抜け

著：ピーター・リンチ、ジョン・ロスチャイルド
訳：三原淳雄、土屋安衛／ダイヤモンド社

個人投資家なら読むべき本No.1！
アマでも儲けることは可能

著者のピーター・リンチは、かつて「全米No.1ファンドマネージャー」とも呼ばれた伝説の投資家の一人です。今更、私が紹介するまでもないような有名すぎる同書は、個人投資家に基本的な情報や、勇気を与えるような内容です。

個人投資家には強みがあり、アマチュアであっても儲けることができる、と同書は語っています。機関投資家にならって誰かの真似をする必要はありません。ファンドマネージャーであった著者は、

投資をする際に「アマチュアのように考えること」に努めてきたと述べています。

有望株は家の近くにある

有望な株、つまりテンバガーになるような（10倍に伸びるような）銘柄を見つける鉄則は「身近にあり、詳しく知っている銘柄だけを買う」ということです。例えば、自分の家の近くにあるもの、自分の生活の身近にあるものや、自分が働いている業界の中で将来有望な新興企業。そのようなところに良い銘柄が隠れており、年に数回くらいはみんなチャンスに出会うはずだと彼は語ります。また、自分が詳しく知っている業界や勤めている業界の企業なら、プロを出し抜けるかもしれないのです。

ピーター・リンチ自身、妻や娘をデパートなどに連れていき、最新のトレンドを学んでいる、と『ピーター・リンチの株の法則』（ダイヤモンド社）でも語っています。女性は流行に敏感な傾向がありますから、男性の投資家は、パートナーや家族が、何に夢中になっているかを聞くことで、投資のきっかけが見つかるかもしれません。もちろん、ただ単に商品やサービスが好きだから買うのではなく、利益の見通しや市場のポジショニング、財務状況、成長計画などをきちんと調べることが大前提だ、と強調されています。

アマチュアの柔軟性は強み

普通、どんなことでも、プロとしてやっている人の方が優秀だと思われますが、著者はそうではないと言います。なぜなら、プロや、機関投資家と言われる人たちは、ファンドのルールに合う銘柄しか買えない傾向があるため、小型の銘柄を避けることが多いからです。また、ＩＢＭのような大企業株を選び株価が下がったとしても、ファンドマネージャーたちは職を失うことはありません。そのため、そういった大企業に投資することが多いのですが、それではリターンも限られてしまいます。逆に、小さな会社に投資することで大きなリターンを得ることができる可能性があるにもかかわらず、その会社が倒産してしまった場合、顧客や上司の信頼を失い、職を失う可能性があります。

個人投資家には、こうしたしがらみがありません。そのため、自由に銘柄選択をすることができ、機関投資家よりも柔軟に投資戦略を展開することができます。ただし、リスク管理が非常に重要であることも忘れてはなりません。

書類だけでは得られない事実を手に入れる

報告書だけでは得られない情報は、私たちが口座を開いている証券会社に聞くか、会社に電話するか、会社訪問や店舗訪問をするなどして、得ることができます。小売業や、サービス業であれば、実際に店舗訪問をすることが容易です。

個人投資家が、会社訪問をして話を聞くのはハードルが高いですが、IRへ電話することはできます。電話をする際には、ある程度の準備は必要でしょう。有価証券報告書や、決算短信、コーポレートサイトのIR情報など、すでに開示されており、読めば分かるような情報のためにわざわざ時間を取ってもらうのは悪いですし、担当者からも、その程度の情報収集能力の投資家かと思われかねません。実際に買った株なら株主総会への出席や、その後の懇親会でも情報収集ができます。総会は発言内容が記録されるオフィシャルな場ですが、懇親会ではオフレコになるため、役員クラスとより気軽なコミュニケーションをとれる場合もあります。

買っていない会社でも、「IRフェア」などの投資家向けイベントに行けば、情報を手に入れられます。ピーター・リンチが企業訪問した際に最も重視するのは、その場所から受ける「感じ」だと言います。個人投資家であっても、書類だけでは分からない情報から得られる定性的な「感覚」を得る方法は多数あると思います。

過度な分散を避けよ

「分散投資が大事」というのは一般的に言われていますが、ピーター・リンチはこれに警鐘を鳴らします。分散は大事だが、分散をするために知らない銘柄を入れるというのは、本末転倒であるということです。

多くの個人投資家に対して10銘柄程度に抑えることを推奨しています。きちんと目を光らせることができる数がこの程度ということですね。

避けるべき株と〝危険なフレーズ〟

避けるべき株や、危険なフレーズなども必読です。以下の6つは、避けるべき株と言われています。

1 超人気産業の超人気企業：ニュースを賑わし、誰もが通勤途中でも耳にする企業。人気化すれば急騰しますが、落ちるときも急激です。

2 第二の何々にご用心：第二のマクドナルド、第二のインテル、第二のディズニー。著者の経験では第二の何々がうまくいった例はありません。

3 多悪化：多角化ならぬ多悪化を行う会社の特徴は、(1) 高過ぎる買収価格で、(2) 全く知らない分野の会社を買収すること、です。

4 大穴株、耳打ち株：あなたが誰かから「儲かる株がある」と聞く頃には、他にも日本中で多くの人が同じ話を聞いていると思った方が賢明です。

5 下請け会社：大口顧客は価格交渉などで下請け会社の利益を圧迫するほどの力を有しています。一握りの大口顧客に頼っている企業は危険です。

6 名前の良い会社：名前はつまらないのに内容が良い会社は早くから買われることが少なく、二流事業でもイカした名前の会社は投資家に誤った安心感を抱かせます。

また、よく聞かれるが危険なフレーズのまとめも、思い当たることが多すぎる内容でした。例えば、「もうこんなに下がったのだから、これより下がりようがない」というフレーズです。「どこまで下がるか」や「どこまで上がるか」ということには、ルールはありません。株価はこれ以上上がらないと思っても、実際にはまだ上がる可能性があるし、逆に下がらないと思っても、さらに下がる可能性があります。

読んでおくことで個別株へのアンテナの張り方を学ぶ

全体を通して、分かりやすい例え話も多く、各章の最後には、ポイントが箇条書きされていて、とても便利な一冊です。何より、初心者の個人投資家でも、自分が得られる情報で十分に戦えるという、勇気を持てる内容になっています。

初心者ほど、経験者は自分には手の届かない特別な情報を持っていると考えがちですが、そうした誤った妄想から解放されると思います。何より、投資のプロと言われるファンドマネージャーの中でも伝説と称されるピーター・リンチが、個人投資家の思考を持ち続けているのですから。

30
冊目

株を買うなら最低限知っておきたい ファンダメンタル投資の教科書 改訂版

本当に価値がある株を
見極めるスキルが身に付く

著：足立武志／
ダイヤモンド社

個別株にも挑戦したいが、基礎から網羅的に学べる本が分からないという方におすすめの一冊です。ファンダメンタルズ分析に必須の指標や、情報収集の方法、そして「ファンダメンタル投資」と銘打ってはいるものの、テクニカル分析の解説も充実しています。

四季報を使った、業績や指標の読み方が解説されていますので、決算書の知識に自信のない個人投資家の方にも、ぜひ読んでほしいと思います。

成長株・割安株・復活株を四季報で見極める

まず、株式投資のカテゴリーとして「成長株」と「割安株」、そして「復活株」という3つに分けられており、その探し方が解説されています。それぞれ順番に見ていきます。

成長株

成長株は、売上や利益が年々成長していることが最重要です。今後も株価が上昇することを期待して、大きなキャピタルゲインを狙います。四季報には、過去3～5期分の業績と、当期、来期の業績予想、中間決算の結果が掲載されています。なんといっても四季報独自予想には価値があります。業界に精通した記者約120人が分担して、全上場企業の予想や記事を書いています。

実際に購入する場合は、3年だけの実績では安心できません。有価証券報告書も確認すると良いでしょうね。伸びているように見えていても、実は直近の数年だけの伸びであったり、過去よりも伸びが鈍化していたりすると、注意が必要です。

割安株

割安株は、企業価値の大きさより、実際の株価が割安になっている株で、本来の価値に株価が修正された時に出る利益を狙うという方法です。「PER」「PBR」「配当利回り」などの指標を使います。

PER（株価収益率）は「利益何年分で、投資金額を回収できるか？」と考えることができます。業種により基準値は異なりますが、15倍程度なら許容範囲ではないでしょうか。同業他社と比較して数値が低いほど割安ということになります。成長企業の場合、将来の利益の成長を織り込んだ数値になるのが普通で、50倍、100倍を超えることも珍しくありませんが、実際に成長率が高いのならば、妥当な数値とも言えます。

また、純利益を出す際は、実績値よりも予想値を重視した方が、今後の動向を見る上では役立ちます。

PBR（株価純資産倍率）は、1倍を割っていると割安だと言われます。これは、「株価よりも、今すぐに会社が解散された時に、株主が名目上受け取れる金額の方が高い」ことを意味します。よって割安ではあるのですが、それだけ市場の期待度が低いと見ることもできます。

配当利回りは、配当金により年利何％の利回りになるかを表し、高いほど株価は割安とされています。やはり、予想配当金を使います。もちろん過去の配当利回りの実績を見るために実績値を使って利回りを出すこともできますが、それよりも大事なのは、今後の予想配当金です。

検索すれば簡単に配当利回りは出てきますが、サイトによっては、実績値なのか、予測値なのかの定義が変わってくるので、予想の方を重視してください。これらの代表的な指標を読むことは割安株投資に必須です。四季報も非常に役立ちます。

復活株

最後に復活株です。一時期大赤字に転落した企業が、不死鳥のように業績を復活させ、それに伴い株価もV字回復するタイミングで利益を得る方法です。

「頭と尻尾はくれてやれ」という格言があるように、完全な底値を見極めるのは困難です。それを狙って、下落トレンドの最中に買うと、痛い目を見てしまいます。そのため、下落から上昇へのトレンド転換を見てからでも、遅くはありません。

また、財務面の確認も慎重に行います。復活する前に倒産してしまっては元も子もないので、財務面の危険性が少ない銘柄に限ります。

四季報を活用すると、前号との比較も一目で分かるので、どんどん赤字が縮小していたり、予想利益が上方修正されていたりする銘柄なら、本格的に復活する可能性が高いと見ることもできます。そうした定量的な評価はもちろん、業界専門の記者による定性的評価も、四季報では読むことができます。

PER、PBR、ROEの関係性を知る

株価指標は、ただ丸暗記しても使えはするのですが、その関連性を知ると、より本質的な理解が得られます。

例えばPBRは、以下の式に直すことができます。

PBR＝PER×ROE

「PBRが低い」ということは、「PER × ROEが低い」と言い換えることもできます。そこで、PERが低いのか？ROEが低いのか？によって、優良割安株であるかどうかの可能性が変わるのです。

【ROEが低い場合】

ROEは、自己資本を使って効率的に利益を上げているかを見る指標です。ROEが低く、その結果PBRが低いのは、割安ではなく妥当と言えます。

【PERが低い場合】

PER、PBR、ROEの関係を知る

出典：「株を買うなら最低限知っておきたい ファンダメンタル投資の教科書 改訂版」（著者が一部改変）

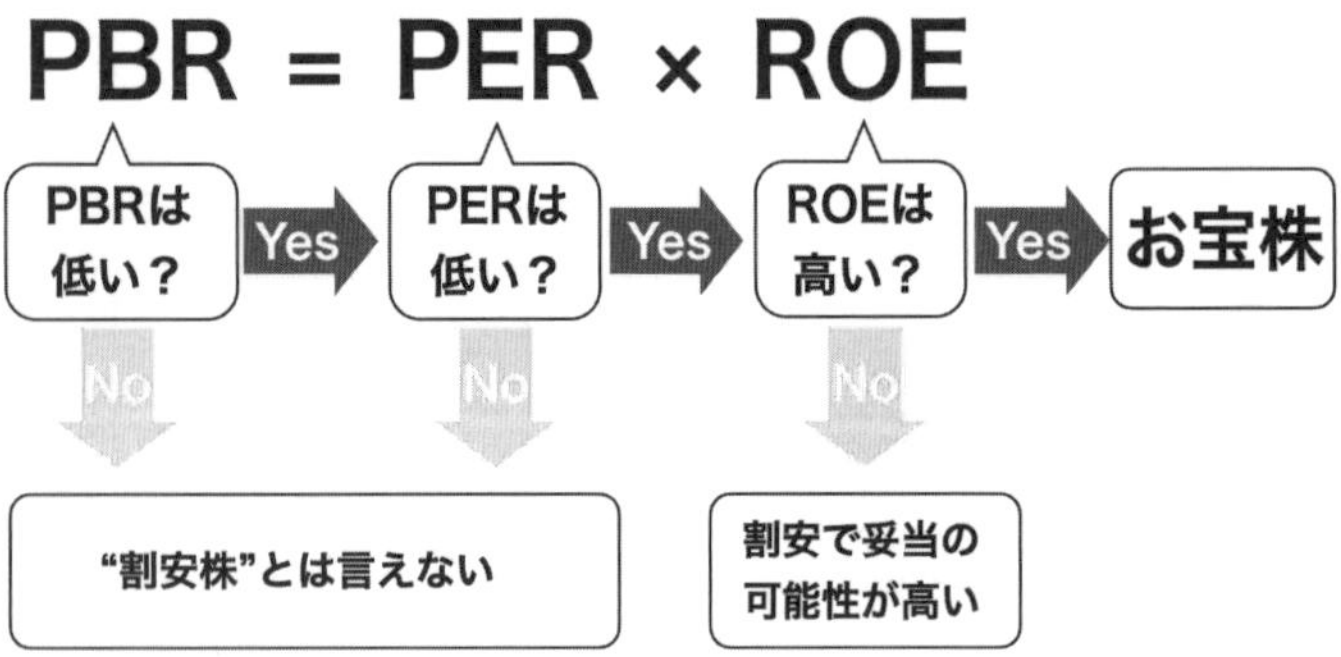

ROEが高く、PERが低いためにPBRも低くなっている銘柄は、収益力が株価に反映されていない「お宝銘柄」の可能性があります。

高ROEでも油断できない！ 自己資本比率とセットで分析

ROEが高いからといって、一概に収益力が高いとも言い切れません。なぜなら、自己資本比率の低い企業は、高いROEを示しやすいからです。

ROE＝当期純利益／自己資本

であるため、ROEが大きくなる条件は、分子の当期純利益が大きくなるか、分母の自己資本が小さくなるかです。利益が大きいのは申し分ありません。しかし、自己資本比率が小さく借金が多いこと

自己資本が小さいとROEが異常に高くなる

出典：「株を買うなら最低限知っておきたい ファンダメンタル投資の教科書 改訂版」（著者が一部追記）

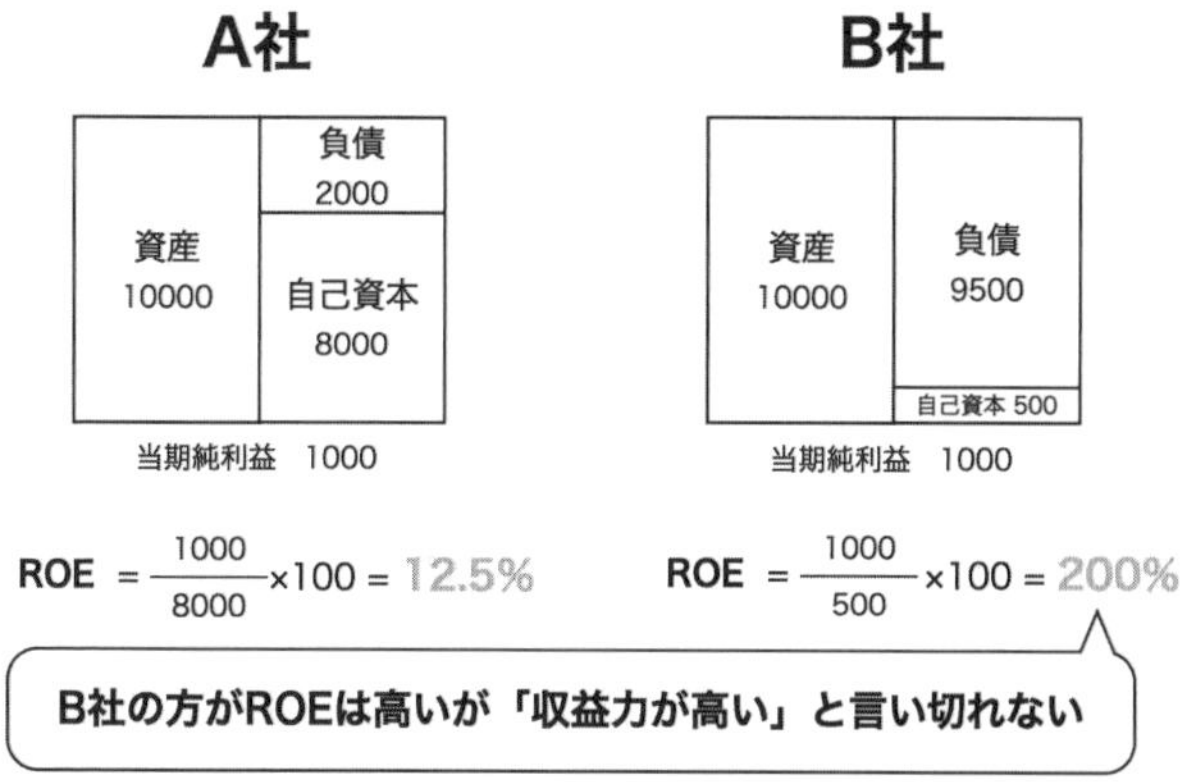

が、高いROEの要因であるならば、注意が必要です。事業拡大に積極的と言えば聞こえはいいですが、あまりに借金が多く、現金同等物を大きく上回る場合は倒産リスクも警戒しなければなりません。

自己資本比率も業種によって基準値が変わりますが、一般的に30〜70%あれば、健全と言われます。しかし、クレジットカード業、割賦金融業のように平均値が10%程度であることもあるので、業種平均と比較することが大事です。

改訂されて、より入門者にやさしくなった

私は改訂前と後の版を両方買ったのですが、改訂されて初心者でもより読みやすい内容になったと思います。また、成長株投資に関する内容も厚くなっています。個別株投資経験者の方でも、新たな発見

がある一冊だと思います。

テクニカル分析（チャート分析）の情報があることも書きましたが、かなり十分な内容だと思っています。特に、チャートから裁定取引や信用取引の動きを読み解く考え方や、本項でも見てきたような株価指標がチャートにどのような影響を及ぼしているかなども必読です。テクニカル分析の入門も兼ねていると言っても過言ではないと思います。

この本が気に入り、テクニカル分析についてもさらに深掘りしたいと思ったら、同じシリーズの『株を買うなら最低限知っておきたい株価チャートの教科書』（ダイヤモンド社）は次のステップとして最適ですね。

31
冊目

株デビューする前に知っておくべき「魔法の公式」ハラハラドキドキが嫌いな小心者のための投資入門

著：ジョエル・グリーンブラット　訳：藤原玄／パンローリング

インデックス投資の2倍以上を実証！株式投資の「魔法の公式」とは？

同書のタイトルを見て、株式投資に公式なんてあるわけないと思われる方も多いでしょう。実際、僕もそう思っていましたので、自分自身で行った検証結果と併せてご紹介します。

著者のジョエル・グリーンブラットは、コロンビア大学経営大学院の非常勤講師の経験もあり、ヘッジファンドの創設者でファンドマネージャーとしても活躍した人物です。

このような本は、公式の部分だけがおもしろいのではないかと、読む前は思っていました。しかし、実際に読んでみると、公式を除いても投資に関する有益な情報が多く書かれており、非常に勉強になる本でした。

多くの他の本でも紹介されていますが、例えば『ダンドーのバリュー投資』（著：モニッシュ・パブライ／パンローリング）という本では、バフェットとランチをする権利を6500万ドルで取得したこともある著名な投資家が、ジョエル・グリーンブラットを現代最高のバリュー投資家の一人として高く評価しています。そして、この魔法の公式に関してグリーンブラットがバックテストで検証した結果、魔法の公式が30％の年率リターンを生み出しており、これはS&P500インデックスを圧倒しているということが述べられています。

株式投資で最低限確保したい収益率

「最低収益率」という概念は投資を行う際に絶対に理解しておくべき、最低限確保すべき収益率のことを指します。この点は特に初心者にとって重要だと思います。

我々は、お金を増やす場所に投資したいと考えます。例えば、タンスの中にお金を隠しておけば、安心感は得られるかもしれませんが、その金額は変わりません。その間に、100円のガムが110円になるようなインフレが起こると、タンスの中のお金の購買力は実質的に減少してしまいます。

次に銀行預金です。現在の金利で、例えばネット銀行で金利の高いところでは0・1%程度の利息がつくかもしれません。しかし、この金利ではインフレに追いつけません。

そこで、国債という選択肢が考えられます。国債は「無リスク資産」とも呼ばれる資産です。同書では、過去に10年物の米国債が年利6%だった時代を挙げ、無リスクで6%の利回りを得ることが(仮に市場金利がそれより低い時期でも)全ての投資のベンチマークだとしています。

これを言い換えると、株のような元本保証がない資産に投資する際は、最低でも7%以上の収益を見込めなければ投資してはいけない、ということですね。

魔法の公式とは

同書の公式の意図は非常にシンプルで、2つの軸があります。

- 収益率が高い銘柄を購入する
- 割安な銘柄を購入する

収益率が高い銘柄は人気があるため割高になりがちで、割安な銘柄は何らかの理由で人気がなく、収益率が低いと思われがちです。しかし、この公式が目指すのは、収益率が高く、かつ割安な銘柄を見つけることです。

基本的なステップとしては、先ほど7％以上を確保すべきとした資本収益率の高さを順位付け、次に利回りの高さで順位をつけます。その合成順位から、ポートフォリオを構成していくというものです。

資本収益率には、ＲＯＩＣを使う方法や、ＲＯＡを使う方法があります。利回りに関しても複数の指標がありますが、最も身近な指標としては、ＰＥＲの割安な順に順位を付けると良いかと思います。

Ｐ２２９の同書の実証結果を見てみると、米国の全上場銘柄と、時価総額10億ドル以上の銘柄のみを対象とした2つのパターンで検証が行われています。このシミュレーションは１９８８年から２００４年の17年間にわたって行われました。

表では、どちらのケースでも、17年間の平均リターンは市場平均やＳ＆Ｐ５００を上回っています。

この結果については、『ダンドーのバリュー投資』でも触れられており、インデックスを上回る結果として紹介されています。シミュレーションを行いたい方は、"Magic Formula Investing"という専用のウェブサイトで行うことができます。しかし、私たちが日本株で実践しようと思えば、代わりの

米国の全上場銘柄を対象にした場合

出典：「株デビューする前に知っておくべき『魔法の公式』ハラハラドキドキが嫌いな小心者のための投資入門」

	魔法の公式	市場平均	S&P500
1988	27.1%	24.8%	16.6%
1989	44.6%	18.0%	31.7%
1990	1.7%	-16.1%	-3.1%
1991	70.6%	45.6%	30.5%
1992	32.4%	11.4%	7.6%
1993	17.2%	15.9%	10.1%
1994	22.0%	-4.5%	1.3%
1995	34.0%	29.1%	37.6%
1996	17.3%	14.9%	23.0%
1997	40.4%	16.8%	33.4%
1998	25.5%	2.0%	28.6%
1999	53.0%	36.1%	21.0%
2000	7.9%	-16.8%	-9.1%
2001	69.6%	11.5%	-11.9%
2002	-4.0%	-24.2%	-22.1%
2003	79.9%	68.8%	28.7%
2004	19.3%	17.8%	10.9%
	30.8%	**12.3%**	**12.4%**

時価総額10億ドル以上の銘柄のみを対象にした場合

出典：「株デビューする前に知っておくべき『魔法の公式』ハラハラドキドキが嫌いな小心者のための投資入門」

	魔法の公式	市場平均	S&P500
1988	29.4%	19.6%	16.6%
1989	30.0%	27.6%	31.7%
1990	-6.0%	-7.1%	-3.1%
1991	51.5%	34.4%	30.5%
1992	16.4%	10.3%	7.6%
1993	0.5%	14.4%	10.1%
1994	15.3%	0.5%	1.3%
1995	55.9%	31.4%	37.6%
1996	37.4%	16.2%	23.0%
1997	41.0%	19.6%	33.4%
1998	32.6%	9.9%	28.6%
1999	14.4%	35.1%	21.0%
2000	12.8%	-14.5%	-9.1%
2001	38.2%	-9.2%	-11.9%
2002	-25.3%	-22.7%	-22.1%
2003	50.5%	41.4%	28.7%
2004	27.6%	17.3%	10.9%
	22.9%	**11.7%**	**12.4%**

ツールを使うしかありません。

その際の基準の一部に、ROAが最低25％以上、PERが5％以上の銘柄を選ぶというものがあります。

極端な割安株や小型株はリスクが高いため、基本的には投資を避けるべきだという考えに基づいています。日本株では、ROA25％は相当高い水準であるため、かなり銘柄が絞られるでしょう。

魔法の公式の弱点

先ほどの表を詳しく見ると、魔法の公式は17年間の平均では、市場平均の2倍から3倍近くのリターンを出しているものの、1年単位で見ると、負ける年も少なくありません。公式が連続して指標に負けることもあるという事実は、同書でも明確に指摘されています。

公式が正確に機能するためには、ある程度の期間が必要です。その一方で、魔法の公式を利用する投資家に限らず、多くの投資家は「数年連続で機能しない戦略に執着することができない」という傾向があると指摘されています。これは非常に重要なポイントで、どの投資手法にもよい時期と悪い時期が存在しますが、厳しい時期を乗り越えてその手法を継続することで、後の年に大きなリターンを得られる可能性があるのです。投資手法の適合性はサイクル的に変動すると考えられ、この点を同書は強調しているのではないかと思います。

3年連続で魔法の公式に従うと、95%の確率で市場平均を上回ることができたと、同書の検証結果には書かれています。

ベンジャミン・グレアムの言葉を引用しており、短期的には、ミスター・マーケットは低迷した価格や高騰した価格で株式を売買することがあり、感情的に行動することがあるとされていますが、長期的には異なります。ミスター・マーケットは数年の間に正しい価格に収束するというグレアムの主張は、魔法の公式が機能するという根拠の一つになっています。

あくまでポートフォリオを構築することに注意

私のYouTubeチャンネルでは、魔法の公式が実際に現代の日本市場でも通用するのかどうか、シミュレーションをしてみたことがあります。その結果、2020年時点で公式に合致する上位10銘柄でポートフォリオを組んだところ、3年後には市場平均の2倍近くの結果を示すことができました。これは、まさに同書の実証通りの結果でした。

しかし、その10銘柄の市場平均に対するリターンを詳しく見ると、「5勝5敗」という結果でした。これは、一部の大きなリターンを示す銘柄が、ポートフォリオ全体の成績を押し上げていることを示しています。

同書でも、公式に基づいて20～30銘柄でポートフォリオを組むことが推奨されています。これは、「公式に合致しても、多くは平均以下の銘柄で、一部の高リターン銘柄が全体の成績を引き上げている」という傾向があるからだと考えられます。特に、割安株投資のスクリーニングではこのような傾向がよく見られるため、注意が必要です。

同書の中には、魔法の公式の概要やミスター・マーケットに関する話、収益率についての説明など、多岐にわたる内容が含まれています。また、序盤では著者が自分の子供に語りかけるような分かりやすいストーリーも掲載されており、公式以外の内容も非常に充実していると感じました。

32
冊目

テンプルトン卿の流儀
伝説的バーゲンハンターの市場攻略戦略

著：ローレン・C・テンプルトン、スコット・フィリップス
訳：鈴木敏昭／パンローリング

8割引きでなければ掘り出し物とは言えない!?

ジョン・テンプルトンは、「20世紀最高のストックピッカー（銘柄選択者）」と呼ばれた、有名なバリュー投資家です。

彼は「強気相場は悲観の中で生まれ、懐疑の中で育ち、楽観とともに成熟し、陶酔の中で消えていく。悲観の極みは最高の買い時であり、楽観の極みは最高の売り時である」という名言を残し、その投資哲学は今日も広く引用されています。同書は、彼の名言だけでなく、彼がどのような環境で育っ

たか、その生い立ちから投資哲学がどのように形成されたかについても詳しく記述された伝記のような内容でもありました。

バーゲンハンターの原点

テンプルトンの投資哲学の基盤となるのが、バーゲン狩りの思考です。「想定される価値の8割引きで売られていなければ、掘り出し物とはいえない」という言葉通り、彼は株式投資だけでなく、あらゆる買い物の「バーゲンハンター」として知られ、かなりの倹約家でもありました。

ショッピングモールでバーゲンが行われれば、人々は安く買おうと競争になります。しかし株式投資になると途端に人は「50％オフの商品を目にして逃げる」という行動に走ります。テンプルトンは、そういった大衆とは逆の行動をとっていました。彼はウォール街に血が流れている時こそが最高の買い時だと考えていたのです。

メディアとの付き合い方

暴落時にはメディアがバーゲンハンターの味方になります。メディアの記事は、人々をさらに不安にさせて株価を下げることになるため、バーゲンハンターにとって、メディアはありがたい存在となります。賢明なバーゲンハンターであるならば、そうしたメディアの特徴を理解し、メディアが大衆を煽ることを逆に利用するくらいの心構えが必要だと言えます。

雑誌の取材でテンプルトンは日本を絶賛しており、「日本の産業はアメリカの倍の速さで成長するはずだ」と語っています。しかし、実は雑誌でそのような特集が組まれている時すでに、テンプルトンは大きな利益を得て売却した後だったのです。

つまり、マスメディアに出る情報は、すでに一番おいしいところが食べられた後であるというのです。雑誌側からすれば、そのタイミングでの日本株特集は、雑誌が売れるネタになっていたのです。メディアの選び方には注意が必要です。

今回は違う(This time it's different)

「英語で最も高くつく4語は、『今回は違う(This time it's different)』だ」。

人間には、「今の状況がずっと続く」と考えてしまう心理バイアスがあります。相場が良い時は、この良い相場がずっと続くだろう、悪い相場が続けば、もう崩壊してしまったのだろうと考えてしまいます。テンプルトン卿は、「今回こそ違う、本当に危険なパニックだ」という状況を逆手に取るべきだと言っています。

そういったパニックにはほとんどの場合、何らかの前例があると指摘しています。政治事件や経済危機、戦争、テロなど、さまざまな出来事が起こるとき、多くの人々は売りに走ります。しかし、バーゲンハンターとしては、そのような状況でも買うという選択を検討しなければならないと言われます。

比較購入法とは

彼は1960年代の日本株、1980年代から1990年代の中国株、1990年代から2000年代の韓国株など、多くの人々がまだ買う価値がないと考えていた発展途上国の株を購入して成功を収めた「国際分散投資の祖」でもあります。その時に重要視したのは「比較購入法」です。これは、今持っている株よりも良い条件や割安な条件の銘柄があれば取り替えるという非常にシンプルな方法でした。この手法の利点は、ある銘柄の買い時が今持っている保有株の売り時と同時になることです。株において、買い時と売り時の両方のタイミングを正確に捉えるのは非常に難しいです。

しかし、このようなシンプルな手法を採用することで、難しい「売り時のタイミング」に悩むことが少なくなるでしょう。この方法は単純でありながら、その背後では深い洞察と経験に裏付けされています。

倹約家を自認する投資家ほど読んで欲しい一冊

テンプルトンは経済的な成功を収めた後も、倹約家の精神を忘れませんでした。その精神に共感する方にとっては、この本は特に読む価値があります。日々の生活での買い物から真価を見抜く眼を育て、合理的な消費行動を行うことは大切ではないでしょうか。無計画にお金を使ってしまう人が、本当の意味での「割安な」株式を見極める力を保つことができるでしょうか。一見、直接の関連性はなさそうですが、実際には日常のショッピングが、優れた投資家になるための鍛錬になるのかもしれません。

彼の投資哲学は、感情に流されず、理性的に価値を見つけ、長期的な視点を持つことの重要性を我々に教えています。

33 冊目

株式投資 第4版 長期投資で成功するための完全ガイド

著：ジェレミー・シーゲル 訳：林康史、藤野隆太、石川由美子、鍋井里依、宮川修子／日経BP

株式への長期投資はインフレ時代を乗り切る投資法である

同書では、株式の長期投資の本質と市場を上回る方法について詳細に記述されており、株式投資家にとっては非常に重要な内容が含まれています。過去200年のデータに基づく分析では、物価上昇を考慮した上で、株式、長期債、短期債、金、預金（ドル）の実質トータルリターンを比較しています。

200年前に1ドルを各資産に投資した場合、株式は75万5163ドル、長期債は1083ドル、短期債は301ドル、金は1ドル95セント、預金はたったの6セントに目減りしています。

株式投資は短期的には株価は大きく変動しますが、200年間の平均で、年率6・8%を出しています。

「株式をどのくらい長い期間、保有すればいいのか」という質問に対しても、同書は一定の答えを出してくれます。結論としては、株式を17年以上保有することで、実質ベースで損をしないというものです。

1年の保有では、プラス66%〜マイナス38%までの大きな変動がありますが、長期にわたり保有することで、平均リターンの振れ幅が小さくなり、17年保有すれば、平均リターンの下限が0%を超えるというものです。この内容は、株式投資で長期投資をすべき理由の一つとして、多くの投資家に支持されています。

株式と債券の比率

株式はポートフォリオには欠かせない資産ではありますが、どの程度の割合で投資すべきかは、投資期間、リスク許容度にもよります。一部の人々は株式を100%保有することを好むかもしれませんし、一方で、株式と債券の適切なバランスを求める人もいます。

リスク許容度別 株式の適切な比率

出典：「株式投資 第4版 長期投資で成功するための完全ガイド」

リスク許容度	保有期間			
	1年	5年	10年	30年
超保守派	9%	22%	39.3%	71.4%
保守派	25%	38.7%	59.6%	89.5%
リスク容認派	50%	61.6%	88%	116.2%
リスク選好派	75%	78.5%	110.1%	139.1%

同書では、リスク許容度を「超保守派」、「保守派」、「リスク容認派」、「リスク選好派」の4つに分け、保有期間（1年、5年、10年、30年）とともに、株式の適切な比率が示されています。

リスク容認派・リスク選好派では、30年の期間でそれぞれ116・2%、139・1%となっています。レバレッジをかけた取引のリスクは確かに高いですが、長期の運用を前提にしていれば、レバレッジを用いた投資戦略も合理性があると同書からは読み取れます。

ただし、一般的に手軽に購入できるレバレッジ型投資信託は、2倍や3倍のレバレッジがかけられていますので、高過ぎますね。どうしてもレバレッジをかけるのなら、デリバティブを活用して、自分で行う方がよいでしょう。

割安株投資の有効性

全体の結論として、インデックスファンドへの投資を推奨しながらも、市場に勝つためのさまざまな意欲的な研究があります。

その中の一つが割安株投資です。有名な「ダウの負け犬（ダウ10戦略＝ダウ平均銘柄の中で配当利回りの高い上位10銘柄で構成される）」と称される高配当株のグループは、過去50年間で通常のダウ平均を上回るパフォーマンスを確認できました。これはS&P500と、配当利回りが高い上位10銘柄で構成されたS&P10を比較しても、高配当戦略の効果が明らかになっています。

また、バリュエーション指標の代表格である低PERのグループが高利回りを達成したことも確認されています。ベンジャミン・グレアムとデビッド・ドッドが、1934年に出版した古典的な名著『証券分析』（著：ベンジャミン・グレアム、デビッド・L・ドッド／パンローリング）の中で、以下のように記述されている通り、具体的な数字は時代に合わせて変える必要はありそうですが、重要な指標であることは窺えます。

〝したがってわれわれは現実問題として次のような結論に至る。平均的な利益の16倍以上の株価で株式を購入する投資家は、長期的には多額の資金を失うであろう。〟

シーゲルによると、S&P500の銘柄をPER別・PBR別に5グループに分け、50年間のリターンを検証した結果、PERやPBRが低いほど、パフォーマンスがいいという結論に達しました。

また、ファーマとフレンチの論文（ファンダメンタルズに基づく割安な銘柄は、CAPMの予測よりも高い利回りを出すことを示した）で示されているように、同書でも、PBRをPERよりも重要な指標と見なしています。

ただし、知的財産が企業価値を説明する傾向が強まる現代において、PBRが企業価値の指標として不適切になる可能性も指摘しています。今後の改訂版にも注目ですね。

買い持ちか、タイミング投資か

買い持ち戦略と、タイミングを見て売買を行う戦略を比較した場合、特定の条件下でタイミング戦略の有効性が確認されています。

具体的には、景気循環のピークと底を正確に見極め、ピークの4カ月前に株式から短期国債に切り替え、底の4カ月前に短期国債から株式に戻すことができれば、最も高い超過利回りが得られるというものです。

この差は、バイ・アンド・ホールド戦略と比較して、30年間で資産を3倍以上に増やせるほどです。

ただ、最も大きな問題は、ピークや底を4カ月前にどのように正確に予測するかという点です。この話は、要するに「神のような予測能力があれば、バイ・アンド・ホールド戦略に勝てる」と言っているだけでしょう。

同書では、過去に多くの専門家たちが、高額な費用をかけながらも多くの予測ミスを犯してきたと詳細に述べられています。経済学者たちであっても、実際の転換点を確定することは、その瞬間が過ぎてからでしか可能でなかったと指摘されています。

インフレヘッジとしての株式

近年は日本でも、長らく続いたデフレを脱却した代わりに急激なインフレが起こっています。

1871年から2006年の間に、株式、債券、短期国債を1年間保有した場合と、30年間保有した場合に得られる年率の複利利回りによれば、長期においては、株式はインフレの影響を受けていません。

ただしいずれの資産も、短期ではインフレヘッジ効果が薄い可能性が示されています。同書内でも複数の意見が挙げられており、株式でも短期ではインフレヘッジにならないと言われる、よくある理由としては、「インフレ率の上昇は債券の金利を押し上げ、債券金利の上昇は株価を押し下げる」というものです。

その一方で、株式がもたらす将来のキャッシュフローの増加が金利の上昇を相殺し、時間の経過とともに、株価もインフレ率と同じペースで上昇するとも言われています。これらのことから、1年という短期ではヘッジ効果が薄い場合がありますが、時間の経過とともにインフレヘッジ機能が働くと考えられます。

よって、インフレ下であろうとも、ポートフォリオのコアとなるような株式インデックスファンドは、バイ・アンド・ホールドするのが効果的だと考えられます。

アノマリーやテクニカル分析、行動ファイナンスまで広く学べる

第4部では、テクニカル分析についても言及され、さまざまなデータや意見が取り上げられています。また、アノマリー投資や株式の季節性など、テクニカル分析の一環としてのトピックにも触れら

れている、骨太な一冊です。

行動ファイナンスや心理学に関する箇所は、より現代的な内容で、この部分は会話形式になっています。

内容の幅広さにもかかわらず、なるべく読みやすくなるような工夫がされており、初心者から上級者まで、多くの読者が得るものがあると感じました。私自身、この本は手元に置いておきたくなる価値を感じ、普段座る位置から手を伸ばせば届く範囲に置いています。

ただし、すでに10年以上経過していることは考慮しなければなりません。現代に合わせた邦訳の改訂版が出ることを最も熱望している一冊です。

34 冊目

バフェットからの手紙［第8版］世界一の投資家が見た　これから伸びる会社、滅びる会社

著：ローレンス・A・カニンガム　監修：長岡半太郎
訳：増沢浩一、藤原康史、井田京子／パンローリング

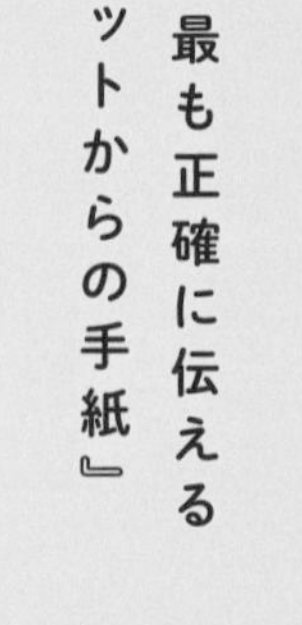

バフェットの言葉を最も正確に伝える古典的名著『バフェットからの手紙』

本書は、世界一の投資家とも呼び声高い、ウォーレン・バフェットの言葉をまとめたもので、バークシャー・ハサウェイの年次報告書に記載された株主宛ての手紙を抜粋・整理しています。バフェットに関する本は数多く存在しますが、この本は最も原初的な、バフェットの言葉に近い一次史料と言われています。

１９７９年から２０２１年の手紙の内容が収録されており、10章構成で企業統治から投資、会計、

税務まで、多様なトピックに対する考えがまとめられています。

内在価値に基づく投資

ウォーレン・バフェットと彼のパートナーであるチャーリー・マンガーの投資判断の中心となっている「株式の内在価値」という概念について説明します。

「内在価値」は、バフェットが「唯一の論理的かつ非常に重要な概念」と位置づけるもので、「企業が将来生み出すと期待される全てのキャッシュフローの現在価値」と定義されます。ただし、この内在価値については、マンガーでさえ異なる見解を持っているようで、それゆえに具体的な数値の公表は控えられています。

私自身、バフェットの投資スタイルをバリュー投資とグロース投資の融合として認識していました。しかし、同書によれば、バフェット自身は、バリュー投資やグロース投資といった投資スタイルのカテゴリー分け自体には意味がないとの立場をとっています。彼の見解では、これらのスタイルは本質的には同じで、どちらも「内在価値」の考えを核として持っているようです。投資スタイルの枠組みよりも、背後にある本質的な価値に焦点を当てて投資判断をしているのでしょう。

ボラティリティこそがチャンスである

彼はファイナンス理論にも懐疑的で、「そのような高尚な理論は無視すべき」と説きます。この理論の中で「リスク」として取り扱われているのは、株価の変動幅やボラティリティですが、バフェットは、それを馬鹿げていると酷評しています。

しかし、バフェットの定義するリスクは、損失や損害の可能性のことを指します。一方、ボラティリティは投資のチャンスを意味し、真の投資家が歓迎するものとしています。これには私も賛成です。長期投資をするバフェットが言うほどなので、より短中期の取引や、オプション取引などは言うまでもありません。

しかしながら、現代の金融理論を基盤としたサービスや考え方は、今や世の中に広く浸透しており、当たり前のように使われています。この点に関しては、理論に傾倒し過ぎないことをバフェットの思考から学ぶことができます。

シケモク投資の教訓

「シケモク」とは、道端で見つけた物がほとんどタダ同然であれば、1%のコストでも全てが利益になる、という考え方を指します。つまり、元手がゼロに近い場合、たとえ小さな収益でもそれは純粋な利益として扱われるわけです。この考え方は、長期的な収益力が低くとも、一時的にはまずまずの利益を得るチャンスがあるというものです。

ウォーレン・バフェットは、若い頃に「シケモク投資」の考え方を取り入れ、割安さを最重要視していました。ある程度の成功を収めていましたが、現在はこの方法を「馬鹿げている」と酷評しています。彼の意見の変化には、パートナーや超割安株への投資失敗などの経験が影響しています。

彼のアドバイスは、「簡単なことをやれ」というものです。割安な企業の再浮上を期待するよりも、本質的に良い企業が一時的な困難に直面し、その結果株価が一時的に割安になるケースに注目しています。こういった企業の困難は比較的容易に乗り越えられる可能性が高いと考えられ、「低いハードルを楽々飛び越える」ような投資機会と見なしています。

自分自身の目的を達成するための適切な手法を選ぶ

バフェットがあまり借り入れを行わないのは、興味深い投資対象があったとしても、アセットの上限を超えるような借り入れを行ってまで投資することを避けるためです。この考え方の背後には、多くの株主への責任を強く感じているためです。また、バフェットの相方であるマンガーの家族や彼自身が、バークシャー・ハサウェイの株の大部分を保有しているからです。バフェットの親戚や役員陣も同様に多くの株を持っています。そのため、一着でゴールしようとするよりも、まず確実にゴールすることを目指すのです。

バフェットがインタビューで「なぜみんながあなたのような投資スタイルを採用しないのか」と尋ねられた際、彼は「誰もゆっくりとお金持ちになりたいとは思わないからだ」と答えたことがよく知られています。

多くの人が早くお金持ちになることを求める中、ゆっくり確実にゴールを目指したバフェットが、世界一の投資家になったのは、「ウサギとカメ」の話を思わせます。

最終的には、それぞれの投資家の目標や価値観によると思いますが、自分自身のペースで投資をすることが投資の正解なのだと思います。

35
冊目

史上最強の投資家 バフェットの財務諸表を読む力 大不況でも投資で勝ち抜く58のルール

著：メアリー・バフェット、デビッド・クラーク 訳：峯村利哉／徳間書店

永続的な競争優位性を持つ企業を財務諸表から見つけるには

同書では、バフェットが重視する「永続的な競争優位性を持つ企業」の財務諸表の読み方や見つけ方が58の視点から紹介されています。この本を読むことで、財務諸表の見方に関する新たな視点を得ることができました。すでに財務諸表の読み方を把握していると思っている方でも、この本から新たな視点を得られると思います。

適正価格で優良株を購入する

バフェットの投資哲学を表す有名なフレーズとして、「そこそこの会社を割安で買うよりも、優れた会社を適正な価格で購入することで長期的にリターンを得られる」という言葉があります。このフレーズをタイトルに据えた、『とびきり良い会社をほどよい価格で買う方法』(パンローリング)という本も存在するほどです。これは投資家向けウェブサイト運営者、チャーリー・ティエンの著作であり、こちらもバフェットの思考法に基づく客観的な分析が参考になります。

この背景には、バフェットの投資スタイルの変遷が見て取れます。若きバフェットは証券分析の巨匠、ベンジャミン・グレアムから投資の基本を学びました。しかし、グレアムのバリュー投資法にも弱点があり、マンガーから学んだ新しい視点はその弱点を補うものでした。それ以来、バフェットの手法はグレアム流のバリュー株投資と、グロース株投資が組み合わさった形に進化していきました。

損益計算書の法則:高い粗利益率の理由

バフェットは、売上高をさらっと確認したあと、個々の経費をじっくりと吟味します。利益は、ど

粗利益と営業経費

出典：「史上最強の投資家 バフェットの財務諸表を読む力 大不況でも投資で勝ち抜く58のルール」

項目		金額
売上高		10,000
売上原価		3,000
売上総利益（粗利）		7,000
営業経費	販売費&一般管理費	2,100
	研究開発費	1,000
	減価償却費	700
計		3,800
営業利益		3,200

れだけ経費を抑えられるかが重要であると彼は考えています。

その一つに挙げられるのが、粗利益率が高いことです。売上高から売上原価を引いたものが「売上総利益」または「粗利益」と称されるものです（上図）。粗利益率は、売上総利益（粗利益）を売上高で割ったもので、売上に対する粗利益の割合を示します。永続的競争優位性を持つ会社は、この粗利益率が高いとされています。例えば、バフェットがお気に入りの企業であるコカ・コーラは、同書の執筆時点では一貫して60％以上の粗利益率を維持しています。コカ・コーラが高粗利益率を残せるのは、コストを大幅に上回る価格を設定でき、それにもかかわらず購入者がついてくるという特性があるためです。

損益計算書の法則：営業経費を注視せよ

高い粗利益率を誇っていても、長期的優位性が失われることもあります。原因の多くは、営業経費の増大です。次の3つのうちどれか1つでもコストが増大すれば、長期的な成長は破壊されかねません。

1 販売費及び一般管理費（SGA費）：販管費は一貫性を保つことが重要です。毎年、粗利に対するSGA費の割合が大きく変動する企業は、厳しい競争に苦しんでいる可能性があります。粗利に対するSGA費の割合は、30％〜80％と、業種により水準は異なります。しかし、低ければ低いほど、望ましいとされます。

2 研究開発費：バフェットが好む企業、たとえばムーディーズやコカ・コーラは、それぞれ研究開発費がほとんどかからないと言われています。特許がある、先進技術があるというのは一見よいように思えますが、それが本当に永続的な優位性なのか、疑問が残ります。そう考えると、技術競争を続ける必要がない企業を、バフェットは好んでいると考えられます。

3 減価償却費：減価償却費は、いつも必ず発生している現実の経費です。機械も、建物も、長い年月をかけて劣化していきます。そして、必ず買い替えの時期が訪れます。

注意が必要なのは、ＥＢＩＴＤＡ（利払い・税金・減価償却前利益）です。これはグローバル化に伴い、国際的な収益力の比較にも使われる指標です。比較の用途ならば理解できますが、企業の永続的な優位性を評価する場合には、減価償却は無視できません。優位性を持つ企業は、減価償却費の割合が低くなる傾向があるとされています。

貸借対照表の法則：流動比率で企業の優劣は決まらない

一般的には、流動比率（流動資産／流動負債）は１２０％、もしくは２００％以上が必要だと言われますが、バフェットはこの法則に異を唱えます。事実、バフェットが投資するコカ・コーラやプロクター＆ギャンブルの流動比率は、２０２２年度ではそれぞれ約１１４％、約65％でした。

一般的には、これらの流動比率だと、返済に窮しているように思われがちです。しかし、これらの企業は実際には高い収益力を持っており、流動負債の返済は容易です。また、優良企業は高い収益を

●貸借対照表の構成

出典：「史上最強の投資家 バフェットの財務諸表を読む力 大不況でも投資で勝ち抜く58のルール」を参考に著者が作成

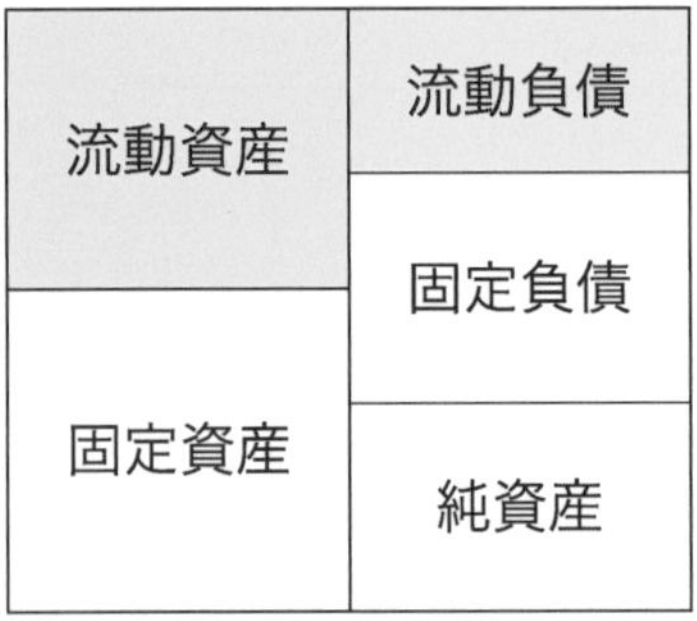

高額な配当や自社株買いに投じるため、現金保有高を減らし、結果的に流動比率を下げています。

これらの事例から、流動比率だけで企業の競争優位性を判断することは難しいと言えます。

貸借対照表の法則：長期借入金は少量もしくはゼロ

バフェットは、永続的な競争優位性を持つ企業は、長期借入金がゼロか少ないと考えています。直近10年間の状況を確認し、長期借入金がほとんど発生していない場合、何らかの競争優位性がある可能性が高いとされています。

バフェットの投資履歴から見ても、長期借入金を毎年の純利益で、3～4年分で返済できる程度しか借りていない企業が多いことが分かります。

２０２２年度の実績では、アップルでもプロクター

純利益の主な使い道

出典：「史上最強の投資家 バフェットの財務諸表を読む力 大不況でも投資で勝ち抜く58のルール」を参考に著者が作成

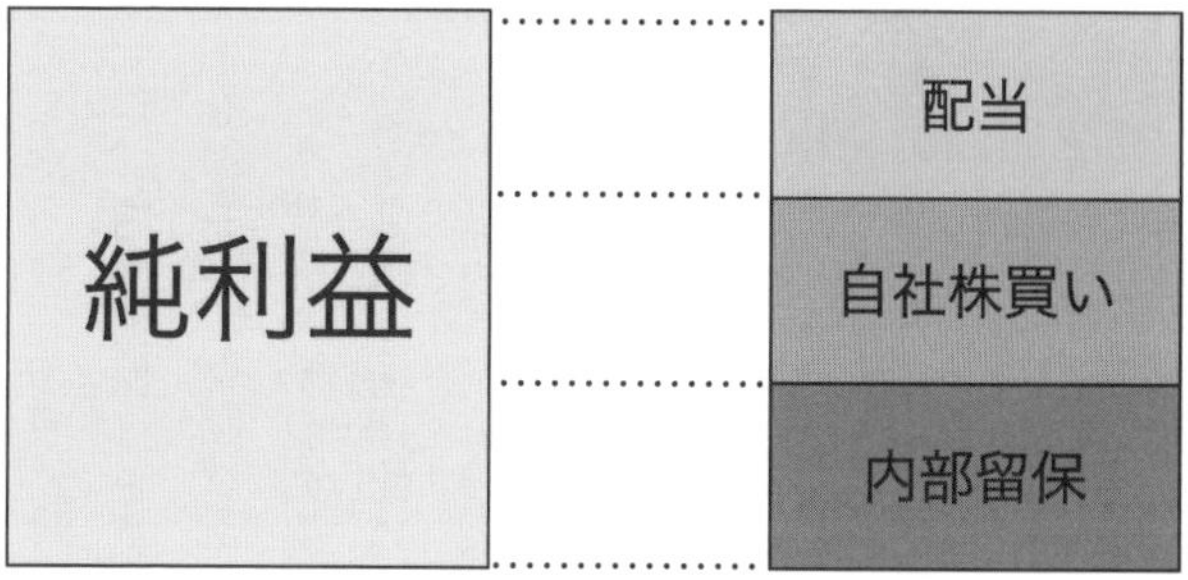

&ギャンブルでも、純利益の2〜3年分で返済が可能でした。このような企業は投資の有力候補となります。

内部留保の着実な増加

企業が内部留保を着実に増加させることはよい指標です。内部留保の安定的かつ長期的な増加は、永続的な競争優位性を持つ企業の特徴と言えます。損益計算書を見る際、全ての費用を差し引いたあとに残るのが純利益です。この純利益の使い道は主に「配当に使う」「自社株を買い戻して株主還元をする」そして「内部留保を積み上げる」の3つです。

配当を多く出す企業や、自社株買いを頻繁に行う企業もありますが、利益のすべてを内部留保として貯蓄する企業も存在します。

同書では、内部留保が増えていく企業を高く評価しています。内部留保の増加は、決算書から純利益を算出し、そこから配当や自社株買いに使った金額を引いて計算できます。配当や自社株買いは株主への還元ですが、内部留保は企業の成長のための投資として利用されます。「ＩＲバンク」というサイトで、銘柄を検索し、財務状況の中の「利益剰余金」の推移をみるのが私のおすすめです。

バークシャー・ハサウェイの例を引用すると、バフェットが経営権を取得した日から、配当の支払いをやめ、内部留保を積み上げ始めました（ちなみに、バークシャー・ハサウェイは、元々は繊維会社です。経営が傾いたため、バフェットが買収し、投資会社として再建しました）。

そして、市場が暴落するチャンスが来るたびに、その内部留保を使って投資を行いました。これがバークシャー・ハサウェイの資本利益の大きな成長につながりました。つまり、永続的に成長するためには、株主への還元だけでなく、企業自身の成長のために投資することが重要なのです。

財務諸表の見え方が変わる58のルール

同書では、財務諸表を通じて見るべきポイントを全58のルールという視点から解説しています。本書は約10年以上前に出版されたものですが、示されている考え方は、今でも十分に通用します。長期投資を志向する方々にとって、ぜひ読んでいただきたい一冊です。

36
冊目

億万長者をめざす バフェットの銘柄選択術

著：メアリー・バフェット、デビッド・クラーク　訳：井手正介、中熊靖和／日本経済新聞出版

優良企業の8つの条件とは？

この本は優良企業の見極め方や、投資収益率を高める方法など、個別株に長期投資を行う際の具体的な戦術を学びたいという人にぴったりの一冊です。

著者はバフェットの息子の元嫁であるメアリー・バフェットと、バフェット一家の親しい友人であるデビッド・クラーク。長年バフェットと生活を共にした二人です。

優良企業とは

買うべき優良企業は、「消費者独占型企業」と言われます。それと対比されているのが買ってはいけない「コモディティ型企業」です。

消費者独占型企業は、ブランド価値があり、市場支配力を持っている企業です。同書の「有料ブリッジ（この橋を渡るためには通行料を払わなければいけない）を持つ企業」というのはおもしろい表現です。消費者独占力の強い企業は、悪材料で売り込まれても、立ち直れるだけの強いエンジンを持つとされています。今で言えばAppleやGoogleのようなプラットフォーマーでしょうか。

一方、コモディティ型企業は、他社と差別化ができず、付加価値の低い事業を行っている企業です。結果として低い売上高、低い利益率、利益が不安定などの場合があります。

消費者独占型企業を見極める8つのポイント

消費者独占型企業の8つの基準は以下の通りです。

1 消費者独占力を持つと思われる製品・サービスがあるか

バフェットが大好きな「コカ・コーラ」は、コンビニ、スーパーマーケット、ドラッグストア、バーなど、どのお店でも絶対に取り扱わなければならないブランド商品です。

確かに、ソフトドリンクメニューの中に、コカ・コーラの文字がなければ、その店の商品ラインナップから何か大事な一部が欠けているような感じがしますよね。

2 一株当たり利益（EPS）が力強い増加基調にあるか

大事なのは、長期的にEPSが力強く増加しているかどうかです。一時的なマイナスが出ても、それが一過性であれば問題ありません。

3 多額の負債を抱えていないか

負債が事業の利益を上げやすくするためのレバレッジとして機能する場合はいいのですが、その一方でリスクも高まるので、基本的にはあまり借金がないほうがいいです。

同書執筆当時のコカ・コーラは、長期負債の残高は1年間の利益よりも少ないので、1年分の利益を使えばすぐに借金を返済できました。長期負債の残高が3年分の利益以下である企業が推奨されています。

4 株主資本利益率（ROE）は十分高いか

15％が一つの基準として挙げられていますが、日本株の平均的なROEはアメリカ株に比べて低いため、15％というのは高めのハードルですね。

5 現状を維持するために、内部留保利益の大きな割合を再投資する必要があるか

利益を、固定資産のメンテナンスや、新規開発に大量に投じる必要がある場合は、その企業はあまり好ましくないかもしれません。現状維持の負担が小さければ、株主への配当や高収益事業の拡大に使われる可能性があります。

6 内部留保利益を新規事業や自社株買戻しに自由に使えるか

ポイントは「配当に回すよりも、高収益の事業に再投資してほしい」とバフェットは考えるということです。

7 インフレを価格に転嫁できるか

インフレは日本でも本格化し始めていますが、株式投資の観点では、「値上げしても、買ってもら

える」商品であることが重要です。

8 内部留保利益の再投資による利益が、株価上昇につながっているか

業績が上昇した分が、長期的な株価上昇につながっているかを確認します。

以上の8つの特徴が、買うべき消費者独占型企業の特徴でした。気になっている銘柄をぜひこの8つの特徴に当てはまるかどうかチェックしてみてはいかがでしょうか。

消費者独占型企業の4つのタイプ

続いて、消費者独占型企業の4つのタイプをご紹介していきます。

1 長期使用や保存が難しく、強いブランド力を持ち、販売業者が扱わざるをえないような製品を作る事業

コカ・コーラにはまさしくブランド価値があり、一度飲んでしまったら終わりなので、長期利用はできない商品です。ブランド価値を持つ企業は強い価格交渉力を持っています。

2 他の企業が事業を続けていくために、持続的に使用せざるをえないコミュニケーション関連事業

今で言えばGAFAMなどが挙げられるのではないでしょうか。

3 企業や個人が日常的に使用し続けざるをえないサービスを提供する事業

警備保障事業、確定申告代行サービス、クレジットカードなどが挙げられています。GAFAMはこちらにも該当しそうですね。

4 宝石、装飾品や家具などの分野で、事実上地域独占力を持っている小売事業

店舗や土地を自社で保有し、低コストで維持することが条件です。このような企業は、地域で独占することができれば規模の経済も働くので、消費者独占型企業と言えるでしょう。

この4タイプのいずれかに属する銘柄を見つけたときは、ぜひ投資を検討してみたいところです。

絶好の買い場4選

最後は絶好の買い場4選です。

ケース1　相場全体の調整や暴落

これが最も分かりやすいタイミングです。業績とは関係なく下がるので、その銘柄に悪い材料があるとは限りません。安く買うチャンスであるため、安心して投資できます。

例えばウォーレン・バフェットは1987年のブラックマンデーという相場全体の暴落のときに大きく買っています。

ケース2　全般的な景気後退

不況はだいたい1年から4年ほど継続するのですが、絶好の投資機会でもあると書かれています。ただし、その際には不況前に業績のよかった銘柄を選ぶ必要があります。もともとそういった強さのある企業であれば、不況後に立ち直ることができます。弱い企業は淘汰されてしまうので、ここは本当に見極めが重要なタイミングになると思います。

ケース3　個別企業の特殊要因

解決可能な一時的問題や、事件や事故などで株価が下がったという一時的なタイミングが当てはまります。

過去にアメリカン・エキスプレスのサラダオイル事件という詐欺事件があり、バフェットはそのときにアメックスが市場で売られるなか、一時的な問題でしかないと判断し、市場と逆行して、大量に買ったのです。結果としてアメックスは復活し、バフェットは大儲けすることになりました。

ケース４　企業の構造変化

合併、リストラ、企業再編などが起きると、一時的な特別損失が計上されたり、一時的に赤字転落したりすることもありますが、そういった状況も買い時になる可能性があります。例として、コストコ（日本でも人気ですよね）にバフェットが投資したのは、合併やリストラによって一時的な赤字を出したタイミングでした。また、特定の事業部門がスピンオフしたときも企業の構造変化に当てはまります。

以上、４つが買い時のまとめになります。

将来株価と、期待収益率の予想

消費者独占型企業の場合、過去のＥＰＳ成長率から、将来の株価を予想することが可能です。同書のキャピタル・シティーズ株の例を使います。1970年から1980年の10年間にEPSは0・08ドルから0・53ドルに成長しました。EPS成長率を求めるには、エクセルに「=(0・53/0・08)^(1/10)－1」を入力します。答えは約20％です。

次に、この成長率から、10年後のEPSを予想します。エクセルに「0・53*(1+0・2)^10」を入力します。すると、予想EPS3・28ドルという数字が出ます。

予想株価を出すには、過去のPERを参考にします。過去10年のPERは9倍から25倍の範囲で推移していました。その下限の9倍を用いて、予想EPSに掛けます。すると、予想株価は3・28×9で、29・52ドルになります。

同書では、単なる予想株価よりも期待収益率を重視するので、1990年の予想株価29・52ドルと1980年の株価5ドルをもとに、10年間の期待収益率を計算します。エクセルで「=(29・52/5)^(1/10)－1」を計算すると、年率19・4％という期待収益率が得られます。

期待収益率で、他社の銘柄と比較してどうか、インフレ率をどれほど上回るのかを考えるのが、バフェット流と言われます。

23のレッスンでバフェット投資のエッセンスを

基礎編から、応用編までの一部をまとめてご紹介しました。具体的な銘柄選択の助けになるような全23レッスンが載っているので、非常に参考になる一冊だと思います。投資力を身につけたい方や、個別銘柄の選び方を学べる入門書を探している方は、ぜひこの内容をチェックしてみてください。

6 日目

グロース株投資編

グロース株投資は、株式投資の花形的な手法である一方、難易度も特に高い手法です。新NISAでは、成長投資枠が設けられ、投資家にとっては新たなチャンスが生まれました。いわゆる「テンバガー」と呼ばれる、投資額の10倍以上に成長する株は、日本市場でも毎年のように登場しています。この章では、グロース株投資の洞察を提供する名著を紹介します。

37 冊目

オニールの成長株発掘法【第4版】良い時も悪い時も儲かる銘柄選択をするために

著：ウィリアム・J・オニール　監修：長尾慎太郎
訳：スペンサー倫亜／パンローリング

100年以上変わらない投資の原則！独創的なチャート分析も魅力

著者ウィリアム・J・オニールは、『マーケットの魔術師』（パンローリング）に登場する世界屈指のトレーダーです。

株式投資において「安く買って高く売る」という伝統的な考え方がありますが、オニールはこれが誤ったアプローチだと指摘し、「高く買ってさらに高く売る」ことを提唱しています。また、人間の本質が100年経っても変わらないことから、「歴史は繰り返す」という観点も重要です。この本

● カップ・ウィズ・ハンドルのパターン

出典：「オニールの成長株発掘法［第4版］良い時も悪い時も儲かる銘柄選択をするために」（著者が一部改変、追記）

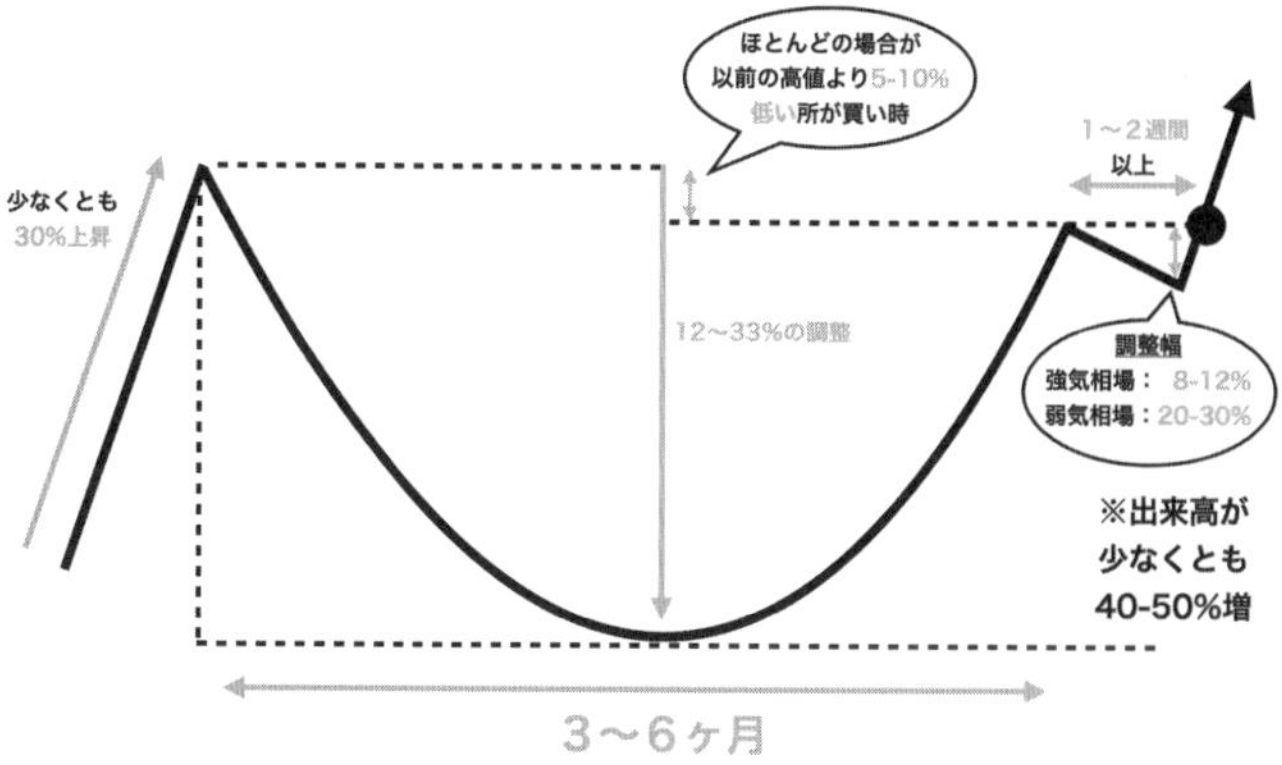

は1880年から2008年までの大化け銘柄のチャート100年分以上のデータから、時を超えた投資の法則を、CAN－SLIMの7つの原則や、カップ・ウィズ・ハンドルをはじめとした特定のチャートパターンを通して示しています。

カップ・ウィズ・ハンドルとは

まずはチャートパターンのひとつであるカップ・ウィズ・ハンドルを見ていきましょう。この名称は、チャートが取っ手付きのカップのように見えることに由来します。重要なポイントをいくつか紹介していきます。

まずは、少なくとも30％程度の株価の上昇があります。もちろん、それ以上でもOKです。そこからカップの部分を形成する調整期間が入ります。

この下落では12～33%ほどの調整が入ります。必ずではありませんが、多くの場合、V字形というよりも、なだらかなU字形の方が多いと言われます。

そして、この調整期間は3～6カ月ほどあると言われています。そして、この調整期間を経た後、取っ手の部分を1～2週間ほどで形成します。取っ手は1～2カ月かかることも十分にありえますし、値動きが速いものは1週間で形成することもあります。取っ手の調整幅は強気相場では8～12%、弱気相場では20～30%と言われます。

この調整は機関投資家による「ふるい落とし」と言われます。その後、大幅な出来高の増加を伴って株価が上昇したタイミングが買いポイントになります。出来高は少なくとも40～50%以上増加するのがポイントで、1000%上がることもあるそうです。

そして、この買いポイントは、カップを形成する前の高値よりも、ほとんどの場合低いのが特徴です。このカップを形成する前の高値を超えてからだと遅いと書かれています。

同書では具体例が豊富で「なぜ新高値をとってからでは遅いのか」や、「なぜ取っ手が10週移動平均線を下回ってはいけないのか」などの理由を、事例を見ながらチェックすることができます。

続いてCAN－SLIMについてご紹介していきます。これはそれぞれの頭文字を取ってつなげたもので、Cから順番に見ていきましょう。

Cは当期四半期の一株当たり収益（Current Quarterly Earnings）と売り上げが増加しているかどうかです。少なくとも25〜50％の上昇が条件です。大事なのは前年同期比で比較するということですね。それは業界によって季節性の変動の影響があるためです。そしてこのEPS（Earnings Per Share＝1株当たりの純利益）の伸びと同時に売り上げも大きく伸びていることが必須条件になっています。

Aは年間の一株当たり収益の伸び（Annual Earnings Increases）です。先ほどは四半期の増加率でしたが、年間の増加率も見ていきます。四半期EPSと同じく25〜50％以上の増加が条件です。そしてROE（自己資本利益率）が最低でも17％。特に優れた銘柄は25〜50％と言われますが、まずはこの最低17％というラインを超えることが条件です。大化け銘柄の4分の3以上は大きく株価上昇する前に、最低3〜5年間、EPSが継続して増加すると言われるので、EPSの増加率が3年以上高く保たれていればなお有望です。

Nは新興企業や新製品、新サービス、新しい経営陣、業界の需要拡大、価格の上昇、技術革新など

(Newer Companies, New Products, New Management, New Highs Off Properly Formed Bases) 何らかの新しいもののことです。

同書の事例から、iPodを発売した直後のAppleでは完璧なカップ・ウィズ・ハンドルを形成しています。当時はまだソニーのウォークマンを聴いていた人も多かったのではないでしょうか。このサインは2004年の2月27日に発生しましたが、ここを逃したとしても、実は2004年にもう1回、2005年、2006年、2007年にも同じような買いサインが出ています。このように独創的で市場を先導する新興企業は将来にわたって何度か買いサインを出してくれるということですね。

Sは需要と供給（Supply and Demand）についてです。世の中のすべての商品の価格は需要と供給によって成り立ちます。株式市場でも需要と供給の法則は同様で、発行株式数が少ないほど需要に対しての供給が少なくなるため、価値が高くなるということが当てはまります。そのため、その他の条件がすべて同じで発行株式数が50億株と5000万株なら、後者の5000万株の方が期待が持てます。株式が頻繁に分割されている銘柄は、勢いがあるという見方もできますが、過度な分割をすると、流通量が増えるデメリットもあるため注意が必要です。

逆に、自社株買いをすることによって、世の中に流通する株式数が減るため、1株の価値、つまり

EPSが高まります。これが自社株買いが好感される理由です。また、誰が株式を保有しているかということも非常に重要で、経営者の保有の割合が高いと、株主と経営者の利害が一致するため、期待が持てます。

Lは、その銘柄が主導銘柄か停滞銘柄か（Leader or Laggard）という意味で、主導銘柄を買うことが重要です。主導銘柄とは、業界の上位3位以内の銘柄です。規模や有名かどうかのブランド価値ではなく、CやAの条件であったような、四半期のEPSや年間のEPS、売り上げの伸びが大きく、ROEなどの条件での業界3位以内です。株探などのWEBサイトを使うと、同業他社との比較をする機能も付いていますので、スクリーニングが楽になります。

Iは機関投資家による保有（Institutional Sponsorship）で、複数のプロの投資家が保有しているかどうかです。個人投資家より圧倒的な資金量があるため、大きく株価を上昇させるためには、機関投資家からの資金流入が必須となります。先ほどのカップ・ウィズ・ハンドルの部分でも触れたように、買いポイントでは出来高が最低40〜50％以上増加するとされていますが、これだけの出来高増加が実現するには、機関投資家の買いが必要です。

最後のMは、株式市場の方向性（Market Direction）、つまり上昇相場になっているかどうかです。シンプルに言えば下落相場中に買ってはいけないということです。

他の6つの条件を満たしていたとしても、市場が下向きの時はほとんどの銘柄が下落するため、カップ・ウィズ・ハンドルも失敗に終わってしまったり、報われなかったりすることがあります。強気相場なのか弱気相場なのか、強気相場でも初期か終盤かなどを把握することで、方向性をある程度つかむことができます。ただし、マーケットを完璧に予測することは不可能です。

独創的なチャート分析、ファンダメンタルズ分析を合わせた手法

実例を見たりすることで、より詳細な情報を得ることができますが、本項でもある程度の概要がお分かりいただけたと思います。

同書は情報量が豊富で、分厚いため、代表的な2つの手法の概要の紹介でしたが、より細かい条件や深い内容を知りたい方は、ぜひ同書を手にとって読んでみてください。

38
冊目

ミネルヴィニの成長株投資法

高い先導株を買い、より高値で売り抜けろ

著：マーク・ミネルヴィニ　監修：長尾慎太郎　訳：山口雅裕／パンローリング

グロース株（成長株）の最高の教科書

同書は、成長株投資の権威であるマーク・ミネルヴィニの著書です。同じく成長株投資の権威であるウィリアム・オニールの著書と比較されがちで、新高値近くで買うことや、ファンダメンタルズ分析とテクニカル分析を両方駆使することなど、共通点もあります。

誤解されているＰＥＲ：価値あるものは高い

ＰＥＲは株価を一株当たりの利益で割った数値で、一般的に銘柄の割安度を示す指標として用いられます。ただし、同書ではＰＥＲを単独で見ることは全く役に立たず、ＰＥＲが低いからといって必ずしもよい銘柄であるとは限らないことを指摘しています。特に成長株投資では、高いＰＥＲでも本当によい株であれば積極的に投資することが提案されています。

事例として、著者が１９９７年６月にＰＥＲが９３８倍のヤフー株を購入したエピソードがあります。誰もが高いと感じるＰＥＲでしたが、実際にはそのタイミングで購入し、29カ月後には７８００％の上昇を記録しました。その後のＰＥＲは１７００倍にまで達しました。この事例から分かるように、ＰＥＲが割安か割高かという見方だけで投資判断をしていたら、７８００％の上昇を得られなかったのです。

ＳＥＰＡ戦略の概要

同書の分析の特徴の一つでもあるＳＥＰＡ戦略の５つのポイントは以下の通りです。

1　トレンド
2　ファンダメンタルズ
3　きっかけ
4　買い場
5　売り場

1　トレンド

並外れたパフォーマンスは、上昇トレンドの時期に現れます。例えば、著者は株価が下向きの、200日移動平均線を下回っている銘柄は絶対に買わない（その銘柄が200日以上取引されているとして）と言い切っています。

2　ファンダメンタルズ

一般的に急成長局面に入る前に、売上高、利益率、利益の改善によって株価が動きます。

また、利益の源泉、利益の質を評価するときには注意が必要です。営業外収益や、一時所得といった、1回かぎりの利益や臨時収入ではなく、中核事業によって利益が増えている銘柄を探します。

3 きっかけ

上昇には何かしらのきっかけがあります。いわゆる「カタリスト」でしょう。売上高に占める割合が大きな新製品の発売や、FDA（食品医薬品局）の認可、新規契約、あるいはCEO（最高経営責任者）が交代するというニュースでさえ、それまで動きが鈍かった銘柄に機関投資家の買いが入り、活気づくきっかけになることもあります。

4 買い場・5 売り場

低リスクの買い場では、華々しい上昇をとらえる機会が少なくとも1回、時には何回かあると言います。その1つはボラティリティ（株価の変動率）の低下です。これは、オニールのカップ・ウィズ・ハンドル（カップを形成後、取っ手の部分で買う）に似ています。機関投資家による買い集めの動きに共通する特徴として、ベース内の特定の範囲で出来高を大幅に減らしつつ、ボラティリティが低下することだと言われます。たとえ適切な買い場で買えても、すべてはうまくいきません。資金を守るために、損切りの逆指値を置いて強制的に損切りをしなければなりません。

そして、売買タイミングに関わるトレンドを見極めるためには、株価のサイクルを知る必要があります。

株価の4つのサイクル

同書では、株価には4つのトレンドがあると示します。

第1ステージ　底固め局面――無関心
第2ステージ　上昇局面――機関投資家の買い集め
第3ステージ　天井圏――機関投資家の売り抜け
第4ステージ　下落局面――投げ売り

これらが繰り返されるサイクルです。もちろん、一度下落局面に入った銘柄が二度と上昇局面に戻らないケースもありますが、1つのサイクルを終えて次のサイクルに移るパターンも十分にあり得ます。それぞれの局面の特徴を見ていきましょう。

底固め局面

底値で拾うと言われると、上手な投資家のイメージがありますが、同書では底値で拾う必要はな

株価の４つのサイクル

出典：「ミネルヴィニの成長株投資法 高い先導株を買い、より高値で売り抜けろ」を参考に著者が作成

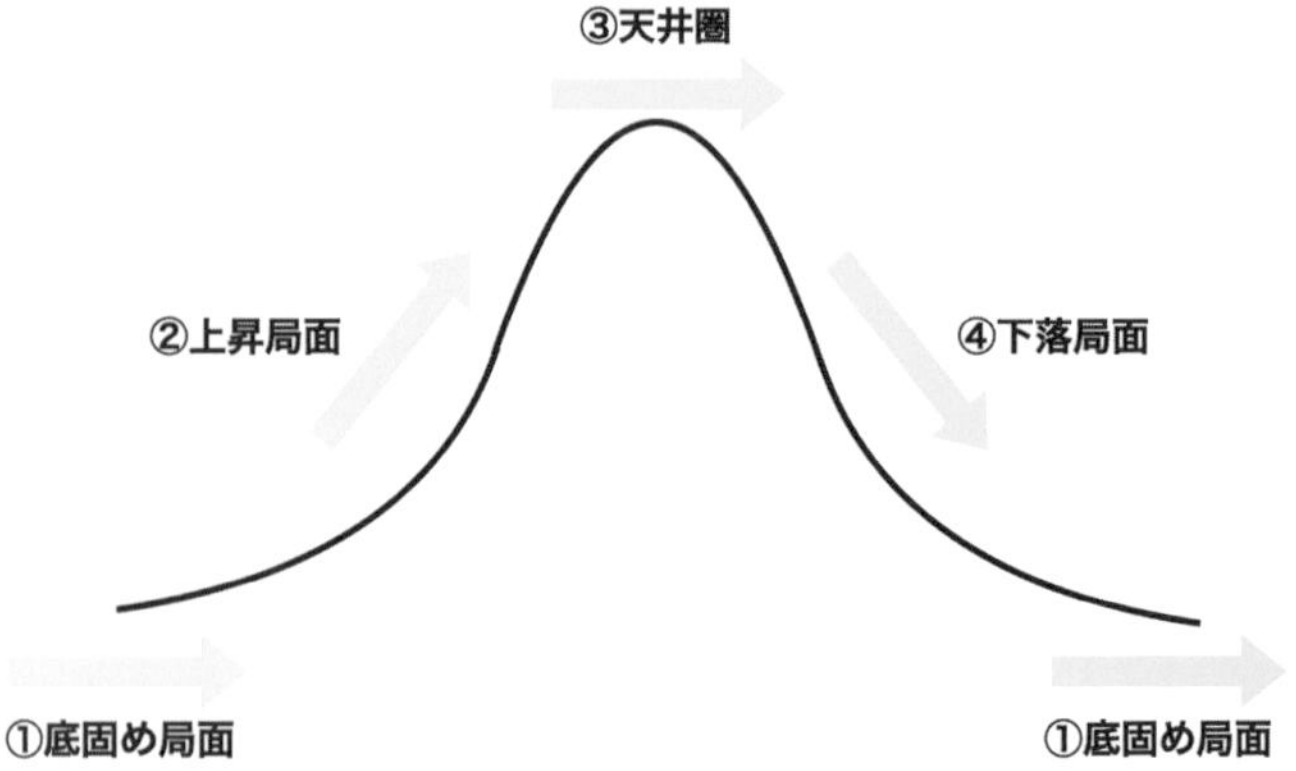

く、実際に買うべきタイミングは、上昇局面に入り始めた段階であると述べています。

上昇局面

次に上昇局面です。株価は200日移動平均線または40週移動平均線を上回っている状況です。短期の移動平均線が長期の移動平均線を上回っており、出来高が増える中で株価が大きく上昇していることがポイントです。これは機関投資家が買いを仕掛けていることを示しており、大きな上昇の波に乗るためには機関投資家の買いの波に乗ることが欠かせません。成長株投資ではこのような順張りの考え方が必要です。

天井圏

ここでは機関投資家が売り抜け、買い手はより弱

い購買力の買い手になります。株価はまだ高値にあるものの、ボラティリティが高まり動きが不規則になってきます。株価は200日移動平均線を上下に動き、移動平均線がやがて下向きになっていきます。EPSなどの指標の上昇勢いがなくなり、利益率が低下した場合、天井圏から下落局面へ移行する可能性があります。機関投資家もこのタイミングで売り抜けるため、買いは控えるべきです。

●下落局面

上昇局面とは真逆の状況が起こります。株価が200日移動平均線または40週移動平均線を下回り、下落トレンドになっていく中で、短期の移動平均線が長期の移動平均線を下回ります。大きく下落する際には出来高が増えるものの、下落が止まると出来高が減少します。このときは保有してはいけないタイミングで、再び底固め局面へと移行します。

最適な取引戦略としては、上昇局面の始めで買い、天井形成局面で売るのが最もよい方法となります。株価が4つのサイクルトレンドの中の最高の買い場である第2ステージであるかどうかを見極めるステップとして、トレンドテンプレートを利用します。

「トレンドテンプレート」は予選

買いを検討するための「1次予選」としてすべての購入候補に適用される基準が、トレンドテンプレートです。

ある銘柄が確実に第2ステージの上昇トレンドにあるとみなすためには、以下の8つすべての基準を満たす必要があります。

1 現在の株価が150日（30週）と200日（40週）の移動平均線を上回っている

2 150日移動平均線は200日移動平均線を上回っている

3 200日移動平均線は少なくとも1カ月（望ましくは、ほとんどの場合、最低4～5カ月）、上昇トレンドにある

4 50日（10週）移動平均線は150日移動平均線と200日移動平均線を上回っている

5 現在の株価は50日移動平均線を上回っている

6 現在の株価は52週安値よりも、少なくとも30％高い（最もよい候補の多くは底固めの期間を抜けて大きく上昇する前に、52週安値から100～300％、あるいはそれ以上も上げている）

7 現在の株価は52週高値から少なくとも25%以内にある（新高値に近いほどよい）

8 レラティブストレングス（インベスターズ・ビジネス・デイリー紙のレポートなどで見られる、株価指数と比べてどれほど強いかの指標）のランキングは70以上、望ましくは80台か90台である。通常、よりよい候補の場合はこれらが当てはまる

これだけの条件が課せられた1次予選を通過して初めて、検討に値する銘柄になります。

成長株投資を行う全ての投資家に読んでほしい一冊

トレンドテンプレートは非常に便利ですが、あくまで予選であるという点には留意しておきたいところです。同書では、トレンドテンプレートの条件を満たした銘柄の約95%は、その後のスクリーニングで振るい落とされることになっています。

同書が提供するのはスクリーニングなどのような具体的な手法だけではなく、損切りのポイント、含み益に対する認識、リスク管理など、投資のあらゆる場面での考え方です。特に、最後のリスク管理に関する章は、個人的に最も気に入っています。

非常に評価が高い一冊ですので、成長株投資を行う全ての投資家におすすめします。

39
冊目

株式投資で普通でない利益を得る

著：フィリップ・A・フィッシャー　監修：長尾慎太郎　訳：井田京子／パンローリング

株式投資で利益を得る15のポイントとは

フィッシャーはウォーレン・バフェットの投資哲学に大きな影響を与え、バフェット自身が「私の85％はグレアム、15％はフィッシャーからできている」と語っているほどです。彼の投資哲学は、成長株投資の重要性を強調しています。

グレアムが現在の事実に基づく投資を重視していたのに対し、フィッシャーは将来の可能性を評価することを重視していました。バフェットのスタイルは、この2人を混ぜたようなスタイルで、基本的にはバリュー投資と言われているものの、成長株投資の側面も非常に強いのは、フィッシャーの影響があると考えられます。

周辺情報利用法

同書の一つの特徴として、数字に表れない側面を見る「周辺情報利用法」は最も重要なキーワードと言っても過言ではありません。

周辺情報利用法では、会社の関係者、顧客、競合企業の関係者、業界団体の幹部などからのコメントが非常に大事だとされています。身近な人たちから得られる情報は、数字には表れない部分であっても、それこそが重要であるというのが周辺情報利用法の考え方です。

プロのファンドマネージャーなどであれば、経営者への直接のインタビューや、会社に赴いて直接、経営の様子を観察することが日常的に行われているため、実行しやすいと思われます。しかし、個人投資家にとっては、会社関係者の声を集めることは困難だと感じるかもしれません。

フィッシャー自身も、すべてを完璧に行うのは大変であろうと認識しています。そうだとしても、個人投資家も「なぜそれが必要なのか」ということを理解することが重要だと主張しています。

15のポイント

続いて、株を調べるときに注目すべき15のポイントは以下の通りです。

1 その会社の製品やサービスには十分な市場があり、売り上げの大きな伸びが数年以上にわたって期待できるか

2 その会社の経営陣は現在魅力のある製品ラインの成長性が衰えても、引き続き製品開発や製造過程改善を行って、可能なかぎり売り上げを増やしていく決意を持っているか

3 その会社は規模と比較して効率的な研究開発を行っているか

4 その会社には平均以上の販売体制があるか

5 その会社は高い利益率を得ているか

6 その会社は利益率を維持し、向上させるために何をしているか

7 その会社の労使関係は良好か

8 その会社は幹部との良い関係を築いているか

9 その会社は経営を担う人材を育てているか

10 その会社はコスト分析と会計管理をきちんと行っているか
11 その会社には同業他社よりも優れている可能性を示唆する業界特有の要素があるか
12 その会社は長期的な利益を見据えているか
13 近い将来、その会社が成長するために株式発行による資金調達をした場合、株主の利益が希薄化されないか
14 その会社の経営陣は好調なときは投資家に会社の状況を饒舌に語るのに、問題が起こったり期待が外れたりすると無口になっていないか
15 その会社の経営陣は本当に誠実か

定性的な評価も多いため、調査が難しい側面はありますが、本来はこのような情報を知った上で銘柄選択できることが理想であるということは、覚えておきたいポイントです。

一度買った株を売る3つの理由

売りは、買いよりも難しいと言われます。第6章では、売る理由は3つしかないと言われていますが、ただ一つの共通する目的は、最大の利益を得るということだけです。

1つ目は、最初に買ったことが間違いで、その会社の実績が最初の想定よりもはるかに悪かったことが時間の経過とともに明らかになった場合です。これは最も分かりやすい売る理由です。注意したいのは、自分のエゴです。自分の過去の判断を、躊躇わずに訂正しなければなりません。

2つ目は、先ほどの15のポイントを満たさなくなったタイミングです。つまり、購入した銘柄には、常に警戒を怠ってはいけないということになります。

3つ目は、より魅力的な銘柄が出てきたときです。ただし、キャピタルゲイン税を支払ってでも乗り換えたい銘柄かどうかには注意が必要です。

戦争の際は買う

戦争の時期には恐れずに株を買うという話がありました。具体的には、「戦争が終われば株価は必ず以前より高くなっているのに、戦争の恐れが広がったときや実際に戦争が勃発したときに株を売ってしまう投資家は何を見落としているのだろうか」と投げかけています。つまり、戦争のときに売るのは間違いだとフィッシャーは言うのです。

この話の真意は、人々の心理に注目する必要性にあります。戦争の脅威によって株価が暴落する際、その瞬間の恐怖を抑えて株を買うべきだというのです。人々が恐れて売る心理を逆手に取ることが重要だということです。

基本的にフィッシャーが考える「買い時」は、「一時的な問題が起きたとき」であるようです。その問題を「一時的である」と確信を持てるかどうかが重要なポイントです。それは企業の個別の問題である場合もあれば、戦争のように外部環境の変化が問題を引き起こす場合もあります。大衆が恐怖を感じている中で、再び平穏を取り戻すと信じられるかどうかということです。

もう一つの理由として、戦争によって現金の価値が下がる傾向があることが挙げられます。戦争は多くの出費を伴い、典型的なインフレを引き起こします。そうした状況下で株を売るということは現金に逃げることになるので、それは愚かだとフィッシャーは言います。

この考えは、ロシア・ウクライナ戦争が起きた今の時代にも念頭に置いておきたい話です。実際に世界的なインフレも加速しました。日本が不本意な形ながらも、30年ぶりのデフレを脱却するほどのインパクトがありました。同書の内容は時代を経ても色褪せないものだと感じさせた部分です。

投資手法とフィッシャーの伝記的な内容について

私が実際にこの本を手に取ったとき驚いたのは、息子のケン・フィッシャーが書いた「まえがき」が本全体の約1／3を占めていたことでした。

このまえがきでは、フィリップ・A・フィッシャーの人生や性格について詳しく語られています。彼は大学で教鞭をとる一方、実務の世界ではフィッシャー・アンド・カンパニーを創業するなど、非常に優秀な人物でした。投資に関しては天才的であったといえますが、人間関係については少し不器用な面があったかもしれません。

全体を通して、この本は中級者から上級者向けの高度な内容で、難易度は高めだと思います。しかし、投資において大切なことを学べる一冊だと考えています。特に「周辺情報利用法」については、我々が非常に不確かな情報や限られた情報をもとに株式を売買している現状を考えると、その重要性がよく分かります。不確定要素が非常に多い中で行動している、そのような姿勢でいれば、傲慢や過信に陥ることは少なくなるでしょう。油断は投資において大きな罠であるため、それを避けることができると考えています。

40
冊目

ケン・フィッシャーのPSR株分析 市場平均に左右されない超割安成長株の探し方

著：ケン・フィッシャー　監訳：鈴木一之　訳：丸山清志／パンローリング

PSRを活用して〝グリッチ〟で株価を下げたスーパー企業を見つける

本作の著者は、成長株投資理論の巨匠、フィリップ・フィッシャーの息子にして著名投資家でもあるケン・フィッシャーです。

フィリップ・フィッシャーの成長株理論は、ウォーレン・バフェットにも多大な影響を与えたと言われています。しかし、フィリップ・フィッシャーの理論は抽象的な部分が多く、それを数値化し具体的に表すことは難しいとも指摘されています。そこで、息子であるケン・フィッシャーが、父親の

グリッチとは

出典：「ケン・フィッシャーのPSR株分析 市場平均に左右されない超割安成長株の探し方」（著者が一部改変）

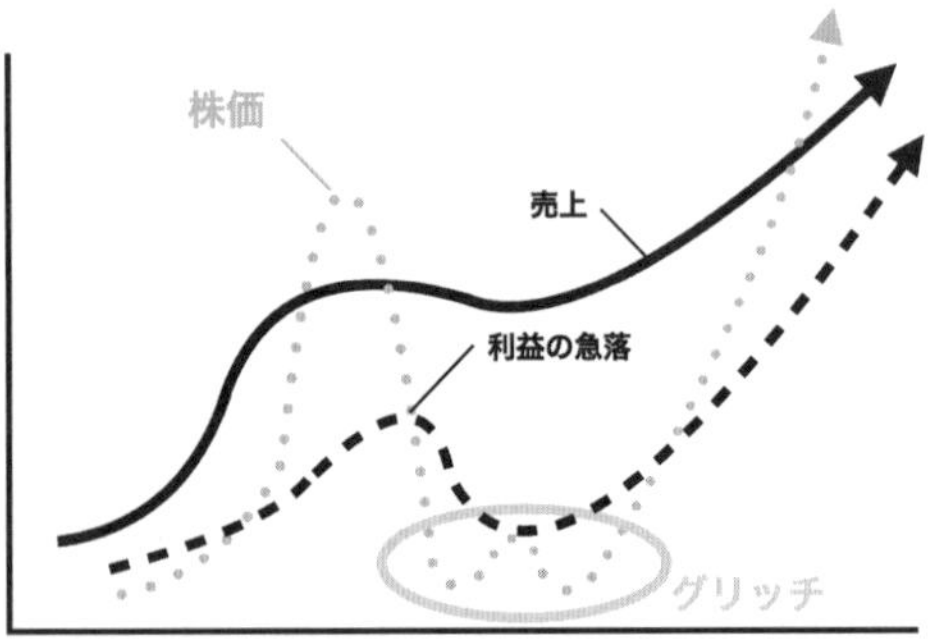

理論を継承しつつも、それをより定量的な基準で表現しようとしたのがこの本です。

グリッチとは何なのか

同書の特徴的な概念として「グリッチ」があります。これは、超成長株が途中で必ず遭遇する「挫折」を指し、成長企業がその道程で経験する問題や困難、業績低下や赤字への転落を意味します。同書ではこれを失敗とは捉えず、むしろ進化の証と説明しています。また、グリッチが発生するフェーズでは、株価は大幅に下落し、これが優れた企業を割安で購入する絶好の機会となるのです。

「スーパー株式」とは何か

スーパー株式とは、年間約20%の利益成長を続け、その結果、およそ3年で株価が3倍から10倍に跳ね上がるような、特別な企業の株式を指します。しかし、スーパー株式を見つけるためには、まずスーパー企業を理解する必要があります。スーパー企業とは、自己資金によって平均を大きく上回る成長を実現し、他社とは一線を画す企業のこと。物価上昇率を考慮に入れた上で、実質的に年間15%以上の成長を達成することが求められます。投資のチャンスは、スーパー企業の株価が割安になる瞬間に訪れます。これは、企業が何らかの問題に直面している時期、「グリッチ」の瞬間です。このタイミングを見極めることが、スーパー株式を見つける鍵となります。

バリエーション分析〜ＰＳＲの使い方〜

一般的に、企業の価値を評価する指標としてＰＥＲ（株価収益率）が頻繁に使用されますが、ＰＥＲには大きな欠点があります。それは、赤字企業や利益がゼロの企業を評価することができない点です。

PERとPSRの計算式

出典：ケン・フィッシャーのPSR株分析 市場平均に左右されない超割安成長株の探し方」
を参考に著者が作成

$$\text{PER} = \frac{\text{時価総額}}{\text{当期純利益}}$$

$$\text{PSR} = \frac{\text{時価総額}}{\text{売上高}}$$

赤字企業や利益がゼロの企業も、時折、スーパー株式に躍り出ることがあります。それは、成長の苦悩、いわゆる〝グリッチ〟に直面している最中のスーパー企業です。若くて成長途上の企業が初期段階で黒字になれていないことは決して珍しくありません。そのような状況では、PERは役に立たないのです。そこで著者は、PERという指標をあまり好まず、代わりにPSR（株価売上高倍率）を好むと述べています。彼の最も成功した投資のほとんどは、損失を出していたり、利益がごくわずかで、PERが無意味になったり、利益ゼロで表面的にPERが無限大になっているような企業への投資だったと述べています。

PSRがPERより優れている一つの点は、その変動の小ささです。PSRとPERの計算式を見てみると、これらは株価の割合を示す基準が、利益か売上高かという違いだけであることが分かります。

売上高は利益と比較して安定性があるため、PSRが有利な一面を持つと言えます。利益の変動は大きく、時には赤字になることもあります。そうした場合、PERは役立たなくなります。スーパー企業の株価が大幅に下落し、最適な購入時期となった場合、その業績が大幅な売り上げ減になっているとは限りません。これが〝グリッチ〟です。ただし、誤解しないでいただきたいのは、企業が〝グリッチ〟に直面している時期には、利益が落ち込んでいる場合がほとんどだということです。大抵の場合、売上高はそれほど変動していない可能性が高いです。しかし、人々は失望感から大量に株を売り払うことが多いため、スーパー企業の株はスーパー株式へと変貌する可能性があります。

理想的なスーパー株式は次の特徴を持つことが期待されます。

1 自己資金を元手に、今後も長期的におよそ年平均15%~20%の成長が可能である

2 今後も長期的に税引き後利益率が平均で5%を超える

3 株価売上倍率（PSR）が0・75以下である

この基準は、基本的な考え方のベースになります。実際にスーパー株式を売買するときは、以下の3つの鉄則を守る必要があります。

インテルの株の保有時期は？

出典：ケン・フィッシャーのPSR株分析 市場平均に左右されない超割安成長株の探し方」を参考に著者が作成

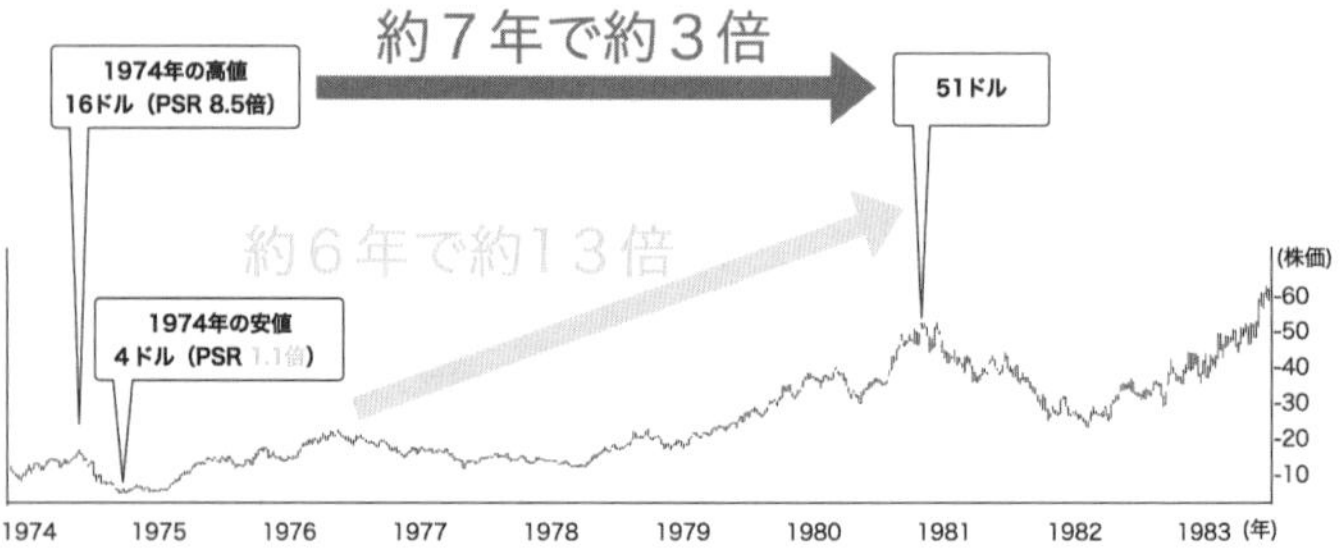

1 PSRが1・5倍を超えるものを避ける。PSRが3倍を超えるものは何があっても買ってはいけない

2 PSRが0・75倍以下のスーパー企業を積極的に探す。常に数社はあると言われる

3 PSRが3・0倍から6・0倍に上昇したスーパー企業の株式は売れ

また、大企業のＰＳＲは、小企業のＰＳＲに比べて低い傾向がありました。もし企業が大きく、ＰＳＲが高い場合、その株価は未来で大きな失望を生むか、悲劇的な災害を招く可能性が高いと警告されています。例えば、インテルの株なら、１９７４年のＰＳＲが８・５倍だったときに購入するべきではありませんでした。１９７４年末または１９７５年初頭、株価が４ドル未満でＰＳＲが１・１倍だったと

きに購入することができました。そこから1980年の最高値まで保有し続ければ、あなたの投資は10倍以上になったはずです。

PSRは避けるべき株を見極める指標

フィッシャーの法則を用いて株式市場でタイミングを掴むための手順を簡単にまとめると、以下の2点となります。

1 ある会社が（十分に）低いPSRで取引されているとき、その株式を購入する
2 （十分に）低いPSRで取引されている会社が見つからない場合、購入を見送る

特に重要なのは、PSRが示すのは「どの株式を購入すべきか」ではなく、「どの株式を避けるべきか」であるという点です。高いPSRの株式は購入せず、低いPSRの株式の中から投資のチャンスを探すというわけです。

41
冊目

スーパーストック発掘法 3万時間のトレード術を3時間で知る

著：ジェシー・スタイン　監修：長尾慎太郎　訳：山下恵美子／パンローリング

大衆に反して稼ぐ スーパーストック発掘法とは

同書は、具体的なテクニックを含みつつ、著者の実体験を通して、投資とは人間の情熱、決断力、そして試行錯誤の連続であることを教えてくれます。

著者のジェシー・スタインは、たった28カ月で1万4972％のリターンを叩き出した投資家です。とはいえ偶然的に短期で儲けたのではありません。市場で連戦連敗していたリアルな失敗談も書かれていることは、同書の一つの特徴です。ジョン・ポールソンやジェシー・リバモアといった伝説の投資家たちもまた、全財産の大部分を失うほどの失敗を経験しながらその経験を糧に成功へと這い上がったと著者は語ります。まさに失敗は成功の母であることを体現している一冊です。

同書は、彼らの失敗からの教訓を生かしたルールを基にしたアプローチについて詳述され、「私と同じバカな過ちを犯さないように」と著者は語っています。

基本的に長期投資家を自称している著者の投資法は、短期と長期のハイブリッドなアプローチであると考えられます。週足チャートを主に使用したテクニカルなアプローチを通じて、ローリスクの購入ポイントで投資を行い、リスク・リワード・レシオ（潜在的な上昇可能性と損失可能性の比率）が有利でなくなった時点でポジションを手放します（著者がポートフォリオを上昇させ続けた28カ月の間、最も長く保有した期間は8カ月でした）。

パレートの法則：誰も気に留めない、1つか2つの変数

私が非常に共感したのは「誰もが知っていることに価値はない」ということです。市場から富を得た1％の人は、人とは違うことをやっている人です。彼らは違いを生む、ゲームを変えるような「たったの1つか2つの変数」に注目しています。リーマンショックで大儲けしたジョン・ポールソンが、誰もが強気だった住宅市場に潜むリスクを探り出していた、という事例がそれに該当するので

はないでしょうか。

多くの投資家は「自分の投資理論を裏付ける情報」を見つけだそうとありとあらゆる情報源を漁ります。アナリストリポートやブルームバーグ、ヤフーファイナンス、インフルエンサーの情報など、数えればきりがありません。肯定的なフィードバックを得ようとするのは、人間の典型的な行動です。この行動に多大な時間と労力を割く結果、サンクコストになってしまい、選んだ株と結婚する以外に道はなくなります。

さらに、著者はパレートの法則を引き合いに出し、投資分析の労力の80%は結果に対して20%の影響しかないと語ります。そのため、必要な情報だけを取り出して集中すること、つまり「20%の重要な変数」に100%集中することが投資成功への鍵となります。大多数が知らない情報にこそ価値が宿るのは、投資だけでなくビジネスにおいても適用できる原則ではないでしょうか。

感情のコントロールと忍耐が重要

投資成功の鍵は、銘柄選択におけるインスピレーションが1%で、感情を制御する努力が99%を占めると著者は指摘しています。具体的には、選んだ銘柄に対してローリスクな投資タイミングが訪れるまで辛抱強く待つことが重要です。このような忍耐力を持つことで、リラックスして市場の動向に対処し、禅マスターのようなトレーダーとなれるでしょう。

リベンジトレードの衝動にも耐えなければなりません。これは、損失を経験した後に感情が高ぶり、リベンジの意味合いで大きなリスクを取ってしまう行為を指します。著者によれば、このリベンジトレードは必ず失敗すると断言しています。なぜなら、感情が先行することで冷静な判断力を失い、適切なリスク管理ができなくなるからです。

トップ5のテクニカル法則で、スーパーストックを探す

チャートパターンを分析するときに、著者は週足チャートを見ます。同書は、ファンダメンタルズを調べる前に、テクニカル分析で銘柄を絞るのがひとつの特色でしょう。

1 強力なベースをブレイクアウト
2 30週移動平均線を上方にブレイクアウト
3 出来高の増加
4 迎え角（かく）が急峻
5 株価は15ドル以下

以上が「トップ5の必須条件」です。大きな利益をもたらす株式は、長い「ベース」を持つ（狭い値幅で長期にわたって横ばいが続く）銘柄です。最初のブレイクアウトで出来高が極端に増加し、多くの場合、その週に30週移動平均線を上方にブレイクアウトしていきます。そこから45度の迎え角で上昇していきます。この「迎え角」は数カ月にわたって続くこともあり、ある時点までいくと、迎え角はさらに急峻化し、一般大衆が勢いづくとさらに急峻化します。5番目の条件は、現代ではあまり参考にならないかもしれません。

12のファンダメンタルズで見るスーパー法則

続いて、12のファンダメンタルズの法則です。

1 （四半期）利益が上昇傾向にある
2 利益は持続可能か
3 年間PERが10以下（割安＝大きな機会）
4 継続的な成長
5 1株利益の前年比がプラス

6 高い営業レバレッジと売上総利益の向上
7 受注残の上昇
8 公開市場でのインサイダーによる買い
9 少ない浮動株と低い時価総額
10 「IT（イット）ファクター」――スーパーテーマ
11 保守的経営
12 シンプルで印象的な決算発表

利益の成長率や割安感に関する評価だけでなく、過去の業績や将来の予測について「控えめに発言する」ということや、「保守的経営」など、定性的な評価も含まれています。過度な予測や誇大な声明は、投資コミュニティを驚かせ、期待値を不適切に高める可能性があるためということでした。

また、著者が投資の成功を収めた多くの株は、企業固有の「スーパーテーマ」または業界全体のトレンドを持っており、このスーパーテーマがポジティブなモメンタムを生む力となり、株価を大幅に押し上げていました。スーパーテーマを持たない株は、おそらく大きな利益をもたらすスーパーストックにはならないというのが筆者の見解です。

ローリスクで仕掛けるための6つの法則

素晴らしい銘柄だとしても、バブルの最中に手を出しては報われません。同書では、世間の興奮が落ち着き、潜在的リスクが限定的になるのを見極めてから購入することを推奨しています。

1 「マジックライン」で買え
2 薄商いで値幅が狭いときに買え
3 株価上昇の早い時期に買え
4 ギャップ（窓）で買え
5 モンスター・アーニングス（素晴らしい決算発表のこと）のあと2〜3週間待て
6 下のトレンドラインで買え

最大の利益を生むのはマジックライン（10週移動平均線であることが多い）をかすめた後の最初の数週間です。さらに、窓（ギャップ）を空けて上昇する際に、窓は支持線になり得ると言います。そこで押し目買いをできる可能性があるでしょう。

ローリスクで仕掛けるための法則1

出典：「スーパーストック発掘法 3万時間のトレード術を3時間で知る」を参考に著者が作成

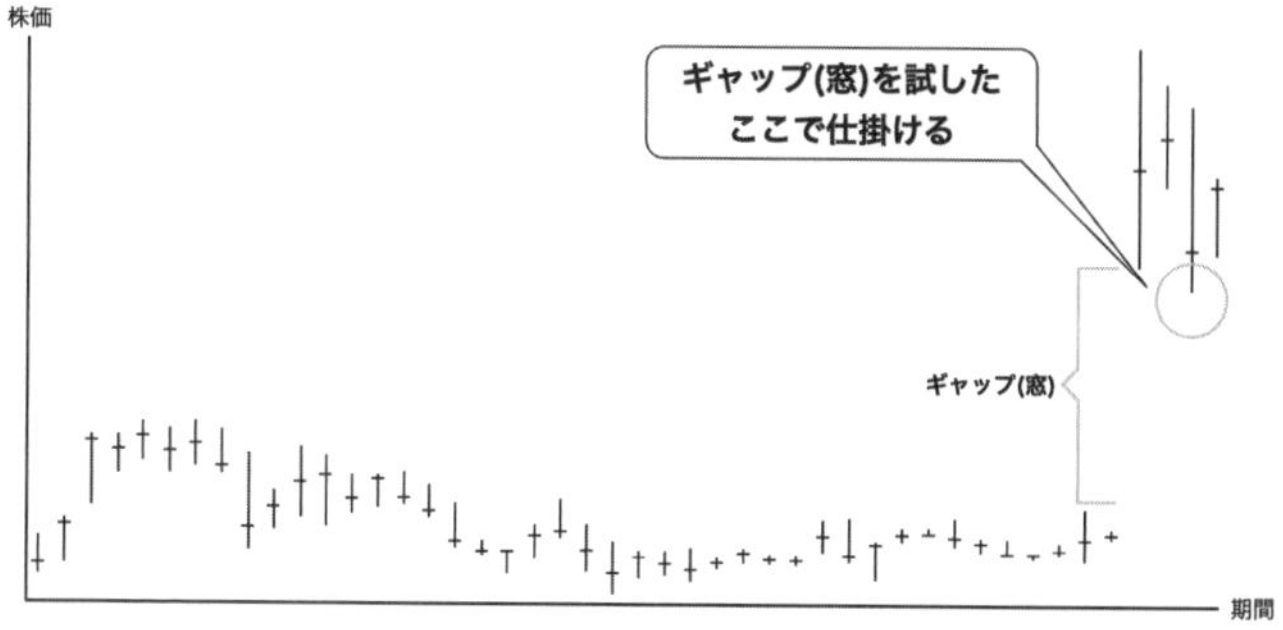

ローリスクで仕掛けるための法則2

出典：「スーパーストック発掘法 3万時間のトレード術を3時間で知る」を参考に著者が作成

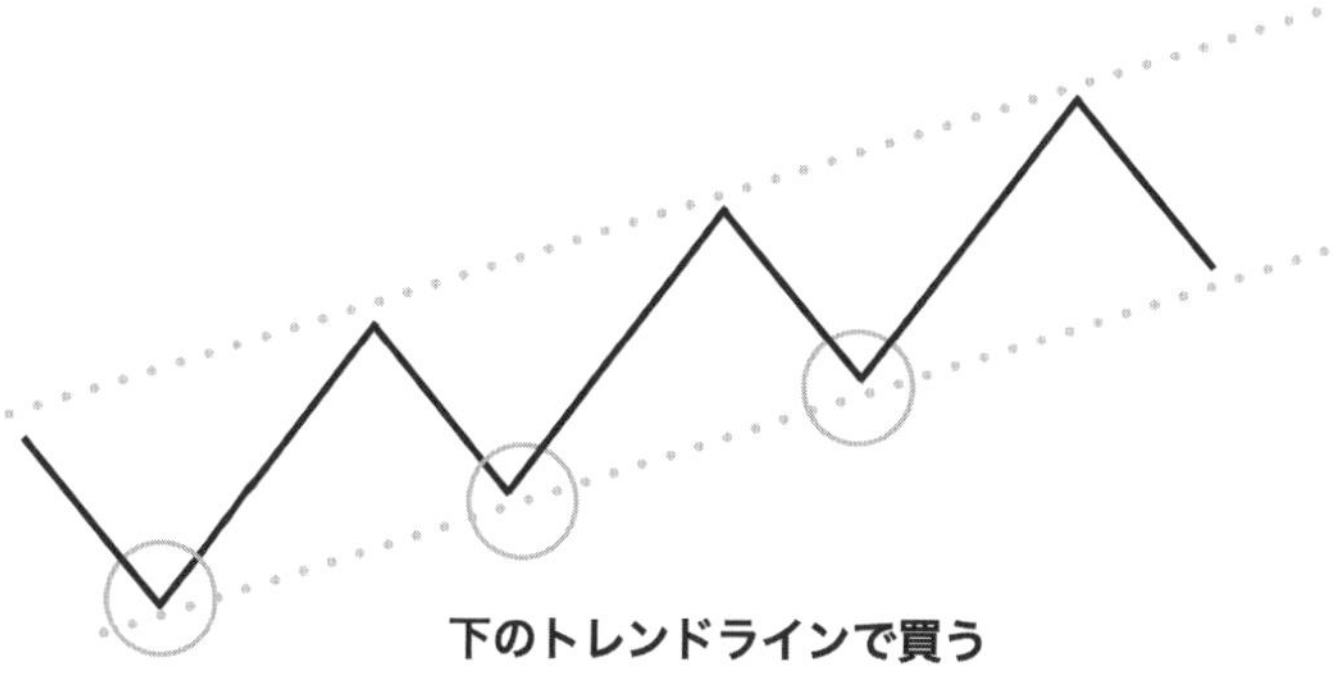

また、その2、3週間後に高揚感が落ち着いたとき（モンスター・アーニングスの後）にもチャンスがあります。ブレイクアウト後の株は安値がどんどん切り上がり、買うのはその支持線となっている支持線上です。ダムマネー（バカな者たち）は、トレンドラインの上の線（抵抗線）で、さらに上がると信じて買います。下のラインを何度も試す際には、上昇の終わりを警戒する必要もあります。

以上の6つの買い付けの法則は、「ホットな」銘柄を少しでも割安水準で買い付けたいときに参考にしたい項目です。

独り立ちするために

同書全体を通じたメッセージは、自己力で立ち上がり、自己判断を行うことの大切さです。人間は、安全感を追求し、思考プロセスを簡略化し、集団行動に流されやすいという本能を持っています。しかし、同書は我々に対して一般的な行動の逆を促しています。それは、人々が希望を失い途方に暮れているときに投資を行い、興奮しエネルギーが満ち溢れている時には売却を行うという方法です。

人と違う行動をとるためには、強い自信が必要です。その自信を育むための一つの方法として、著者は入念な「準備」が欠かせないとしています。この一見単純ながら本質的な準備と、自己判断のスキルが、自分の道を切り開く投資家へと成長するための鍵となるのです。

42
冊目

伝説のファンドマネージャーが教える 株の公式

株は新高値かそれ以外か！
「公式」を味方につければ株は怖くない

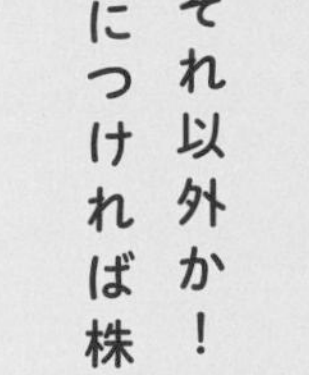

著：林則行／ダイヤモンド社

著者は、世界で屈指の規模を誇る政府系ファンド、アブダビ投資庁の元日本株式運用部長、林則行さんです。

この本で特に注目すべきは、著者が「公式に代入するだけの投資法」と断言している点です。これは、著者の深い自信の表れでしょう。書籍の中で特に強調されるキーワードは「新高値」。そして、それがその後「成長」し続けるかどうかということです。

興味深いのは、株式指標に関して、PERは取り上げられているものの、PBRやROE、配当利回りなどは明示的には言及されていない点です。また、テクニカル分析も使用されていません。しかし、これは初心者向けに情報を絞っているわけではなく、これらの指標や分析法が投資の本質を捉える上で不必要だから、と著者は述べています。細かな情報や技術は必要ない。大切なのは、投資の核心をしっかりと理解することだと、同書は伝えています。

買いの9つの公式

同書の「買い」の条件のリストは以下になります。

1　株は数年来高値を更新した時点で買う
2　数年来高値の出現位置は、下げ幅の6割以上の戻りが目安
3　過去5〜10年間の経常利益が安定的に成長している
4　直近1〜2年の経常利益の伸び率が20％以上
5　直近2〜3年四半期の売上の伸び率が10％以上
6　直近2〜3年四半期の利益の伸び率が20％以上

7　何が起きても（不況や為替変動）、成長を続ける銘柄を選ぶ
8　PERは60倍未満
9　相場の上昇力が強い

新高値であることと、今後の成長率を重視した内容になっています。

株を安く買ってはいけない

印象深いフレーズの一つは、「株は安く買ってはいけない」という、一般的な人情に反するフレーズです。株は、「新高値かそれ以外か」に分類できるとし、人気の火がつき始めた「新高値」を非常に重要視しています。

「株探」というWebサイトでは、年初来高値や、ストップ高銘柄がまとまっているので、私もよく参照しています。

しかし、「数年来高値」という視点は特に同書の独自性の高い項目の一つです。史上最高値が長期的な転換点だとすれば、数年来高値は、中期的な転換点になります。

史上最高値を抜けた時点が、厳密に会社が新しい時代を迎えたタイミングですので、ここで買うの

が定石と思われますが、それよりも早く仕込めるのが、数年来高値なのです。

本物の新高値と偽物の新高値

同じ新高値でも、チャートの動きに注目することで、本物と偽物を見極められると言われています。

上昇期の動きは2つに大別することができます。

1 保ち合い
2 暴騰期

これは、ニコラス・ダーバスの「ボックス理論」に似ていると感じました。日本人の機関投資家の観点からも聞けたことで、さらに確信を強めることになりました。

階段のように、上がっては休み、上がっては休みながら上がるのが、本物の上昇期です。保ち合い期間が長ければ長くなるほど、上昇のエネルギーが溜まっていると言われます。

保ち合い期間がなく上がるのは、業績を素直に反映しているのであり、「本来あるべき株価と現在の株価の間の差」が小さいのだそうです。

確かに、業績に比例して株価にすぐに反映されるようであれば、それはある意味「正しい」動きのように感じられますが、実際の市場はそうはいきません。市場は、正しい値をつけないからこそ、そこに儲けのチャンスが生まれるのです。

つまり、「本来あるべき株価と現在の株価の間の差」＝「市場の非効率性」がボックス理論の保ち合い期を生み出していると考えると、私は納得がいきました。

低ＰＥＲ戦略の弱点

ＰＥＲは株式の割安度を示すと言われる代表的な指標です。バリュー株投資で使われるイメージですが、同書でも有効性は認められています。

機関投資家の対象となる５００銘柄の中で、ＰＥＲの水準で10グループを作り、各グループの成績を見ると、ＰＥＲの低い順に、成績が高くなるためです。

ここからが問題で、最も成績の良かった、ＰＥＲの低いグループ50銘柄のうち、リターンの上位3銘柄で、ほとんどのリターンを出しており、それは必ずしもＰＥＲの低さとは一致していないのです。これは『魔法の公式』（Ｐ２２５）でも指摘されていた弱点です。

つまりPER戦略は、集団を扱う場合は機能しますが、個別株式には使うことができないのです。とはいえ、一切使わないということはなく、あまりにも高すぎる場合の門前払いとして使用します。新高値を取っていたとしても、あまりにもPERが高いのでは、その後の上昇余地が小さい可能性があるためです。また、新高値投資は、バリュー株投資よりも短期的に利益を得られる可能性があるのがメリットです。読むと新高値に対する見方が変わるような一冊かと思います。

損切りは最も大事な投資のルール

また、著者が最も大事な投資のルールとして、損切りを挙げています。

同書は大化け株を探すことが目的ですが、「損を避ける」ということにも徹しています。というのも、儲かる時期は黙っていても儲かるため、そうでない時期にいかに資産を減らさないかが重要であるためと言われます。

そんな同書の損切りラインは8％と言われています。

同書の手法を正しく実行できたとして、勝率は6割とあります。6割でも、成長株投資の手法としては高い勝率ではないかと思います。しかし、勝率は実際にはあまり問題ではありません。「損小利大」の取引ができていれば、勝率が5割以下だろうが、最終的に大きなリターンを得ることは可能です。

損切りのラインは他の投資本でも、5%や7%、10%など、基準は様々です。著者は8%を推奨していますが、原則としては、損切り幅を広げれば勝率が高くなる一方、当然損失の幅が大きくなります。損切り幅を小さくすれば、損失は小さく抑えられますが、勝率は悪くなります。

新高値に対する見方が変わる一冊

私がこの本を初めて読んだ際、それまでの知識の隙間が埋まるような感覚を得ました。良い株をスクリーニングする法則を学べればとの期待を持って読み始めましたが、法則そのものよりも、裏側にある考え方が同書の真の魅力だと感じました。

43
冊目

改訂版 勝つ投資 負けない投資

バイトで貯めた65万円が１５０億円に！
自分だけの投資法を見つける鍵とは

著：片山晃（五月）、小松原周／クロスメディア・パブリッシング

片山さんは、ペンネーム「五月」さんとしても活動しており、専門学校を中退後、ゲームに没頭する日々を過ごしましたが、22歳で投資の道をスタート。２００５年から7年半の間で、65万円から12億円に増やすという成果を上げました。そして、その後、資産を１５０億円にまで増やした日本でも指折りの個人投資家です。

一方、小松原さんは大手運用会社で活躍する、「指標に大きく負けたことがない」ファンドマネー

ジャーです。実に5000社以上を取材した経験も持っています。

この本では、究極の個人投資家である片山さんと、負け知らずのファンドマネージャーである小松原さんという、異なる立場の2人がマーケットの真実について語っています。

個人投資家が小型株投資を行うメリット

はじめに、お二人が共通して取り上げていた小型株投資についてです。

まず片山さん自身が採用していた手法として、小型株が注目されるタイミングを見極め購入し、長期保有することで大きな利益を得るというものがあります。

小型株は特定の製品やサービスに特化していることが多く、そのため、もしその分野が注目されるような事象が起きれば、評価が急激に上昇する可能性が高まります。一方、大型株にはそういった変動は少ないのです。

2024年に発売した改訂版では、個人投資家のレベルが上がったために、近年は市場の見落としに乗じることが難しくなっていると書かれていますが、「未来を考え通す力」と、「その未来を信じ切る力」が重要である点は変わりません。

小松原さんも同様の意見を持っており、大化けする株は小型株の中に多く存在すると述べています。

大きな市場では、多くの投資家が情報を監視しており、新しい情報が出るとすぐに効率的に価格が調整されます。しかし、市場が小さくなると、その効率性は低下します。特に小型株の市場は、ウォッチしている投資家の数も少なく、またその資金力も限られているため、市場の非効率性が高まります。この非効率性が生み出す価格と実態のギャップが、投資のチャンスとなるのです。

大型株への投資の場合、同じ株を狙っているのは、資金力も大きい機関投資家ばかりです。そこと競合するよりも、機関投資家が狙わないような、まだ誰にも見つけられていない小さな株を狙った方が、個人が勝てる可能性があるというわけです。

また機関投資家は、資金規模が大きいがゆえに、さまざまな制約があるため、小型株を取り扱うのは難しいことが多いようです。そのため、個人投資家は、そのような小型株での投資にチャンスを見いだすことができるというわけですね。

時代を越える、投資家に必要な考え方

片山さんは「変化に気付き、想像力を大事に」と提言しています。具体的には、決算短信などの変化をキャッチし、それにどのような意味があるのか、また将来どのような影響があるのかを想像することが大切だと言っています。

その想像力を持つためには、知識と経験を蓄積することが必要です。

例として、前述の「ジェイコム株誤発注事件（みずほ証券が1株61万円での売却注文を、誤って1円で61万株として入力してしまった事件）」が挙げられます。この事件をリアルタイムで目撃していた多くの人が、1株の注文すら出すことができなかった理由は、「誤発注」という概念自体を知らなかったからです。様々な事象や情報を知り、経験しているかどうかの知識の差が重要です。

小松原さんは、「好奇心がトレンドをつかむ」と語ります。様々な情報に興味を持ち、それを取り入れることが大切です。情報を得るためには、一般に流通している情報を常にチェックするのはもちろん、その上で「何でも知りたい性」のような人でないといけないと語ります。

このような情報は、専門家だけが持っているものではありません。情報を得るための好奇心が非常に重要です。

さらに、自分の投資に対する信念を持つことが重要だとされています。勝てる投資家は、ただファンダメンタルズ分析などをするだけではなく、社風などの内面まで徹底的に調査します。そして、その情報を基に、自分の投資哲学に基づいて判断を下します。このような深い考察と信念、そして忍耐が必要です。

数多くの企業を取材してきた機関投資家は、社長の人間性や企業の雰囲気など、実際に目の当たりにした情報を基に判断をしているようです。改訂版の新章では、コロナ禍で相場が慌ただしく動く中で、自らの投資哲学を貫く姿勢が追記されています。

制約の多いファンドマネージャーの世界で、外的圧力に屈せず第一線で活躍し続ける投資家としての考え方は、個人投資家にとっても活かせるはずです。

そして、このような考え方は、あらゆる時代の投資家にも必要だと思います。

同書は、マーケットに精通する異なる立場の2人の言葉から、マーケットの表と裏にある、普遍の法則を学べる一冊だと言えます。

7
日目

理論編

理論やルールだけで勝てるのであれば、全ての大学のファイナンス教授が投資のプロになれるはずです。しかし、現実はそうではありません。それでも、理論やルールが示す統計的な有意さは無視できません。理論やルールの真価は、再現性の高さにあります。基礎固めから応用、近代的投資手法を含む、幅広いジャンルの書籍を選定しました。

44冊目

この1冊ですべてわかる
[新版]金融の基本

その名の通り!
この一冊さえあれば
敬遠していた「金融」がよく分かる

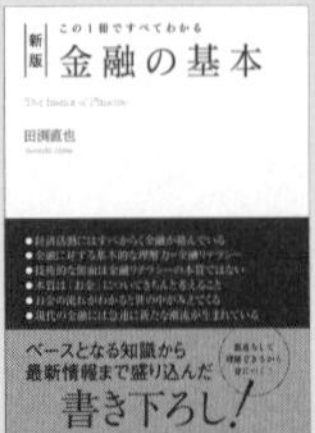

著：田渕直也／日本実業出版社

同書は解説がとても丁寧で、かつ内容は現代に即したものになっています。金融のことを基礎からしっかり学んでいきたいという方には、非常におすすめの一冊ですね。

そもそもなぜ金融が大事なのかという基礎知識から、株式市場、債券市場、金利、為替、投資の基本など、トピックとしては非常に幅広い本です。

私たちはかつてない時代を生きている

金利がゼロ、そしてマイナスに転化したことは、金融史上最大の出来事と言っても良いのかもしれません。長年のデフレに苦しんできた日本は、1999年に世界初のゼロ金利政策に踏み切りました。そして2016年にはマイナス金利が採用されました。

2022年には、世界的なインフレにより、世界の中央銀行で金利が上げられましたが、日本では頑なに低金利を維持し続けました。こうした低金利は一体何をもたらすのでしょうか。

お金の貸し借りがあればそこに金利が発生するという金融の本来の形が変わってしまい、戻し方次第では、利払い増による国家の破綻や、金融機関の損失拡大などをもたらしかねない危険性もあります。

従って、金利がない、異常だと思われていた状態がニューノーマルと考える人もいるそうです。2023年現在、再び金利が上昇していますが、いつまでこの水準が保たれるのか、目が離せません。

為替変動について──同じビッグマックの値段が変わるのはなぜか

2022年から2023年にかけて、世界各国が利上げに踏み切る中、低金利を維持した日本では、円安が進行し話題になりました（すでにピークを過ぎた感はありますが）。

為替は非常に複雑な要素が絡み合うのですが、そもそもなぜ為替は変動するのかという理由が、同書では分かりやすく解説されています。

1 金利差

まず1つ目は、金利差です。金利が高い方が買われるという傾向があります。本来預金をすれば利息がもらえるはずなのに、今の時代は、円を預けていてもほとんどお金が増えません。インフレが進行している米国のドルを持っていた方が、利息を多くもらえる分、ドル需要が増え、円安ドル高になると考えられます。しかし、いつでも単純にそうなるとも限りません。他にも多面的な見方ができるのが為替です。

2 購買力平価説

● インフレしている国の通貨が安くなる場合も

出典：「この1冊ですべてわかる［新版］金融の基本」を参考に著者が作成

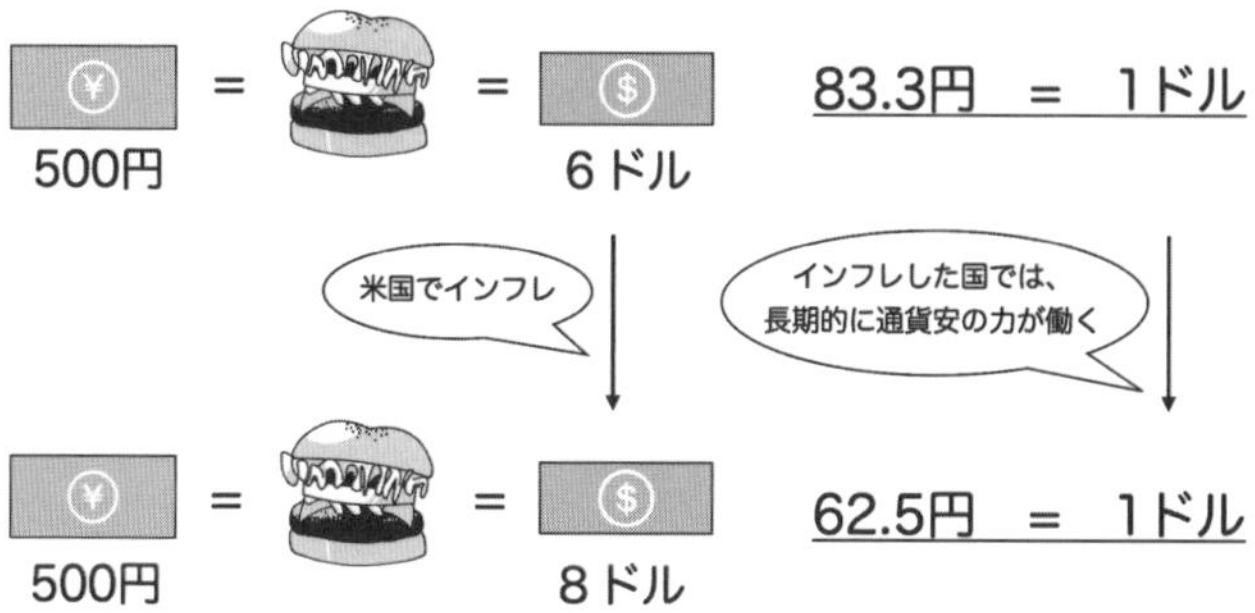

通貨は、そもそもそれ自体に価値があるわけではありません。例えば1万円札なんて、要は紙切れなのです。紙切れそのものに価値があるというよりは、「どんなものがどれくらい買えるのかによって価値が決まる」と考えるのは合理的に思えます。であれば、為替レートは購買力の比になるはずではないか、というのが購買力平価の考え方ですね。

有名な指数としてビッグマック指数があります。日本では仮に1個500円だとします。そして、アメリカでは同じビッグマックが6ドルだとします。すると「500円＝6＄」という式が成り立つはずです。計算すると、「83・3円＝1＄」になります。この時点で現在の為替は、円の価値が過小評価されている状況と見ることもできます。

そしてここから、アメリカだけがインフレして、同じビッグマックが8ドルに上がったとします。

「500円＝8＄」になるので、「62・5円＝1＄」になり、先ほどの「83・3円＝1＄」よりも、円高ドル安になりました。つまり、インフレをしている国の通貨の方が安くなりました。先ほどの金利差で見た時とは違う答えが導かれました。

そしてこの購買力平価についてですが、さまざまな計算方法があるため、ビッグマック指数のアプローチが絶対正しいということも言えないんですが、一つ長期的な傾向として、インフレ率の高い国の方が通貨安になる力は働きやすい、ということはありそうです。「1」の金利差に関しては、より短期的な影響が大きそうです。

そうした、短期的な力、長期的な力、他にもその国の景気動向や政治安定度、実需による力も働き、多面的な分析が必要になります。

投資の基礎力を固められる本

身近な事柄を交えながら、経済、金融に関わる話を幅広く学べる一冊ですので、初心者はもちろん、「もう基礎の話は飽きた！」という中級者以上の方でも、「この話は初めて聞いたな」という話が結構あるのではないかと思います。

基本的に、著者の田渕直也氏の書籍が僕は大好きなのですが、難易度が高めな代表作が多い印象で、なかなか初心者に推薦することはありません。そんな中、この本は初心者にもすすめたいですね。

45
冊目

「知識ゼロ」の人のための
超ざっくり分かるファイナンス

会計を学んだ次はファイナンス！
一冊目に最適なロングセラー

著：石野雄一／
光文社

ファイナンスを学ぶ一冊目なら、この本でＯＫだと思います。元々、２００７年に出版され同書のベースとなった『ざっくり分かるファイナンス　経営センスを磨くための財務』（光文社新書）を読んでいて「鉄板の入門書だな」と思っていましたが、２０２２年にリニューアルされ、さらに分かりやすくなりました。図解やイラストが増えたので、ファイナンスを勉強し始めた学生時代に出合いたかったです（笑）。

ファイナンスは会計とはどう違うの？という読者も多いかもしれません。会計が「過去から現在」までの「利益」を扱うのに対して、ファイナンスは「未来」の「キャッシュフロー」を扱います。

そして投資においては、「過去の実績」がどうなっていたかももちろん大事ですが、「これから将来どうなっていくのか」を考えるのが重要になってくるため、必要な知識になります。

意思決定と資本コスト

一般的に「ファイナンス」と聞くと、「調達」のイメージが強いと思います。資金の調達で重要になるのが、コストです。コストとそれにより期待できるリターンを比べることで、投資するか否かや、調達に関する意思決定に役立ちます。

銀行による借入にはもちろん利息というコストがかかります。株式発行による出資は「返す必要のないお金」とよく言われますが、タダで貰ったお金ではありません。株主は将来のリターンを期待しているので、その期待収益率を「株主資本コスト」として反映しなければなりません。企業が債権者や株主に払うコストを合わせて「資本コスト」といいます。負債コストと株主資本コストを加重平均して求めることができます。英語ではＷＡＣＣ（Weighted Average Cost of Capital）「ワック」と言います。

例えば、金融機関の借入が金利５％で１５００万円、発行株式数が２０００株で株価が２５００円だと仮定します。銀行からの借入コストは5％。株主資本コストは当然それよりも大きくなります。株式投資は、元本が戻ってこない可能性があります。必ず元本を回収できる融資よりも高いリターンを要求するのが当然なのです。ここでは株主資本コストを20％と仮定しましょう。計算式は以下のようになります。

まずは株主資本が
2000（株）×2500（円）＝500万円
WACC＝（150／150＋500）×5％×（1－30％）＋（150／150＋500）×20％＝約16・2％
※注　みなし法人税率＝30％として計算（支払い金利は経費に計上できるため、税金がその分安くなります。これは負債の節税効果です）

この16・2％が、この会社がいくらで資金調達をしているか？を表した数字です。最低限生み出すべき収益率と言い換えることもできます。高いという印象を抱いたのではないでしょうか。経営者でも、このWACCを認識できていない人が多いと言われています。

● 企業価値の正体とは

出典：「『知識ゼロ』の人のための超ざっくり分かるファイナンス」（著者が一部改変）

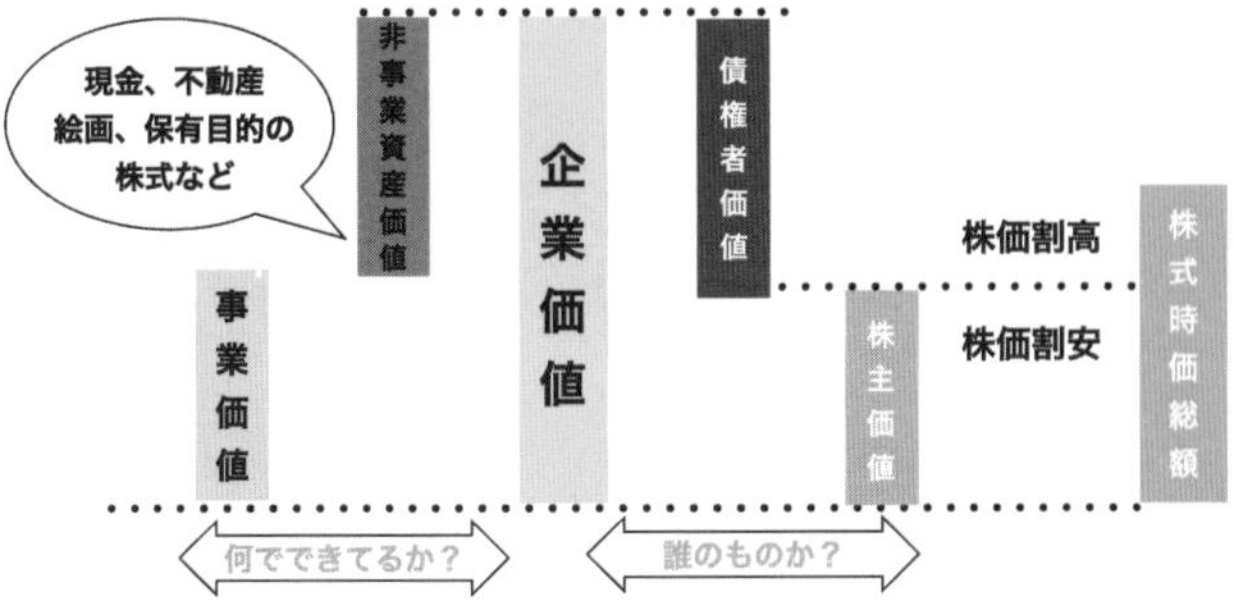

企業価値の正体とは

この図は、企業価値を「何でできているか」という側面と「誰のものか」という側面から説明したものです。左側から見ていきましょう。

● 事業価値：事業の価値。企業が将来生み出すキャッシュフローを現在価値に割り引き合計することで求めます。将来のキャッシュフローを予測する必要があります。割引率には、ＷＡＣＣを使います。

● 非事業資産価値：事業と直接関係のない、現金、絵画、事業に使っていない遊休地、ゴルフ会員権などの時価評価。

こうして求めた事業価値に非事業資産価値を足せば、「企業価値」が求められます。そこから債権者価値（負債を価値と呼ぶのも意外に感じますが、借金できる価値ということのようです）を引けば、株主価値が割り出せます。この株主価値と時価総額を比較すれば、今の市場で取引されている株価（時価総額）が割高か割安かが分かり、投資判断に活かせます。

事業価値の計算方法はいくつかありますが、その一つがNPV（Net Present Value「ネットプレゼントバリュー」＝正味現在価値）法です。これは著者が在籍していた当時の日産自動車で採用されていたそうです。普通の学生がまず学ぶのもこの方法であり、ポピュラーな指標です。

プロジェクトへの投資にしろ、投資家による企業への投資にしろ、将来生み出すキャッシュフローの現在価値と、必要な投資額を比較して、生み出されるキャッシュフローの方が大きければ投資OKとなります。

また、日本企業に人気のIRR法や、補助的にも使用される回収期間法など、これ一冊で投資判断指標を学べるようになっています。

数あるファイナンス本の中で一番分かりやすい参考書

他にも、With-Withoutの原則、レバレッジ効果、MM理論など、専門知識を幅広く扱っており、数あるファイナンス本の中で一番分かりやすい本ではないかと思います。

学生、投資家はもちろん、ビジネスパーソンの方でも、ファイナンスの話を当たり前にできたら上司からも一目置かれるのではないでしょうか。

46
冊目

マネーの公理　スイスの銀行家に学ぶ儲けのルール

著：マックス・ギュンター　監訳：林康史　訳：石川由美子／日経ＢＰ

正しく「賭けて勝つ」ためのルールとは

同書は、１９７６年に英国で出版されたロングセラー。スイスの銀行家から「投機の神髄」を学べるものになっています。スイスは一人当たりＧＤＰが世界でも上位で、通貨のスイスフランは世界中の投資家から安全資産とみなされています。

スイスがこれほどまでに豊かな国となったのは、スイス人が世界でも優れた投資家であり投機家であることが一因とされています。同書では彼らの「合理的に賭けて勝つ」哲学と、その具現化である

12の公理が解説されています。勝つためにはリスクを避けるのではなく、受け入れるというスタンスですね。じっくり農耕型で育てる「投資」ではなく、積極的で狩猟的な「投機」を行う場合にこそ、同書のよさが感じられることでしょう。

リスクを取ることは、普通の人が富裕層に昇格するための唯一の方法です。なんて言うと、「そこまでして金持ちになりたくない」「心の平穏の方が大事だ」と感じる方もいるかもしれません。これは価値観も関係するかもしれませんが、同書では、リスクを意図的に取る、冒険的な挑戦をすることが、真の幸せにつながるとされています。個人的には、けっこうチャレンジングな性格なので、共感できました。もちろん、破産するほどのリスクを取るべきではありませんが、「一定のリスクを取らなければ何も現状は変えられない」ということを実感できるかと思います。

市場のカオス：「絶対法則」という幻想と独自の投資スタンス

まず、第五の公理「パターンについて」を取り上げたいと思います。そもそも市場というのはカオスであり、絶対的な法則は存在しません。しかしながら、そのカオスの中で法則を見つけ出そうと試みるのは、人間の性ではないでしょうか。しかし同書は、市場には確固たる法則が存在すると信じ込むことは、「チャーティストの幻想」のようなものだと指摘します。

なぜ、こんなにも我々はカオスの中で法則を見つけ出そうとするのでしょうか。それは人間が法則性を発見することに「安心感」を得るからと考えられます。しかし、重要なことを再度強調します。市場には絶対的な法則は存在しません。「整然とした法則が見え始めた」と感じたら、それは危険なサインです。当然、「大多数の意見」の中にも正解はありません。ギャンブルで勝つ秘訣は、自分が納得するまで他人の意見を無視することだと言われています。「人の行く裏に道あり花の山」という格言はよく投資においても使われますよね。

投資の世界で利益を得るためには、大衆とは逆の行動を取る――つまり、流行に迎合しないことが重要なのですね。最良の買い時とは、誰もがその投資を避けているときに購入することのようです。

自信たっぷりの銘柄を、軽く持ちたい

第十一の公理「執着について」は個人的には特に傑作だと感じています。もし、最初から計画通りにうまくいかない場合は、その銘柄をチェイス（追いかけ）せずに距離をおくこと。つまり、損切りや利食いですね。これと反対の行動として、さらに追加投資をする「ナンピン買い」がありますが、それはあまり適切ではないとされています。なぜなら、ナンピン買いは実質的に自分自身を騙す手法だからです。

ナンピン買いしているときの思想は時折、落とし穴にもなります。自信満々の銘柄を見つけたとき、それがどうにも思うように伸びない。市場は間違っていて、自分の判断が正しいと思い込んでしまうことがあります。私もかつて、自分のアイデアに固執していました。しかし、同書を読み、1つの銘柄や1つのアイデアに執着してはならないと学びました（今でも完全に、1つの銘柄への固執を断ち切れているわけではありませんが…笑）。自分が選んだ銘柄が思うように伸びないときは、執着せず、自分が間違っていると素直に認め、必要なら素早く後退することが大切です。なぜなら、目的は自分の考えの正しさを立証することではなく、利益を得ることだからです。当然、毎回勝つことは難しいですが、強力な自信を基に行動を行うことは必要です。

つまり「自信たっぷりの銘柄を軽く持つ」ことを心掛けなければならないと、個人的には痛感しました。「重く」持つべきではありません。なぜなら、そうすると手放せなくなってしまうからです。その執着を避けるために重要な行動として、「利食い」と「損切り」があります。利食いについては、早期の利益確定を心掛けることが重要です。

一方、想定に反して下がって含み益を抱えたときは、希望を捨てて、早期に損切りをすることが推奨されています。これは納得ですね。小さな損失は、大きな利益を得る過程に必ず何度か発生します。それを受け入れていかなければ、投資や投機を継続することなどできません。

合理的に賭けて勝つための哲学

この本では、リスクを合理的に取りながら、どうリスクと向き合い、勝負に勝っていくかという内容に焦点を当てています。一定の実戦経験を積んできた方にとっては、特に響くかもしれません。スイスの銀行家の投資哲学を学んでみたい方は、ぜひこの本をご覧ください。

47
冊目

「世界のエリート投資家は何を考えているのか」「世界のエリート投資家は何を見て動くのか」

著：アンソニー・ロビンズ
訳：鈴木雅子　解説：山崎元／三笠書房

12人のカリスマ投資家のエッセンスが凝縮

著者のアンソニー・ロビンズは、世界的に有名なコーチングの専門家や、セミナー講師、自己啓発の講演家として知られています。彼が、世界的に超有名な12人のカリスマ投資家たちにインタビューを行い書かれた内容であり、投資に対するマインドから、具体的なポートフォリオ構築の考え方まで、効率的に学べる書籍です。

資産価格の4つの変動要因

資産価格の基本的な変動要因は、インフレ、デフレ、経済成長、経済下降の4つである、とされており、これを「経済の四季」と考えることができます。

一般的に「春夏秋冬」は一定の順番で訪れますが、経済の四季は不規則にやってくるので、その順番を予測するのは難しいです。

この4つの「経済の季節」それぞれに適した資産に25%ずつ投資するのが、世界最大級のヘッジファンド「ブリッジウォーター」の創業者であるレイ・ダリオの「オール・ウェザー・ポートフォリオ」の基本的な考え方です。こうすることで、どの経済の季節においても利益を上げる可能性が高まるのです。

しかしこのオール・ウェザー・ポートフォリオは、一般的なものではありません。なぜなら、レバレッジ商品や、専門的な知識を要する複雑な商品を取り入れているためです。真のオール・ウェザー・ポートフォリオには、初期投資額が1億ドル以上となるような大口の機関投資家のみが投資できるという制約もあります。

ですが、そこで引き下がらないのがアンソニー・ロビンズのすごいところで、個人投資家が真似しやすい「オール・シーズンズ・ポートフォリオ」という戦略を聞き出しています。リーマンショック時にもマイナス3・93％（S&P500の損失はマイナス37％）しか損失を出さなかったこのポートフォリオは同書の見所の一つです。

デイビッド・スウェンセンのポートフォリオ

次に、イェール大学基金のファンドマネージャーを30年以上務め、同基金を全米トップレベルに成長させたデイビッド・スウェンセン推奨のポートフォリオも掲載されています。プリンストン大学の経済学名誉教授で『ウォール街のランダム・ウォーカー』（P33）の著者でもあるバートン・マルキールが「理論を知っていても実務は知らない人々と、実務は知っているが理論を知らない人々がいる。スウェンセン氏は両方とも知っている人だった」と評する人物です。

彼の推奨ポートフォリオは、レイ・ダリオよりも積極的なものですが、特筆すべき点の一つは、同じ国債であっても、長期米国債と、米国物価連動国債を半分ずつ組み合わせている点です。

これは、デイビッド・スウェンセンのような偉大な投資家ですら、インフレとデフレのどちらが起こるかは予想できないことを示しています。どちらに転んでも大丈夫なように、両方のシナリオに備えて準備しているのです。

「インフレ対策とデフレ対策に50%ずつ投資したら、損得なしのトントンになるのではないか?」という疑問が浮かぶ方もいるかもしれません。これは非常に複雑な問題ですが、あくまで国債は、ポートフォリオのリスクを下げるためのものであり、まずは元本割れを起こさないことが重要なのです。そして、インフレ・デフレのどちらが起こっても、少しでも利益を出すことが見込める手堅い投資だと言われています。

資産配分を決める前に考慮すべき3つの要因

資産配分を決定する前に考慮すべき、以下の3つの重要な要因を踏まえて、個々の投資戦略を決めることが勧められます。

1 人生のステージ

あまり長期を見据えていない高齢者の方にとって、「オール・シーズンズ・ポートフォリオ」は大暴落でも損失は数%に留まり、安心できます。

一方で、若い投資家が20年、30年という長い運用期間を見越している場合、よりリスク資産を増やすべきでしょう。スウェンセンのように、今30代の私は、全世界分散に加えて新興市場への投資も加えています。

2 リスク許容度の理解

多くの人は、自分のリスク許容度を実際よりも高く見積もっていると言われています。市場が好調な時には「暴落が来ても冷静に対応できる」と思い込んでいるものの、実際の暴落時には「今回は過去と違うのでは?」と不安になってしまいます。

仮に株式100%のポートフォリオであれば、暴落時に半減する可能性もあります。その半減の額が、年収未満なのか、年収の数倍以上であるのかによって、心理的ダメージの度合いは変わります。下落の「率」だけでなく「額」を想像することが、適切なポートフォリオ構築の参考になるでしょう。

3 資産の流動性の重要性

資産の流動性、つまり資産をどれだけ容易に現金に変えられるかも、重要な要因の一つです。しかし、資金規模の小さい個人投資家にとっては、よほど売買高の少ない小型株や、暗号資産に手を出さない限りは、あまり問題にはならないでしょう。逆に機関投資家は、常に流動性との戦いを強いられているため、個人投資家が有利なポイントとも考えられます。

高齢者の運用や、中期的な運用者はオール・シーズンズ戦略の検討を

結局のところ、理想のポートフォリオは「心の平穏を維持できるもの」であると同書は説きます。それには、3つの要因を踏まえた自己分析が欠かせません。

オール・シーズンズ戦略は、高齢者の運用や、中期的に使い道が決まっている資金の運用に向いていると言えます。

ただし、あくまでこれは1つの指標であり、レイ・ダリオ自身も完璧なポートフォリオだとは言っていない点を理解することが重要ですので、3つの要因を踏まえて、自分に合わせたアレンジを加えてもいいかと思います。

48
冊目

ライフサイクル投資術
お金に困らない人生をおくる

著：イアン・エアーズ、バリー・ネイルバフ　訳：望月衛／日本経済新聞出版

時間分散の弱点をレバレッジで補う！

レバレッジ投資は危険だという通説があるにもかかわらず、レバレッジ型の投資信託やＥＴＦが個人投資家の間でも一定の人気を保っています。これは一冊の本が話題になったこともその人気に寄与していると考えられます。それが、この『ライフサイクル投資術』です。

ノーベル経済学賞のロバート・シラーもおすすめしている本で、とある証券会社のレバレッジ型投資信託の説明ページや、インフルエンサーの動画でも目にしました。

レバレッジというと一見ハイリスクなイメージがありますが、同書が指摘する「レバレッジ投資をする合理的な理由」と、注意点も併せてご紹介します。

若いうちは、入金力が足りない

「時間分散投資」は、相場の不確実性に対処するためによく推奨されます。これは、投資のタイミングを分散することで、一時的な高値での購入を避ける戦略です。「投資の大原則」（P14）の項で触れられているように、この方法は精神的な利点があり、有効な投資戦略と言えます。しかし、この理論は机上の空論としては成り立つかもしれませんが、実際には大きな問題点が存在します。

その問題とは、「若い時は投資できる金額が限られている」という現実です。一般的に、年齢が上がるにつれて収入は増え、投資に回せる金額も多くなります。時間分散の観点から見ると、人生の後半での投資金額が増え、市場の変動の影響をより受けやすくなります。理想的な時間分散は、「積立金額を一定に保つ」ことです。

しかし実際には、20代で50代と同じ金額を投資することは難しいでしょう。この本では、そのギャップを、レバレッジを用いて埋めることを主張しています。レバレッジをかけることで、むしろリスクを下げようとする考え方に、初めて読んだ時は目から鱗が落ちたものです。

人的資本は債券的である

時間分散を行うためとはいえ、レバレッジをかけて積み立てし続けるのはリスクが高すぎじゃないのかと思う人も少なくないと思うのですが、そこで考慮しておきたいのが「人的資本の債券性」です。これは、多くの若者は金融資産をあまり持っていない分、人的資本をたくさん持っているということになります。

例えば、これから数十年間において、生活費を差し引いた上で毎年100万円の余剰資金をコンスタントに稼ぎ続ける労働力があるとすれば、毎年100万円の利子が払われる債券を持っているようなものと考えることができます。

一方、高齢者になってくると金融資産は増えているかもしれませんが、人的資本はほとんど残っていません。

つまり投資によって、人的資本を少しずつ金融資産に移行させていると考えることができます。

人的資本も含めたポートフォリオ全体で考えると、若いうちはレバレッジをかけてでも株式に投資して、ポートフォリオのバランスを取ろうというのが同書の主張ですね。

若い時ほど、投資に充てられる金額は少ない

出典：「ライフサイクル投資術 お金に困らない人生をおくる」を参考に著者が作成

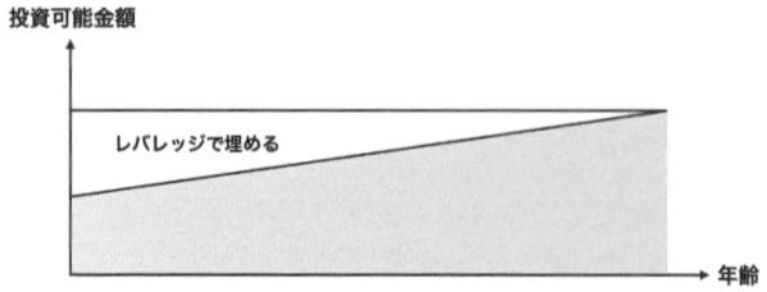

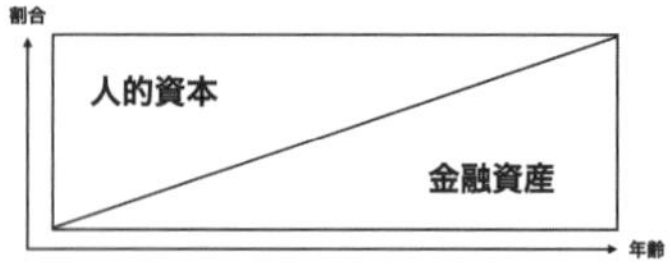

しかし、人によっては株式的な人的資本を持つ人もいることには注意が必要です。

例えば公務員なら、人的資本を債券と考えるのは適切だと思います。金融資産でリスクを取っても、人的資本の安定性がとても高いので、全体でバランスが取れています。

一方で自営業や、株式市場と連動性が高いような職種ならどうでしょうか。仕事がなくなることもあるかもしれませんし、収入の振り幅が景気の影響を強く受けることもあるはずです。人的資本がハイリスクハイリターンな場合、金融資産は保守的にした方が良いでしょう。

市場の過熱感には注意

また同書では、シラーPERが27・7を超えたら

そもそも株式投資自体を止めたほうがいいと言われています。

株価が割高な水準になっていたら、いかに長期投資といえどもリスクが高いです。2023年11月時点のS&P500のシラーPERは29です。市場は過熱感があると考えられます。

流行りのレバナスは必ずしも最善策ではない

近年、「レバナス」や「ツミレバ（レバナス商品を積み立てること）」という投資法が一部の個人投資家に人気のようです。同書はその戦法の拠り所の一つにもなっているようですが、私は懐疑的です。

著者のイアン・エアーズと、バリー・ネイルバフは、オプション取引、信用取引、ProFundsという会社の投資信託（日本では買えない）など、あらゆる方法を駆使しています。最も良いのはオプションを使った方法だとされています。投資信託に関しては、数ある手法の一つとして採用している程度で、近年流行りの「レバナス」商品をただ思考停止で積み立て続ける戦法は、著者たちの意図とは少しずれていると考えられます。

次に、一般的に考えられるレバレッジ型の投資信託のデメリットを3つほど、簡単にまとめていきます。

● ボックス相場ではより大きく逓減する

出典：「ライフサイクル投資術 お金に困らない人生をおくる」を参考に著者が作成

指数	100	90	99	89	98	88	97
2倍レバレッジ	100	80	96	77	92	73	88

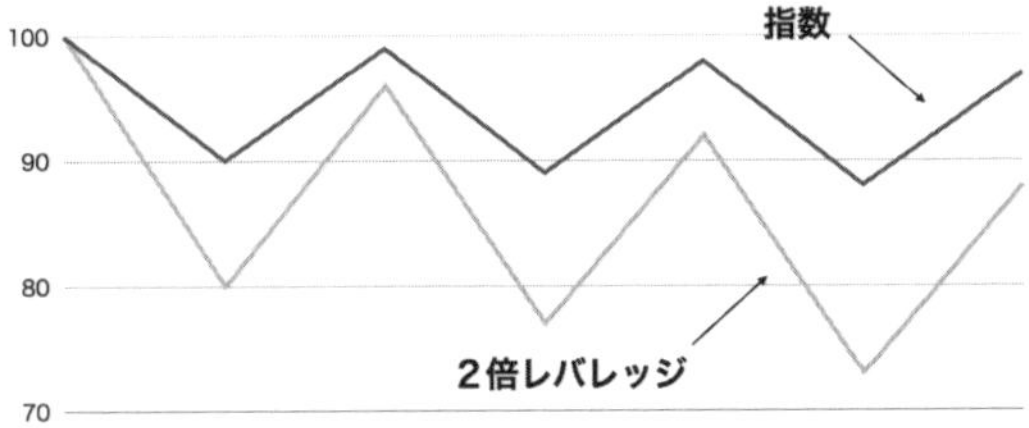

弱点1　ボックス相場での逓減

1つ目はボックス相場に特に弱いということです。これは数字のマジックで、そもそもレバレッジをかけていなくても、同じ比率で上下を繰り返すと資産は逓減《ていげん》します。10％下落すると、その後10％上昇したとしても、元の価格の99％にしか戻りません。元に戻るには11％の上昇が必要なように、より大きな力が必要なためです。仮に、10％上昇↓10％下落のようなボックス相場が続くと、少しずつ逓減してしまうのです。

それがレバレッジ商品ではより顕著になります。指数の2倍の値動きで20％下落すれば、25％の上昇が必要です。30％の下落なら、元に戻るために43％の上昇が必要なため、ボックス相場では不利です。レバレッジ商品のメリットがあるのは、力強い上昇相場のみなのです。

弱点2　日次リバランスをするためボラティリティに弱い

レバレッジ型投資信託は日々の騰落率《とうらくりつ》が指数の2倍になるように設計されていますが、長期になるほど2倍の値動きからずれていきます。これは、日次リバランスという作業を行っているためです。日々2倍の騰落率を実現するため、先物取引をするのですが、市場のボラティリティ(価格変動性)が大きいと、高値買い、安値売りを繰り返すことになってしまうのです。期間が長くなると、この売買による影響が少しずつ表れ、特に上下の変動が激しい時ほど、逓減が激しくなります。

ちなみに日次リバランス自体は悪いことではありません。日々の値動きの調整効果はもちろん、きれいに上がっていく相場では、むしろプラスに働くこともあります。

弱点3　大暴落にめっぽう弱い

3つ目は単純に市場の暴落時のインパクトが大き過ぎることです。

2倍、3倍のレバレッジをかければ、短期間で50%ほどの下落に見舞われる可能性もあるでしょう。最悪なくなってもいいようなお金ならばまだしも、大抵の人にとっては、将来の老後資金にしたり、子供の進学費用にしたりと、使い道のあるお金だと思います。それをレバレッジ型投資信託に預けるのは、リスクが高すぎるのではないかと思います。

レバレッジ型投資信託はあくまで短期投資のためのもの

レバレッジをかけることが悪いのではなく、用法用量を守る、ということが大事かと思います。レバレッジは最大でも2倍までで、オプション取引を使った手法が勧められており、巷で流行りの投資信託では完全に再現できていないことに注意が必要です。投資信託は手軽なため、初心者でも買えるからこそ、安易に手を出すことはおすすめできません。

しかし、同書が示してくれた「レバレッジをかけることで時間分散をする」という考え方は、すべての投資家に役立つ概念だと思います。これを知れば、若いうちから保守的になりすぎることに対するデメリットを学べます。

リスクを取り過ぎるのは危険ですが、守り過ぎても「機会損失」が大きくなってしまいます。自らの人的資本、金融資産含めたポートフォリオ全体を見直すのに、参考になる一冊でしょう。

49冊目

図解でわかる ランダムウォーク&行動ファイナンス理論のすべて

投資の本質を理論で学べる

著：田渕直也／日本実業出版社

この書籍は私のお気に入りの投資本の一つです。2005年に発行されたものの、内容は今も古びていないロングセラーです。勝利の方程式が詰まっているわけではありませんが、マーケットをロジカルに紐解けるような唯一無二の内容だと感じます。

● ランダムウォークへの反論
出典：「図解でわかる ランダムウォーク＆行動ファイナンス理論のすべて」

ランダムウォーク成立の条件	反論	反論に対する反論	ただし…
情報コストがゼロ	情報コストはゼロではない	正しい情報を得て正しく解釈できる投資家が主導権を握れば問題ない／不正確に解釈する投資家がいても一定方向の偏りがなければランダム	ゆっくりとしか伝達しない情報があれば…
取引コストがゼロ	取引コストはゼロではない	先進国市場ではランダムウォーク理論が崩れるほどの取引コストは一般的に発生しない	パニックなどで、取引コストが増大すれば…
投資家が合理的に行動する	全ての投資家が合理的に行動するわけではない	合理的投資家が主導権を握れば問題はない／非合理投資家に一定の偏向がなければランダム	投資家行動に強い偏向があれば…

ランダムウォーク理論への反論と、反論への反論

同書で指摘される、「市場が効率的であるために必要な条件」は以下の3点です。

1 相場を変動させうる情報は瞬時に広がる
2 売買に税金や手数料がかからない
3 すべての投資家は合理的に行動する

この条件が成り立たないとするランダムウォーク理論への反論と、この条件がすべて完璧でなくとも、ランダムウォークは成立するという反論の反論も存在します。

市場の成熟度によっても効率性は変わりますが、どんなに成熟した市場であっても、わずかに市場の

非効率は存在し続けると言われます。アクティブ運用を行うのは、市場の非効率のために何らかの法則があるためだと信じているからにほかなりません。

私も長年、「市場が効率的であるならば、誰もが個別株投資やアクティブファンドへの投資など、市場のアルファを探すことをやめて、インデックスファンドにしか投資しなくなるのではないか」という疑問を抱いていました。

そこで、同書の「市場効率性の循環構造」という点は、非常に興味深い観点でした。

それは「パッシブ運用の存在が、市場を非効率にさせ、また合理的投資家が現れるきっかけになる」という考え方です。以下のような6ステップを踏みます。

1 市場に非効率（＝ランダムでなく、予測可能）な部分があると、合理的投資家が参入してくる

2 高いリターンを上げる合理的投資家が勢力を拡大

3 非効率な部分が少なくなって市場が効率化されるため、勢力を拡大した合理的投資家の収益は低下

4 高度な分析体制を維持できなくなるため、合理的投資家が撤退を開始

5 合理的投資家の勢力が衰えると市場の非効率性が拡大

6 非効率性が拡大し、合理的投資の収益性が回復すると、合理的投資家は再び復活

合理的投資家の参入

出典：「図解でわかる ランダムウォーク＆行動ファイナンス理論のすべて」

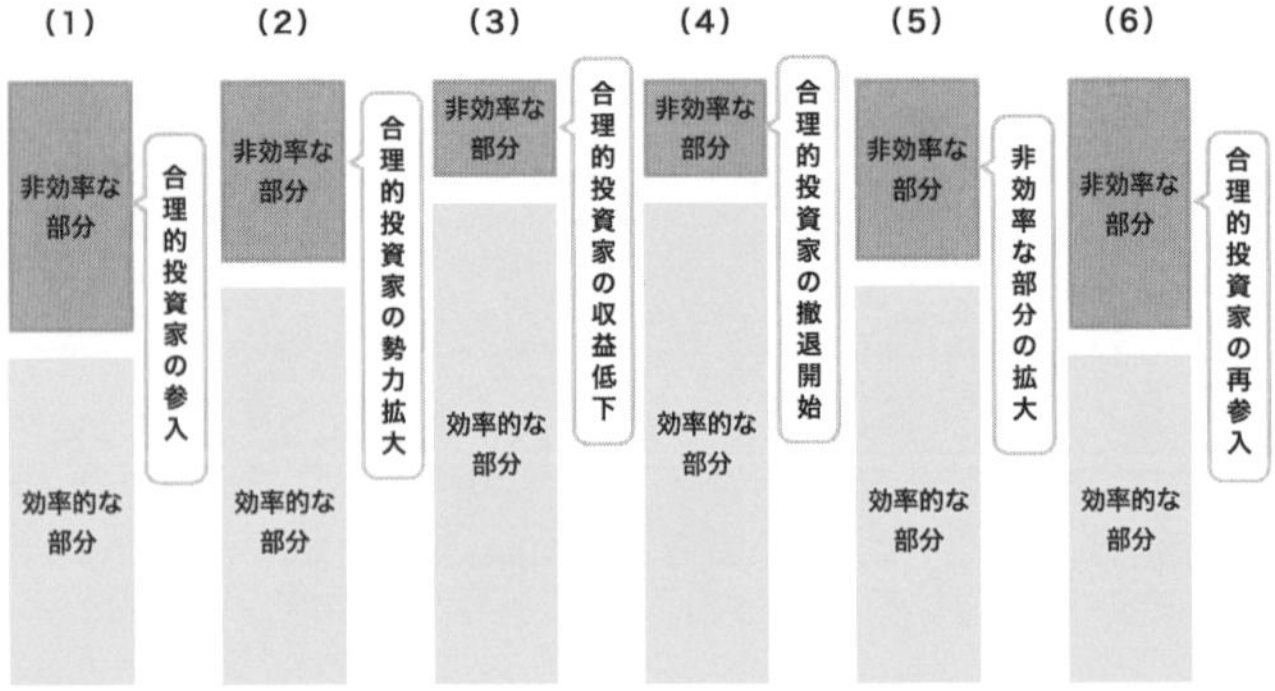

「ギャンブラーの誤謬」で解明する！トレンドが継続するメカニズム

多くの人はコイントスで「表」が連続して出た場合、次には「裏」が出る可能性が高いと考える傾向があります。しかし、実際のところ、各回の確率は常に50％です。にもかかわらず、表が何回も出たとすると「このコインは表が出やすい」と思い込む人が増え、次も「表」が出ると期待します。

このような心理メカニズムは、株のトレンドにも影響を与えます。特定の株が連続して値上がりしている場合、「そろそろ価格が下がるだろう」と過小評価する人が多く、無意識に価格が下がる確率が高いと考えがちです。

しかしそれでもトレンドが継続して上がり続けると、「このトレンドはずっと続くのだ」と、今度は過信してしまうのです。これは「保守性」という心理が関わっているためだと言われています。保守性とは、新しい事態に直面しても、従来の認識を柔軟に変えることができない性質のことです。

この保守性があるために、過小評価状態から、一気に過大評価状態に移行し、その心理の転換は、トレンドの継続を後押しすることになると言われています。

マーケットにわずかに存在するプラスのリターンを獲得するために

特に注目すべきは第6章「マーケットにわずかに存在する期待リターンの源泉と投資手法」です。この章は投資の可能性を追求するうえで、非常に価値のある情報と見方を提供しています。

市場がほぼランダムウォークであるため、市場平均を上回るリターンを獲得する機会は稀ですが、同書では市場にわずかに存在するプラスの期待リターンを獲得するための以下の3つの基本戦略が詳細に解説されています。

1 ランダムでないトレンドを捉えてミーン・リバージョンにフォーカスする
2 リスク・プレミアムにフォーカスする
3 価格の歪みをとるアービトラージを行う

【ミーン・リバージョン戦略】
ミーン・リバージョンとはいわば、「中心へ回帰する力」です。ここから収益を得るためには「ランダムでないトレンド」をとらえる必要があると言われています。

そのためのダイナミック・アプローチと言われるファンダメンタルズ分析手法の特徴は以下の通りです。

- 事実性の高いデータよりも、速報性、先行性が高い指標に注目し、マーケットの動き（マーケット・アプローチ）にも注目する
- 多くの要素を総合的に分析するよりも、数少ないキーファクターを中心にシナリオを立てて将来分析を行う（キーファクター・アプローチ）
- 新しい情報に基づき、シナリオをメンテナンスする

このダイナミック・アプローチと対を成すのが、正統派ファンダメンタルズ分析とも言われる「スタティック・アプローチ」です。特徴は以下の通りです。

- 事実性が高いデータを分析し、正確に経済の状況を把握する

- 生産、投資、雇用、消費、貿易など経済の各方面を総合的に分析する
- 絶対的な解答が存在し、努力すれば到達が可能

このような伝統的なアプローチは、間違った行動ではないのですが、事実性が高い指標は数カ月以上過去の事実を表す指標であることや、誰もが解答に到達可能なため相場を出し抜くことは難しいと考えられます。これは「ファンダメンタルズ分析の罠」と言われる現象です。

よって、ランダムでないトレンドを捉えるためには、「あやふやさ」を忌避せずに、材料が不足していて多くの投資家が結論を出すに至らない新しい情報に注目する必要があり、難易度はかなり高いと言われます。

【リスク・プレミアム】

リスク・プレミアムは、リスクを厭う人間心理から得られる収益源です。これは、分散度によって、収益化の確度が変化します。投資信託などで十分に分散する投資法は、高い確度でリスク・プレミアムを得る手法と言えそうです。

注目したいのが、リスク・プレミアムには周期性があるという点です。リターンが高い局面が続けば、多くの投資家が過信状態に転じ、バブルが発生します。それによりリスク・プレミアムが剥げ落

ちたり、マイナスに転じたりすることもあります。

一方で、バブル崩壊や、景気後退によって、人々が投資を避けるようになれば、再びプラスになるものと考えられます。


【アービトラージ】

アービトラージは、マーケットに生じる歪みを収益化する手法ですが、高度な分析テクニックとインフラが必要であるため、基本的にはヘッジファンド向けの手法と言えます。

オポチューニスティック・スタイル

マーケットは、いつも同じ手法でうまくいくとは限りません。先ほど見てきたように、リスク・プレミアムが厚い時期があれば、マイナスになる時期もあります。

ミーン・リバージョンにしても、相場が「行き過ぎた」ときの戻る力を利用する投資法なので、常に収益化の機会があるわけではありません。

アービトラージにしても、基本的にはごく小さなものが短期間存在しているだけです。

そのようなチャンスが限られている市場において、局面ごとに最も有利な投資対象や投資手法を組み合わせるというスタイルが「オポチュニスティック・スタイル」です。

また同書の1章では「リターン・リバーサル」にも触れられています。これは、ある期間中にリターンがよかった銘柄群は、総じて次の期間にはリターンが悪くなる現象のことです。投資スタイルにしても、バリュー株投資とグロース株投資のパフォーマンスの高さが循環することもあります。

また、「買い」専門の投資家は、相場を上昇・下落・横ばいの3つの期間に分けた場合、全体の1/3程度の期間でしか収益の機会がないかもしれませんが、デリバティブ取引も行う投資家ならば、より多くの収益機会に恵まれると考えられます。

多くの投資手法に手を出すことを、ハイリスクだと考えるのは「心理の罠」であり、実際にはリスクが減り、勝率を高めると同書では指摘されています。

私自身、多数の投資本を読み漁り、インデックスファンドやバリュー株、成長株、債券やデリバティブ取引まで、時期により変わる雑食的な手法になっているため、共感できた点でした。

理詰めで投資を深く学べる一冊

全体の内容につながりがあり、とても一読するだけではもったいないような本です。

最終章は、投資の信念や発想法にも触れており、理論から考え方まで深く学べる投資のバイブル本になる一冊だと思います。

50 冊目

東大卒医師が実践する株式より有利な科学的トレード法

個人投資家こそ学びたい！相場の上下ではなくボラティリティで稼ぐオプション取引の入門

東大卒医師が実践する
株式より有利な
科学的トレード法
Evidence Based Option Trading Guide
KAPPA［著］
オプション取引を使えば
統計的事実に基づいて、
着実に資産運用できる！

著：ＫＡＰＰＡ／秀和システム

本書を執筆していた２０２３年５月29日、大阪取引所で「日経２２５マイクロ先物」「日経２２５ミニオプション」が導入されました。より小口からオプション取引や先物取引に取り組めることで、個人投資家も参入しやすい環境が整ってきたと感じます。

オプション取引や先物取引は「デリバティブ取引」の一種であり、危険なイメージを持っている個人投資家も少なくないかもしれませんが、きちんと学びリスクをヘッジしてさえいれば、投資手法に新たな選択肢（オプション）をもたらす近代的ツールと言えます。

オプション取引に関する書籍はそもそも少なく、その中でも教科書的なお堅いイメージの本が多いなかで、同書は実践的かつ、入門者にも寄り添った内容だと感じました。

実はすごく古い、オプション取引の歴史

オプションと同じデリバティブ取引の一種である先物取引は、将来の一定の期日に、今の時点で取り決めた価格で、特定の商品を売買する仕組みです。オプション取引と組み合わせて、使われることも多いです。

ちなみに世界初の公認の先物取引は、1730年に幕府に公認された、大阪の堂島米市場だと言われます。まだ飛脚や馬で移動していた時代、旗振り通信によって、売買価格を堂島から全国へ伝えたといいます（※日本取引所グループ公式YouTubeチャンネルより）。そこまでするとは…昔の日本人は金融リテラシーが高いのはもちろん、デリバティブ取引が大好きだったんですね（笑）。

一方、オプションとは、あらかじめ決められた期日までに、決められた価格で売買を行う「権利」であるということです。権利とは、行使しても行使しなくても良いものなので、ここが先物取引との違いです。オプションの起源も古く、17世紀のオランダのチューリップバブルの時代に、球根のオプ

ション取引の原型があったそうです。さらには旧約聖書にもその原型があるのだとか。現在のような近代的なオプションが発展したのは1980年以降の米国ですが、人類は歴史の中で、かなり昔から似たような仕組みを作っていたのですね。

コールオプション・プットオプションの基本形

オプションは権利であり、行使しても行使しなくても良いというのが先物取引との違いでした。そして、買う権利のことを「コール」、売る権利のことを「プット」と呼びます。まずはコールオプションの取引事例を紹介します。

例えば、現在100ドルの株があったとしましょう。権利行使価格105ドルのコールを2ドル（コントラクトサイズ=100なので、200ドル）のプレミアム（代金のこと）で購入するとします。仮にこの株が実際に115ドルまで価格が上昇した場合、権利を行使すれば1000ドル（差額10×コール1枚で100株分）の利益です。ただし、初めに200ドルを支払っているので、実際の利益は800ドルとなります。逆に言えば、元本200ドルのみで800ドルの利益を得たことになります。さらに、予想に反して株価が下落した場合の損失はコールの代金の200ドルに限定されています。

コールの買い

出典：「東大卒医師が実践する 株式より有利な科学的トレード法」（著者が一部改変）

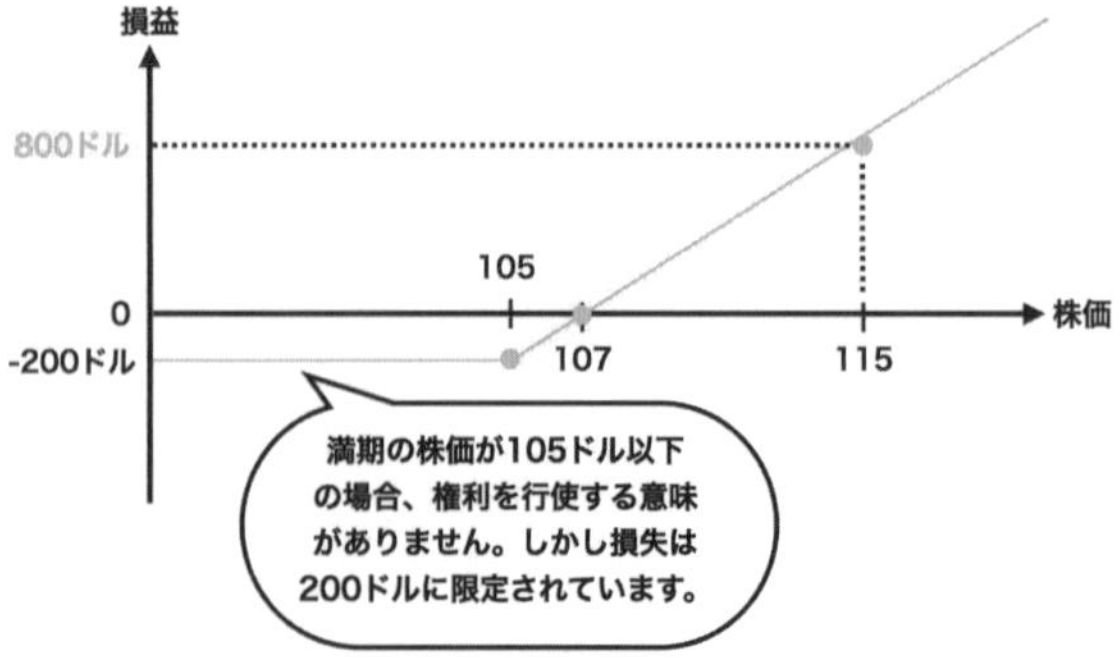

コールの売り

出典：「東大卒医師が実践する 株式より有利な科学的トレード法」（著者が一部改変）

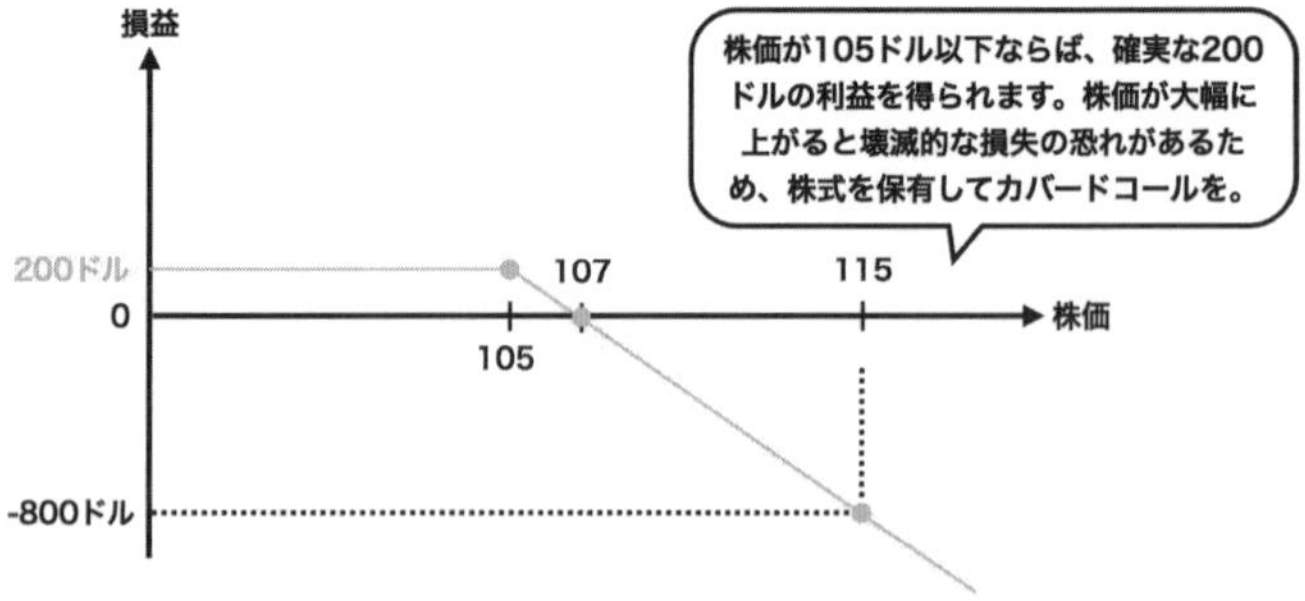

それではこの反対側で取引している「コールの売り」はどうなるのでしょうか。株価が105ドル以上にならなければ、プレミアムの200ドルが確実な利益になります。ただし、株価が大幅に上がると損失が甚大になる恐れがあるため、株式を保有して、カバードコールにするというリスクヘッジが欠かせません。

続いて、プットオプションの取引事例です。

同じく100ドルの株があるとします。株価が下がると予想して、同じく200ドルで、権利行使価格95ドルのプットを購入します。仮に予想通り、株価が80ドルへ大きく下落したとしましょう。そこで権利行使をすれば、1500ドルの利益が出ます。200ドルのプレミアムを差し引いて1300ドルの利益です。

反対側で取引している「プットの売り」は、株価が95ドルより小さくならなければ、プレミアムの200ドルが確実な利益になります。ただし、株価が大幅に下がると損失が甚大になる恐れがあるため、現金確保や買戻しを前提とするなどの、リスクヘッジが欠かせません。

また、それぞれの損益図では、満期までの時間が長ければ長いほど、時間価値が追加されます。逆に満期が近づくほどに時間価値は減耗していくことを意味し、その減耗は行使価格（アット・ザ・マネー）のときに最も大きくなります。減耗度合いはセータで表され、ギリシア文字でおなじみのグリークスはオプション取引に必須の知識です。

● プットの買い

出典：「東大卒医師が実践する 株式より有利な科学的トレード法」（著者が一部改変）

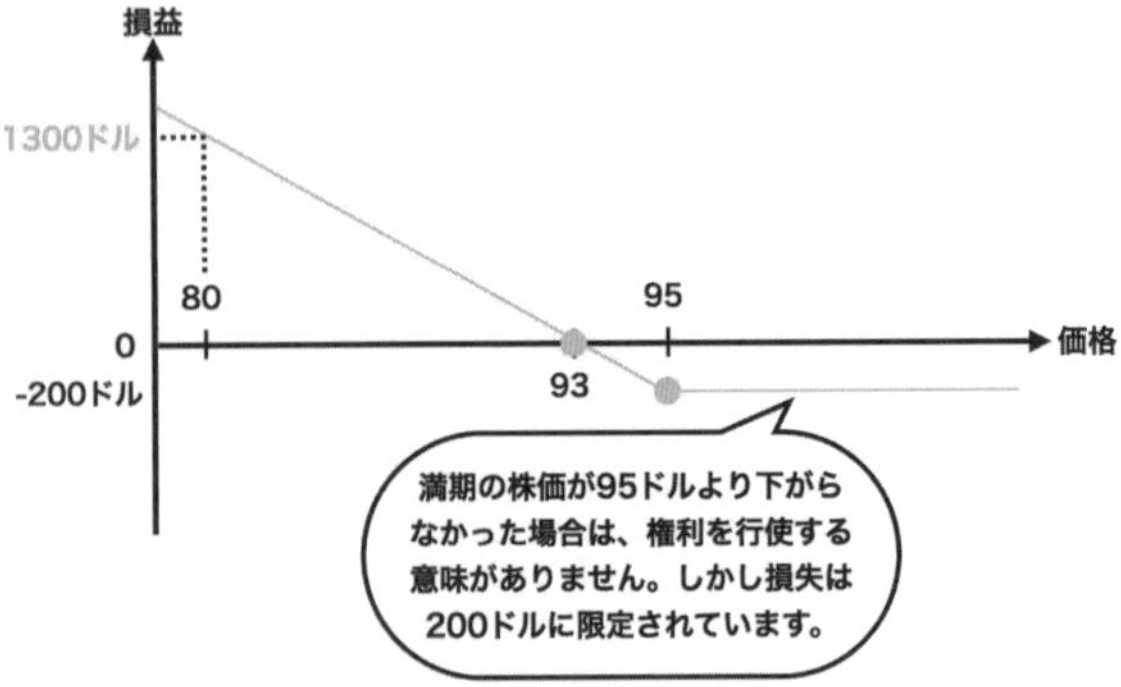

● プットの売り

出典：「東大卒医師が実践する 株式より有利な科学的トレード法」（著者が一部改変）

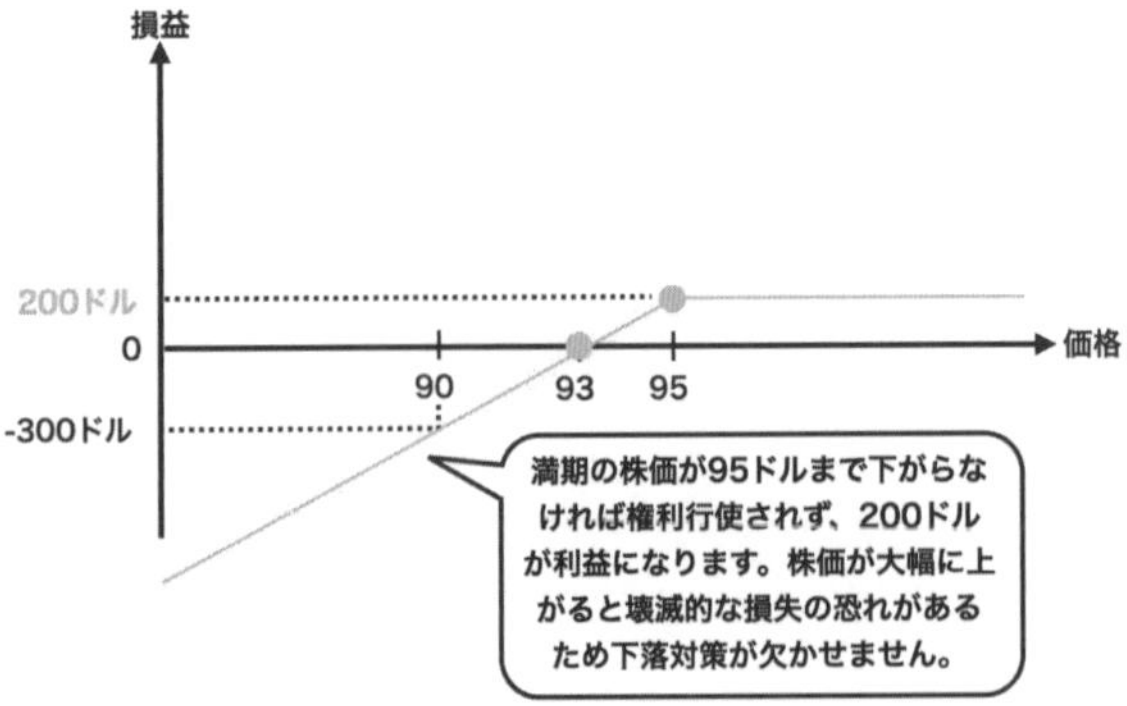

- デルタ：原資産価格が変化したときのプレミアムの変化量
- ガンマ：原資産価格が変化したときのデルタの変化量。デルタのデルタ
- セータ：時間が経過したときのプレミアムの変化量
- ベガ：オプションのボラティリティが変化したときのプレミアムの変化量

カバードコール権利行使価格のエビデンス

上記で見たような、オプション単体をネイキッド（潜在的損失を防ぐ担保ポジションを保有しない戦略）で取引することは主流ではなく、複数のオプションや原資産を組み合わせるのが普通です。カバードコールは、「株式の買い」と「コールの売り建て」を組み合わせる基本ともいえる戦略です。

コールの権利行使価格は100ドルや102ドル、105ドルでも取引はできるのですが、どの権利行使価格のコールを選ぼうかと迷うことがあると思います。そのような疑問に、複数の研究（ストッツ、カパディア、ヒル）から示してくれているのは素晴らしい点だと感じました。結論としては、アットザマネーから、ややアグレッシブなら5％程度のアウトオブザマネーが適切とされていますが、保守的に行うなら、ニアザマネーが推奨されています。

オプション取引を始めるための第一歩

カバードコールから、中級者向けのストラドル、ストラングルまで幅広い手法を学べる一冊です。オプション取引の本場は米国市場であるため、同書も米国市場を中心に解説されています。本格的に取引を始める予定の方には適している一方、初心者や軽い興味の段階での読者には、口座維持手数料などの問題も考慮して、日経225オプションや日経225ミニオプションから実際の取引経験を積むのがよいのではないでしょうか。

日経225ミニオプションや、マイクロ先物を組み合わせてのヘッジ取引は、10万円未満からでも試すことができるでしょう。実際にきちんとヘッジすれば、慣れない副業などをするよりも、かなり効率よく稼げる人も少なくないのでは、と思います。オプションという「選択肢」を増やし、投資の幅を広げるのに、同書は最適な一冊でした。

どのような投資スタイルが合うかは、人によりそれぞれです。本書では、読者の方がオリジナルの投資スタイルを確立することに役立つツールを用意しました。

例えば、成長株投資に関するマイルールを確立する方ならば、『ミネルヴィニの成長株投資法』の「トレンドテンプレート」、『オニールの成長株発掘法』の「CAN-SLIM」の順で銘柄を選定してから、「カップ・ウィズ・ハンドル」で最適な買い場を見極める、といった取り組み方もできるでしょう。

	売買 タイミング	パッシブ 運用の法則	アセット アロケーション	資金管理	その他
			チャールズの ポートフォリオ マルキールの ポートフォリオ		
		積立投資の 弱点		4％ルール	
			ライフサイクル別 アセットミックス		
			D-I-V指針		
		景気サイクル の四季			3つの金利
	相場の4局面				
					バブルの 共通点
	株式投資の季節性 大統領任期サイクル				

付録

名著の投資メソッド比較表

	ページ	書名	銘柄発掘	
1	14	投資の大原則[第２版] 人生を豊かにするためのヒント		
2	22	父が娘に伝える自由に生きるための 30の投資の教え		
3	28	敗者のゲーム[原著第８版]		
4	33	ウォール街のランダム・ウォーカー [原著第13版]　株式投資の不滅の真理	銘柄選択の４つのルール	
5	40	株式投資の未来～永続する会社が 本当の利益をもたらす	ハイテクバブルの5つの教訓	
6	52	改訂版 金利を見れば投資はうまくいく		
7	59	相場サイクルの見分け方[新装版] 銘柄選択と売買のタイミング		
8	66	市場サイクルを極める 勝率を高める王道の投資哲学		
9	74	新訳 バブルの歴史 最後に来た者は悪魔の餌食		
10	82	アノマリー投資 市場のサイクルは永遠なり		
11	88	イベントドリブントレード入門 価格変動の要因分析から導く出口戦略		
12	94	サイコロジー・オブ・マネー 一生お金に困らない 「富」のマインドセット		

	売買タイミング	パッシブ運用の法則	アセットアロケーション	資金管理	その他
					プロスペクト理論
	ダウ理論 トレンドライン 移動平均 オシレーター				
	ボックス理論				
	GEM				
	RSIパワーゾーン戦略 TPS戦略				
	新高値ブレイク ピボタル・ポイント理論 ワン・デー・リバーサル			5つの資金管理の法則	
				2％ルール 6％ルール	
			防衛的投資家の資産配分		

	ページ	書名	銘柄発掘	
13	99	行動ファイナンス入門 なぜ、「最適な戦略」が間違うのか？		
14	107	マーケットの魔術師 エッセンシャル版 投資で勝つ23の教え		
15	112	一人の力で日経平均を動かせる男の 投資哲学		
16	117	デイトレード マーケットで勝ち続けるための発想術	トレーディングにおける 7つの大罪	
17	122	投資を生き抜くための戦い 時の試練に耐えた規律とルール	新高値・新安値リスト	
18	127	投資で一番大切な20の教え 賢い投資家になるための隠れた常識		
19	134	ブラック・スワン―― 不確実性とリスクの本質[上][下]		
20	142	ゾーン 「勝つ」相場心理学入門		
21	148	マーケットのテクニカル分析 トレード手法と売買指標の 完全総合ガイド		
22	159	新装版 私は株で200万ドル儲けた ブレイクアウト売買法の元祖 「ボックス理論」の生い立ち		
23	164	ウォール街のモメンタムウォーカー		
24	170	「恐怖で買って、強欲で売る」短期売買法 人間の心理に基づいた 永遠に機能する戦略		
25	176	世紀の相場師 ジェシー・リバモア		
26	185	ザ・トレーディング――心理分析・ トレード戦略・リスク管理・記録管理		
27	192	賢明なる投資家　割安株の見つけ方と バリュー投資を成功させる方法	ミックス係数 ネットネット株	

	売買 タイミング	パッシブ 運用の法則	アセット アロケーション	資金管理	その他
					PER、PBR、 ROEの 関係性
			リスク許容度別 株式の比率		
					株式の 内在価値
	絶好の買い場が訪れる ４つのケース				
	カップ・ウィズ・ ハンドル				
	SEPA戦略 株価の４つのサイクル				
	売り時を決める 「３つの理由」				
	グリッチ				

	ページ	書名	銘柄発掘	
28	202	千年投資の公理 売られ過ぎの優良企業を買う	経済的な４つの堀	
29	210	ピーター・リンチの株で勝つ アマの知恵でプロを出し抜け	６つの避けるべき株	
30	217	株を買うなら最低限知っておきたい ファンダメンタル投資の教科書 改訂版		
31	225	株デビューする前に知っておくべき 「魔法の公式」 ハラハラドキドキが嫌いな 小心者のための投資入門	魔法の公式	
32	233	テンプルトン卿の流儀 伝説的バーゲンハンターの市場攻略戦略	比較購入法	
33	238	株式投資 第4版 長期投資で成功するための完全ガイド	ダウの犬戦略	
34	246	バフェットからの手紙[第８版] 世界一の投資家が見た これから伸びる会社、滅びる会社		
35	251	史上最強の投資家 バフェットの財務諸表を読む力 大不況でも投資で勝ち抜く58のルール	内部留保（利益剰余金） の推移	
36	259	億万長者をめざす バフェットの銘柄選択術	消費者独占型企業を見分ける ８つの基準 消費者独占型企業の ４つのタイプ	
37	270	オニールの成長株発掘法[第4版] 良い時も悪い時も 儲かる銘柄選択をするために	CAN-SLIM	
38	277	ミネルヴィニの成長株投資法 高い先導株を買い、 より高値で売り抜けろ	トレンドテンプレート	
39	286	株式投資で普通でない利益を得る	最高の株を選び出す 15のポイント	
40	293	ケン・フィッシャーのPSR株分析 市場平均に左右されない 超割安成長株の探し方	理想的なスーパー株式	

	売買 タイミング	パッシブ 運用の法則	アセット アロケーション	資金管理	その他
	ローリスクの仕掛け ６つの法則				
	買いの9つの公式 8%の損切りライン				
					為替変動の 要因
					企業価値の 正体
			オール・シーズンズ・ポートフォリオ スウェンセンのポートフォリオ		資産配分前 に考慮する 3つ
		レバレッジ 投信３つの 弱点 シラーPER			人的資本
		市場効率性 の循環構造			3つの基本 戦略

	ページ	書名	銘柄発掘	
41	300	スーパーストック発掘法 3万時間のトレード術を3時間で知る	トップ5のテクニカル法則 12のファンダメンタルズの法則	
42	309	伝説のファンドマネージャーが教える 株の公式		
43	316	改訂版 勝つ投資 負けない投資		
44	322	この1冊ですべてわかる [新版]金融の基本		
45	328	「知識ゼロ」の人のための 超ざっくり分かるファイナンス		
46	334	マネーの公理 スイスの銀行家に学ぶ儲けのルール		
47	339	「世界のエリート投資家は何を考えているのか」 「世界のエリート投資家は何を見て動くのか」		
48	345	ライフサイクル投資術 お金に困らない人生をおくる		
49	353	図解でわかる ランダムウォーク& 行動ファイナンス理論のすべて		
50	363	東大卒医師が実践する 株式より有利な科学的トレード法		

おわりに

本書で、たくさんの手法やメソッドを紹介してきましたが、多くの投資手法を知っておくことは、武器を増やすことだと思います。

市場環境により、適切な武器は変わります。それはグロース株や、バリュー株。債券やＲＥＩＴ、金。はたまたデリバティブ取引かもしれません。より多くの選択肢を持っていれば、その時に追い風になっている手法を選ぶことができるのです。

本書が発売される頃には、新ＮＩＳＡが始まっているかと思います。これはかつてない非課税制度ですが、購入できる商品に偏りがあるということは認識しておくべきでしょう。「積立投資枠」では、基本的に低コストの株式インデックスファンドを積み立てできますが、債券やＲＥＩＴ、金だけに積立できる商品はないようです。また、生債券にも投資はできませんし、初めて投資に触れる方を増やす狙いもあるでしょうから、当然デリバティブ取引もできません。「成長投資枠」では、債券投資信託やREIT、金関連商品にも投資できますが、基本的には非課税のメリットを最大限に受けるために、「株式の上昇に賭ける」投資をメインに考えている方が多いのではないでしょうか。

この10年ほどを振り返れば、米国株の時代、グロース株の時代だったと見ることができます。今後もこれまでのように株式が好調な時代が続けば、株式に一点賭けする投資が報われますが、そうとは限りません（さすがに20年投資し続ければ報われる可能性は高いですが、10年未満では分かりません）。

そのような不確実な未来に対して、武器をより多く持っておくことは、悪くない手段なのではないでしょうか。

また、本書作成にあたり、非常に多くの方々にご協力をいただきました。

特に、収録された50冊分の本を出版している版元様です。合計十数社の版元様に、初校から確認をしていただくなど、大変ご協力をいただきました。

そして、読者の皆様に勘違いをしてほしくないのは、「要約を読めば十分」と私は思っていないということです。そこは、私自身が実際に本を読んで細かなところまでYouTubeで発信しているところからも明らかかと思います。

最近は、活字が苦手という方や、時間がないので移動時間に動画や音声で学ぶという方も多いので、読めないという気持ちは非常に分かります。中には400〜500ページを超えるような本も少なくありませんので、忙しい現代人が、自分に合うかどうかも分からない段階でそれを読もうとするのは非常にハードルが高いと思います。

しかし、深い内容ばかりの50冊だからこそ、どれも、1冊数百ページもある内容を、数ページにまとめきることなど到底不可能なのです。投資メソッド比較表にしても、紹介書籍のすべての内容を網羅しているものではありません。

その中で、読書の虫である私なりに、各々の魅力が伝わるようなキラリと光る一節や、投資メソッドの一部などをお伝えしてきたに過ぎません。これだと感じる一冊との出会いがありましたら、ぜひ、要約だけではなく、実際に本を手にとることを、強くオススメします。

そしてあわよくば、この本が読者の皆さんにとって、（「はじめに」でお伝えした）定点観測の一冊になれば幸いです。この本が、そのような役割を果たすことを願っています。

最後になりますが、ご協力いただだいた各出版社のご担当者様、きっかけをいただき、編集作業をしてくださったＫＡＤＯＫＡＷＡの折笠様、育児の時間を取れることが減った分、家事や育児の負担をサポートしてくれた妻に、心より感謝いたします。

著者
タザキ
サラリーマン投資家YouTuber。二児の父。投資本等の要約を発信する「聞いてわかる投資本要約チャンネル」が月間50万再生と人気。投資本好きが高じて自分の学びをYouTubeで発信したところ、3年間で登録者が10万人以上に（2024年1月現在14.5万人）。これまでに読んだ投資・マネー本は300冊以上。日本証券業協会一種外務員資格保有。著書に「お金の名著200冊を読破してわかった！ 投資の正解」（クロスメディア・パブリッシング）がある。

しっかり儲ける投資家たちが読んでいる
投資の名著50冊を1冊にまとめてみた

2024年2月2日　初版発行

著　　者　タザキ
発 行 者　山下 直久
発　　行　株式会社KADOKAWA
〒102-8177 東京都千代田区富士見2-13-3
電話　0570-002-301（ナビダイヤル）
印刷・製本　図書印刷株式会社

●お問い合わせ
https://www.kadokawa.co.jp/（「お問い合わせ」へお進みください）
※内容によっては、お答えできない場合があります。
※サポートは日本国内のみとさせていただきます。
※ Japanese text only

定価はカバーに表示してあります。

ISBN 978-4-04-897608-4 C0033